Airline
Management
항공사경영론

박시사 저

백산출판사

제2판 머리말

　급변하는 관광환경에 원활하게 대처하기 위해서는 졸저(拙著)인 『항공사경영론』을 제때에 수정·보완하여 독자들의 욕구를 다소라도 충족시켜 들여야 함에도 불구하고, 저자의 무능과 일신상의 사정을 핑계로 차일피일한 것이 어느덧 10년의 세월이 흐르고 만 것이다. 그러나 다행히도 백산출판사의 진욱상 회장님께서 애정어린 인내심을 갖고 꾸준히 개정판 출판을 독려하여 주셨고, 이와 함께 조진호(백산출판사 전무 역임)님께서는 초판의 오류에 대한 수정 및 개정된 항공법 관련 자료를 수집하는 등 정성어린 노력의 덕분으로 부족하나마 제2판을 이제야 간행하게 된 것을 더없는 영광으로 생각하면서, 진욱상 회장님을 비롯한 도움을 주신 모든 분들에게 진심으로 감사의 인사 드린다.

　우리나라 항공산업은 1989년 해외여행 자유화 및 경제성장에 따른 생활수준 향상 등에 따라 항공운송 수요 증가로 이어져 1993년 이후 10년간 여객 및 화물의 높은 항공수요 증가율을 보이며 내실 있는 성장을 이룩해 왔다. 그러나 2003년 이후의 항공운송 수요는 미국의 9·11테러, 고유가의 지속과 세계경제의 침체, 아시아의 SARS(중증급성호흡기증후군) 등 다양한 요인의 영향을 받아 감소와 증가를 반복하고 있다. 그럼에도 인천국제공항의 개항 이후에는 외국항공사 취항을 위한 적극적인 노력과 방한 외래관광객 및 국민 해외여행 수요 증대에 힘입어 국제선 항공운항 편수 및 항공여객 수송 실적은 매년 최고 기록을 경신하고 있다.

　향후 방한 외래관광객 및 국민해외여행 수요 성장세 유지와 인천국제공항 제3차 개발완료에 의한 제2터미널 개항과 더불어 앞으로 김해신공항 및 제2제주국제공항 건설 등이 완료되면 우리나라 항공운송은 더욱 활성화될 것으로 전망된다.

이번 제2판에서 특기할 것이 있다면 그것은 항공관련 법령의 대폭 개편이라 하겠다. 우리나라는 그동안 항공관련 법령이 「항공법」(제정: 1961년)이라는 단일 법률에 사업, 안전, 시설분야 등 많은 내용을 담고 있어 너무 복잡하고 방대해 법을 효율적으로 운용하는 데 한계가 있었다. 이에 따라 종전의 「항공법」 및 관계법령을 각 분야별로 통합·일원화하고 체계적으로 구분하여 「항공사업법」, 「항공안전법」, 「공항시설법」 등 3개의 법률로 분리·제정하게 된 것이다(2016.3.29.). 이번 제2판에서는 이 모든 개정내용을 가능한 한 반영하려고 노력하였다.

언제나 그랬듯이 이번 제2판을 펴냄에 있어서 출판의 기쁨보다는 출판 후 평가에 대한 두려움이 앞선다. 물론 저자로서는 최선의 노력을 기울인 작품이라고 자위하지만, 그 평가는 별개의 문제이기 때문이다. 어떻든 평가부분에 대하여는 겸허히 받아들이고, 앞으로 관심 있는 분들의 조언을 받아 끊임없이 수정·보완해 나가겠음을 약속드린다.

끝으로 출판계의 불황에도 불구하고 이번 제2판의 출간을 흔쾌히 맡아주신 백산출판사 진욱상 회장님께 심심한 감사를 드리며, 미래지향적·창조적 사고로 출판문화 창달에 고심노력하시는 진성원 상무님을 비롯한 편집부 임직원 여러분들에게도 감사의 마음을 전하고 싶다.

2018년 6월
저자 박시사 씀

추천사

글로벌시대를 사는 우리에게 항공은 이제 일상생활의 일부분으로 자리잡고 있습니다. 비행기를 타고 여행하는 일에 우리 국민은 익숙해져 있기 때문입니다. 1903년 라이트 형제가 최초로 성공했던 동력비행 이후 100여 년이 지나기도 전에 실현된 일입니다.

무엇보다도 지리적으로 경제대국이자 관광자원국인 일본과 중국을 인접하고 있으면서 3면을 바다에 접한 우리나라는 항공이 곧 국제적 이동의 기간이 되는 교통수단일 뿐 아니라 세계적으로 가장 역동하고 있는 아시아를 권역으로 잇는 가장 중요한 인적·물적 교류의 매개수단이 되고 있습니다. 최근에 세계적인 조류를 형성하고 있는 저가항공사 시장과 더불어 항공운송산업은 가장 성장 가능성이 높은 산업 가운데 하나입니다.

항공을 연구하는 학자의 한 사람으로서 이와 같은 항공산업 발전의 흐름을 잘 반영한 제주대학교 박시사 교수님의 저서 『항공사경영론』이 출간된 것을 기쁘게 생각합니다. 특히 항공과 불가분의 관계인 관광을 공부하는 학생들에게 항공운송의 핵심내용을 쉽게 이해할 수 있도록 정리된 손색없는 저서라고 생각합니다. 아울러 관광학, 관광경영학 그리고 항공 관련 과목을 수강하는 대학생들에게는 관광교통 수단인 항공을 이해하는 데 큰 도움이 되리라 사료되어 본서를 추천합니다.

2008년 3월
한국항공대학교 항공·경영대학장
허희영

책을 마치며…

항공사경영론 교정 작업을 마치고, 서문을 쓰는 기쁨을 누리고 있다. 기분이 좋다. 아니 정신적으로 홀가분하다는 표현이 적절할 것 같다. 하여튼 기분이 좋고 행복하다.

본서는 저자가 준비작업을 포함한 지난 1년간 오직 〈항공사경영론〉만을 생각하면서 보낸 '관심과 집중'의 부산물(副産物)이다. 저자는 글을 쓰는 재주도 없고, 화려한 문장을 쓰는 문장가도 아니다. 단지 저자는 관광학에 입문한 후 항공분야에 관심을 갖고 있었고, 몇 편의 항공 관련 논문을 완성하였으며, 지난 10여 년 동안 〈항공사경영론〉을 강의한 경험을 바탕으로 이 책을 완성하게 되었다.

책이란 남으로부터 '책잡히는' 책이 아니라, 스스로 '책임지는' 책이 되어야 한다고 늘 생각하고 있다. 책은 저자의 노력과 시간 투자(input)의 결정체(結晶體)란 말이다. 자신의 양심을 속이지 않으면서 우직하게 시간과 노력을 투자한 책이 독자들의 사랑을 받을 것이라는 확신과 희망을 갖고 있다. 이 원칙을 지키려고 노력하고 있고, 〈항공사경영론〉에 이 원칙을 반영했다.

본서는 대학교(학부), 대학원 학생들의 강의용 교재로 개발되었으며 〈항공사경영론〉, 〈항공산업론〉, 〈항공관광론〉, 〈항공업무론〉, 〈항공사서비스〉 등 항공 관련 과목에 적합한 교재이다. 아울러 항공사, 관광산업에 근무하는 산업체 종사자에게 필요한 책으로 추천해도 무난한 기본서이다. 종전에 출판된 동종(同種)의 책과 비교해서 어느 정도 '경쟁우위'(competitive advantage)를 확보한 독특하고 창조적(unique & creative)인 책이다. 본서는 저자가 첫 페이지부터 마지막 페이지까지 '생각의 산고'(生角의 産苦)를 거듭한 끝에 나온 창조물(創造物)이다. 물론 이 창조물을 완성하는 데 여러 연구자들의 연구 논문, 저서 등을 참고했다.

특히 Rigas Doganis의 『The Airline Business』는 나에게 〈항공사경영론〉를 쓰게 하는 동기를 부여해 주었고, 세계적인 항공 저널인 〈Journal of Air Transport Management〉는 본서의 내용을 알차게 하는 영양분(營養分)을 제공해 주었다. 좋은 연구를 해주신 여러분께 고마움을 표합니다.

이 졸저의 출판을 흔쾌히 허락해주신 백산출판사 진욱상 회장님과 저자의 까다로운 요구사항을 잘 받아주신 편집부 가족께 고마움을 전합니다. 끝으로 사랑하는 아내 배시애 교수, 딸 규리, 아들 재하에게 책을 쓴답시고 시간을 함께 공유해주지 못한 미안함과 불평하지 않고 참아줌에 대해서 고마움을 표합니다. 살아계셨다면 사위의 『항공사경영론』 출판을 매우 기쁘게 받아들이셨을 하늘에 계신 고(故) 배금숙 여사님에게 이 졸저를 바칩니다. 모두 감사합니다.

2008년 3월 4일 우이동 3층 서재에서
저자 박시사

차례

제3장 | 항공산업의 환경변화와 추세 65

제7장 | 항공사 조직구조와 인적자원관리 179

제8장 | 항공사 마케팅전략 213

제9장 | 항공사 전략과 마케팅믹스 245

제10장 | 항공사와 IT, 인터넷 그리고 수익관리 303

제1장

항공교통, 항공관광, 항공산업

제 **1** 장 | # 항공교통, 항공관광, 항공산업

1. 항공교통

1-1. 교통

사전적(辭典的) 의미의 교통은 "자동차·기차·배·비행기 따위의 탈것을 이용하여 사람이 오가는 일이나, 짐을 실어 나르는 일"이라고 한다. 자동차, 기차, 배, 비행기 등 탈것을 이용하여 사람이 오가는 것인 'passenger'(여객)과 짐을 실어 나르는 일 "cargo"(화물)를 총칭하여 교통이라 정의하고 있다. 또 다른 사전적 정의로는 "사람이 오고 가고 하는 일이나, 짐을 실어 나르는 일" 혹은 "서로의 소식이나 정보를 주고받는 일"이라 정의되기도 한다. 본서에서는 전자(前者)의 정의에 초점을 맞추고 있다. 탈것(vehicles), 환언하면 자동차, 기차, 배, 비행기 등 교통수단에 초점을 두고 있다.

교통을 영어로 표현하면 'transport 혹은 transportation'이며 한 장소에서 다른 장소로 인간의 이동(movement of people)이자 재화(goods)의 이동이다. transport는 라틴어 trans 즉 건너서(across)로부터 유래했고, 여기에 portare 즉 나르다(carry)에 기원을 두고 있다.

넓은 의미로 교통을 보면 교통의 영역은 크게 3가지 즉 ① 인프라(infrastructure), ② 교통수단(車輛/vehicles), ③ 운영(operations)으로 나누어질 수 있다. 도로(roads), 철도(railways), 항로(airways), 해상로(waterways), 운하(canals) 등을 포함한 교통 네트워크(transport networks)가 인프라에 포함된다. 또한 공항(airports), 기차역(railway stations), 버스터미널(bus stations), 항구(seaports) 등도 교통인프라 범주에 들 수 있다. 일반적으로 교통수단(vehicles)은 교통 네트워크 위에서 운행하는 것으로 자동차(automobiles), 자전거(bicycles), 버스(buses), 기차(trains) 그리고 항공기(aircraft)로 구성된다.

▌그림 1-1▐ 증기기관차(steam engine passenger train)

(출처: http://www.surecruise.com//초기 교통혁명을 일으킨 증기기관차)

운영(operations)은 앞서 언급한 교통수단 즉 차량이 네트워크에서 가동되는데 필요한 방법과 절차를 다루는 영역이다. 가령, 법(laws), 규정(regulations), 관련 정책(policy), 윤리강령(codes) 등이 교통 운영의 영역에 속한다(en.wikipedia.org/wiki/transport).

Transport를 교통이라 해석하여 설명하는 학자도 있고, 이를 운송(運送) 혹은 수송(輸送)이란 용어로 설명하는 학자도 있다. 본서는 Transport를 교통(交通) 또는 운송(運送)이란 용어(term)로 사용하였다.

1-2. 교통수단의 유형

교통수단의 유형은 영어로 'mode of transport', 'means of transport', 'transport mode', 'transport modality', 'forms of transport'로 표현된다. 동서양을 막론하고 3가지 교통수단 유형이 널리 받아들여지고 있다.

교통유형은 크게 육상(陸上, ground/land), 해상(海上, sea), 항공(航空, air)으로 나누어진다. 육상교통이란 도로(road) 혹은 철로(rail)를 통해서 인간(people)과 화물의 이동을 의미하며, 해상교통은 바다(sea)를 통해서 승객과 화물이 이동하는 것을 뜻한다. 비행기로 대표되는 항공교통은 항공기를 이용하여 여객(passenger)과 화물(cargo)이 운반되는 것이다. 최근에 등장한 개념으로 두 가지 이상의 교통수단이 결합된 유형을 'intermodal transport'라 한다. 가령 항공기+버스, 항공기+유람선, 기차 +유람선, 기차+버스, 버스+페리(ferry) 등이 intermodal transport[1] 유형이다.

▌그림 1-2 ▌ Norwegian Majesty Cruise Line

(출처: http://www.surecruise.com//모험, 즐거움, 낭만을 선사하는 유람선관광)

---

1) Intermodal passenger transport involves more than one mode of transport of passengers. Some modes of transportation have always been intermodal; for example, most major airports have extensive facilities for automobile parking and have good rail or bus connections to the cities nearby. Urban bus systems generally serve train and subway stations and often extend to the local airport. A major goal of modern intermodal passenger transport, at least in developed countries, is to reduce dependence on the automobile as the major mode of ground transportation and increase use of public transport. Passenger transport has always been intermodal. People switched from carriages to ferries at the edge of a river too deep to ford. In the 19th century, people who lived inland switched from train to ship for overseas voyages. Hoboken Terminal in Hoboken, New Jersey was built to let commuters to New York City from New Jersey switch to ferries to cross the Hudson River in order to get to Manhattan.
(출처://en.wikipedia.org/wiki/Intermodal_passenger_transport).

1-3. 교통과 관광

교통은 관광산업(tourism industry)에 있어서 가장 기본적인 요소이며, 관광이 성립되기 위한 전제조건(precondition)이다. 교통은 관광객들의 이동(mobility & movement)을 촉진시키는 중요 요소이다(Page, Brunt, Busby & Connell, 2001). 교통(transport)은 국제관광을 발전시키는 가장 중요한 요소의 하나이다. 첫째, 교통은 출발지(origin)와 관광목적지(destination) 사이에 연결기능(links)을 수행한다. 둘째, 교통은 순수관광객(holiday-makers), 상용관광객(business traveller), 친인척방문관광객(VFR: visit friends and relatives), 그리고 교육·건강 목적으로 관광을 하는 사람들의 이동을 촉진시키고 용이하게 해준다. 또한 교통은 '관광객 체험'(tourist experience)의 중요한 부분을 차지하며, 관광산업을 구성하는 핵심분야(integral part)라 주장하는 학자도 많다. 교통이 관광활동의 중요한 부분을 차지하기도 하는데 유람선 여행(cruises), 버스여행(coach holidays), 아름다운 경관을 감상하는 기차여행(scenic rail journey)의 경우 교통이 관광의 핵심부분이며, 관광체험에 큰 영향을 미친다(Page, 1999).

┃그림 1-3┃ 즐겁고 환상적인 기차여행

(출처: http://www.raileurope.co.uk/Switzerland-take the train across the mountains)

교통은 관광상품(tourism product/supply), 관광시장(tourism market/demand)과 더불어 관광의 3대 구성요소이며, 교통이 존재하지 않는다면 대부분의 관광유형(forms of tourism)이 생성될 수 없다. 이만큼 관광산업에 있어서 교통은 필수불가결한 존재이다(Lamb & Davidson, 1996). Collier(1994)는 관광교통은 다음과 같은 3가지 요소를 충족시켜야 함을 주장하면서 흥미로운 견해를 제시하였다.

첫째, 관광객을 송출지로부터 목적지로 이동(transporting the tourist from the generating to the host area)

둘째, 관광목적지 간 이동(transport between host destinations)

셋째, 관광목적지 내 이동(transport within host destinations)

이러한 흥미로운 견해를 제시하면서 관광교통을 3가지 즉 육상교통(land), 해상교통(water), 항공교통(air)으로 유형화하였다.

관광상품(여행상품·tour)은 크게 6가지 즉 ① 교통(transportation), ② 숙박시설(lodging), ③ 식음료(dining), ④ 관광 및 안내(sightseeing·guide service), ⑤ 관광대상(매력물·attractions), ⑥ 쇼핑(shopping)으로 구성되어 있다(Bety Fay, 1992).

Betsy Fay의 견해에 따르면 교통은 여행상품을 구성하는 핵심요소의 하나이다. 실제로 패키지 여행상품(tour package)을 기획할 때 우선적으로 고려해야 할 항목이 바로 교통이다. 해외여행(outbound tour) 예를 들면 항공기 좌석(항공권)의 확보이다.

〈표 1-1〉에서 보는 바와 같이 관광교통(transportation)을 구성하는 요소는 ① 중대형 버스(motor coach), ② 소형버스 및 밴(mini-coach & van), ③ 정규항공(scheduled air), ④ 부정기항공 혹은 전세기항공(chartered air), ⑤ 기차(train), ⑥ 리무진(limousine), ⑨ 유람선(cruise lines) 등이다.

〈표 1-1〉 여행상품 구성요소(elements of a tour)

Transportation 교통·운송	• Motor coach • Mini-coach or van • Scheduled air • Chartered air • Train • Limousine • Cruise lines	Sightseeing/ Guide service 관광·가이드 서비스	• Natural sites · parks • Scenic highways and byways • Guided city and regional tours • Monuments and historical areas
Lodging 숙박시설·호텔	• Hotel • Motel • Motor inn • Resort • Lodge • Cruise ship	Attractions 관광대상·관광매력물	• Scenic transportation (trains & ferries) • Theme parks • Amusement parks • Historical attractions • Educational · cultural attractions
Dining 식음료·레스토랑	• Limited service • Buffet restaurants • Table service restaurants • Speciality · theme restaurants	Shopping 쇼핑시설	• Duty free shops • Factory outlet shops • Speciality shops • Malls

(출처: Betsy Fay(1992), Essentials of Tour Management, p.8)

1-4. 항공교통의 특성

항공기의 등장은 관광산업에 지대한 영향을 미쳤다. 장거리 목적지를 가장 신속하고 편안하게(in comfort) 이동하게 됨에 따라 예전에 멀리 떨어져 있거나 접근 불가능한 목적지(inaccessible destination)가 관광목적지로 자리잡았다. 제2차 세계대전 동안 프로펠러 비행기(jet-propelled)가 등장하였고, 그 후 비약적인 기술(technology)의 발전으로 신속성과 대량수송이 가능한 Jumbo 비행기인 보잉 747(Boeing 747)이 출현하면서 획기적인 변화가 일어났다. 신속성과 대량수송을 가능케 한 점보기의 등장은 이른바 '대중관광'(mass tourism)을 촉진시키는 계기가 되었다(박시사 A, 2003).

다음 〈표 1-2〉는 육상교통, 해상교통, 항공교통의 장점과 단점을 비교하여 요약한 것이다. 아래에서 살펴보는 바와 같이 육상교통(land transport), 해상교통(sea transport/ship), 항공교통(air transport) 모두 장단점을 갖고 있다.

〈표 1-2〉 교통수단별 장단점

교통수단	장점	단점
항공기(airline)	• 신속성, 안전성, 경제성, 쾌적성 • 좋은 이미지 • 관광객 대량 수송(Jumbo) • 탑승전, 기내, 탑승 후 서비스 제공 가능	• 높은 요금 • 접근가능지역 한계 • 공항이동 시간 낭비
선박(ship)	• 안락하고 낭만적 분위기 연출 • 대량수송 보장	• 많은 시간 소요 • 안전성 불확실(기상조건 영향받음) • 지루하고 단조로움 • 지상요금에 비해 상대적으로 비쌈
기차(train)	• 중장거리 여행가능 • 대량수송 가능 • 저렴한 요금 • 안전성 보장 • 여행 중 흥미로운 체험 • 기차 내 자유로운 이동	• 장시간 여행 • 출발시간의 상대적 융통성 결여 • 한정된 철도노선 이용 • 기차 내 소음
버스(bus·coach)	• 여정에 따른 관광활동 보장 • 단체관광객의 이동 편리성 • 상대적 비용의 저렴성 • 관광안내 서비스제공	• 대형사고 위험성 노출 • 안락성, 쾌적성 결여 • 서비스 제한성
자가용(car)	• 출발시간 통제가능 • 관광지에서 자유로운 이동 • 3~4명 여행 시 경비절감 • 수화물과 장비를 자유롭게 운송 • 여정과 중간 경유지의 자유로운 선정	• 안전성, 안락성 결여 • 대량운송 한계성 • 운전자의 육체적·정신적 피로

(출처: 김창수(1998), 관광교통론, 50쪽)

▎그림 1-4 ▎ Salt Lake City와 Delta 항공

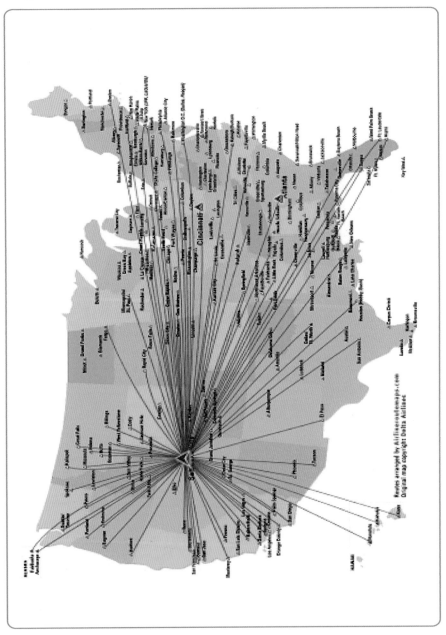

(출처: www.airlineroutemaps.com/Delta 항공은 Utah주 Salt Lake City에 항공 허브(hub)를 두고 운항하고 있다. 세계 1~2 위를 다투는 항공사로 성장하였다.

〈표 1-2〉에서 보는 바와 같이 '비행기'(airline)로 대표되는 항공교통은 신속성, 안정성, 경제성, 쾌적성이 높고, 다른 수단에 비해 높은 평판과 이미지(image)를 누리고 있다. 또한 점보기의 등장은 대량수송을 가능하게 했으며, 항공교통은 승객에게 서비스를 제공할 수 있는 장점이 있다. 반면 단점으로는 상대적으로 요금이 높다.

아울러 항로(airline route)가 개설되지 않으면 취항이 불가능하고, 공항과 같은 '인프라'(infrastructure)가 완비되지 않으면 운항이 힘들다. 대체로 공항이 시외곽이나 도심권에서 벗어나 있어서 항공기 탑승을 위해서 공항에 접근(access)하는데 시간이 소요된다.

Gomez(1987)에 의하면 항공교통은 다른 교통에 비해 신속성(speed)과 시간을 절약시키는 측면에서 있어서 상대적 장점이 있다. 특히 장거리 여행자(long-distance travelers)들은 시간을 절약하는데 가치(value)를 높게 부여하고 있기 때문에 가격이 비싼 항공서비스를 선택하는 경향을 보인다.

2. 항공관광

2-1. 항공과 관광산업

항공산업의 발전은 관광산업 성장에 크게 기여하였다. 특히 항공기술의 발달로 인해서 종전에 접근하기 힘들었던 관광목적지(tourist destination)들이 접근가능(accessibility)하게 되었다. 특히 물리적으로 멀리 떨어져 있는 원거리(long distance) 목적지가 관광상품으로 개발·기획될 수 있었던 원동력은 바로 항공기술의 발달에 기인한다. 항공기술의 발달은 목적지에 도달하는데 소요되는 물리적 시간(physical distance)을 단축시킬 수 있었기 때문에 관광수요(tourist demand)를 촉진시키는데 공헌하였다.

특히 '섬 관광지'(island destination)는 항공기술의 발전으로부터 큰 편익(benefits)을 얻었다. 비행기가 출현하고 상업화(commercialization)되기 이전에 관광객들은 섬 관광지에 유람선 혹은 페리를 통해서만 입국이 가능했다. 현재 세계적인 명성을 얻고 있는 리조트형(resort) 섬 관광지인 하와이(Hawaii),[2] 괌(Guam), 사이판(Saipan), 몰디브(Maldives), 발리(Bali) 등은 항공기 출현 후 급성장한 관광지이다. 한국의 제주도, 일본의 오키나와도 예외는 아니다.

┃그림 1-5┃ 인도네시아 발리, 세계적인 리조트형 휴양지

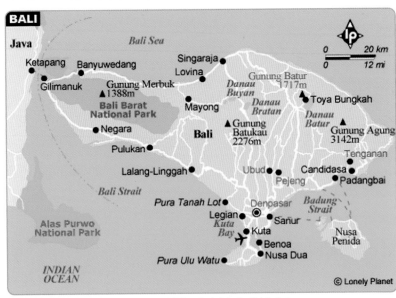

(출처: Lonely planet, 신혼여행 혹은 가족여행 관광지로 잘 알려진 인도네시아 발리)

2-2. 항공관광

항공관광이란 항공(air · airline)+관광(sightseeing · travel)을 결합한 개념으로 교통수단별 관광유형을 분류할 때 육상관광(land · ground travel)과 수상관광(water travel)의 상대

---

2) Hawaii's tourism industry likely to be slow to mend

With other destinations competing for tourism dollars, Gee says airlines can help speed the local economy by offering incentives. "Getting here is the first hurdle. If you can't get here, it doesn't matter how cheap the hotel rates are," Gee says. "I don't see airlines coming through for the state of Hawaii." One example of such competition is Bali, a vacation destination favored by Japanese tourists.

The Bali tourism industry is doing everything it can to lure vacationers who still want to travel but also be closer to home. Bali's tourism office is hoping to gain Hawaii-bound tourists. "Because of the war, we are hoping to divert [Japanese] travel plans," says I Gde Pitana, Bali's tourism director. Both Hawaiian Airlines and Aloha Airlines offer discounted rates from the West Coast to Hawaii for a limited time. Aloha is offering a $320 round-trip fare from the West Coast, but tickets have to be purchased by Oct. 22 and travel has to be completed by Dec. 15. Hawaiian is offering a savings of more than 60 percent off round-trip tickets. Major airline carriers have not yet offered cheap fares to Hawaii. However, American Airlines may do so in the future, says Emilio Howell, spokesman for the airlines.

(출처: Pacific Business News(Honolulu) - October 19, 2001)

개념으로 사용될 수 있다. Goeldner, Ritchie & McIntosh(2000)은 관광발전을 위한 중요한 요소로 교통을 언급하면서 다음과 같이 교통수단별 5가지 관광유형을 제시하였다.

- 코치관광(stagecoach travel)
- 수상관광(water travel)
- 기차관광(rail travel)
- 자동차관광(automobile and motor coach travel)
- 항공관광(air travel)

이 5가지 유형 중 코치관광, 철도관광, 자동차관광은 모두 지상(地上, ground · land)에서 행해지는 관광이므로 '육상관광'이라 일컬어진다. 수상관광은 호수(lake), 강(river) 그리고 바다(sea)를 모두 포함한 관광유형이다. 최근에 유람선(cruise lines)으로 대표되는 해상관광이 활성화되어 있기 때문에 호수와 강을 이용한 관광이 간과되기도 한다.

〈표 1-3〉 독일항공 루프트한자 개요

항공사 : Lufthansa		
IATA LH	ICAO DLH	Callsign[3)] LUFTHANSA
창사(founded)		1926
허브공항(hubs)		Frankfurt International Airport Franz Josef Strau(?) Int'l Airport
중점도시 · 공항(focus cities)		Dusseldorf International Airport Hamburg International Airport
상용고객우대제도(Frequent Fliers Program/FFP)		Miles & More
항공동맹(alliance)		Star Alliance
보유 항공기 수(fleet size)		319(Cargo 포함)
취항목적지 수(destinations)		188
모회사(parent company)		Deutsche Lufthansa AG
회사슬로건(company slogan)		There's No Better way to Fly
본부(headquarters)		Cologne, Germany
Website:http://www.lufthansa.de		

(출처: http://en.wikipedia.org/wiki/Lufthansa/2007년 9월 기준)

---

3) Each operator of a scheduled or charter flight uses a distinct airline call sign when communicating with airports or air traffic control centers. Most of these call-signs are derived from the airline's trade name.

항공관광(air travel)은 1903년 세계 최초로 키티호크(Kitty Hawk, North Carolina, USA)에서 첫 비행 후 16년이 지나서 독일에서 정기항공서비스(regularly scheduled air service)가 시작되었다. 첫 번째 노선(route)은 Berlin-Leipzig-Weimar 간 항로였다. 세계 최초로 정규항로를 개척한 항공사가 바로 유럽 최대 항공사인 Deutsche Lufthansa이다(Goeldner, Ritchie & McIntosh, 2000).

오늘날 루프트한자 독일항공은 세계 굴지의 국제항공사(international airline)로 성장하였다. 루프트한자 독일 국적항공사(national flag)는 세계 6대 항공사 중의 하나이다. 특히 루프트한자 독일항공은 1997년에 출범한 세계 최대 항공동맹인 '스타어 라이언스'(Star Alliance)를 만드는데 기여했다. 한국 아시아나항공도(Asiana Airline)도 스타어라이언스(Star Alliance)[4]에 가입하였다.

┃그림 1-6 ┃ 항공사와 Youth Passengers

(Star Alliance 회원사인 OZ 항공을 이용하여 미국에 도착한 Youth Passengers/미국 Universal Studios 관광 중, 가장 왼쪽 안경 쓴 Guy가 저자의 아들임)

---

4) STAR ALLIANCE: THE WAY THE EARTH CONNECTS
   Star Alliance is the oldest(it was launched on May 14, 1997), largest and most awarded airline alliance in the world.

항공관광은 속도(speed), 안락함(comfort), 안정(safety) 등의 장점이 있기 때문에 오늘날 가장 널리 이용되는 관광교통수단으로 발전하였다(Goeldner, Ritchie & McIntosh, 2000). 국가의 경제발전, 국가간 교역증대, 세계화, 기업의 세계화전략 등으로 사업목적의 상용관광(business traffic)이 늘어났다. 또한 순수관광(non-business travel)은 교육수준 향상, 휴가기간 연장, 가처분소득 증대, 정치적 안정, 매력적인 관광지 및 시설 개발, 요금인하 등으로 수요가 증대되었다. 이처럼 상용관광과 순수관광의 증대는 바로 항공관광의 발전5)에 직접적인 영향이 있다.

반면 항공관광에 부정적인 영향을 주는 요소로 ① 통신기술발달(communications), ② 대재앙(disasters), ③ 취향의 변화(changes in taste & habit), ④ 대체교통수단(alternative modes of travel), ⑤ 환경문제(environmental considerations) 등을 꼽을 수 있다(Shearman, 1992).

2-3. 항공관광객

관광객(觀光客)6)은 한자로 觀光+客, 즉 관광을 하는 '고객' 혹은 '손님'이란 뜻이다. '객'이란 영어로 표현하면 'guest'에 가깝다. 관광객이란 항공사와 같은 관광서비스 제공자(service provider·supplier)의 입장에서 보면 서비스를 제공하여야 할 대상(對象)이다. 관광객과 유사한 개념으로 관광자가 있다. 관광자란 '觀光+者' 즉 관광을 향유하는 사람이며, 주체(主體)이다.

---

5) Economic growth, business confidence, people's desire to travel and price are the key drivers of demand for air travel. The increase in globalization and freedom of movement of people and goods within and between regions, are positive factors affecting demand.(Keith & Alamdari, 2007).

6) 관광객은 일시적으로 일상생활(日常生活)을 떠나 관광목적지(destination)에서 행동을 하기 때문에 일상생활과 다른 독특한 특성을 보인다. 본서에서는 관광객의 공통적 특징을 소개한다.
  첫째, 익명성이다(anonymity).
  둘째, 동질성(homogeneity) 혹은 평등성(equality)이다.
  셋째, 책임감 결여다(no responsibility).
  넷째, 자기중심성(egoism)이다.
  다섯째, 우월성(superiority)이다.
  여섯째, 일시성(temporality)이다.
  일곱째, 퇴행성(regression)이다.

(출처: 박시사(2003), 여행업경영, 대왕사, 52쪽)

┃그림 1-7┃ 어린이 승객+기내식+사진촬영

(탑승 후 기내에서 기내식을 즐기는 어린이(child) 승객 아시아나항공 기내에서)

관광객이란 가장 널리 알려진 정의로 일상생활(everyday life)을 떠나 다시 돌아올 목적으로 이동 및 체재(stay)를 하여 정신적·육체적 휴식을 즐기는 최종 소비자이다. 물론 이동을 할지라도 거주 또는 직업(영리추구)을 목적으로 이동하는 사람은 관광객의 범주에서 제외된다(박시사 B, 2003).

관광객이란 "노동을 하지 않는다는 조건하에 한 장소(place)에서 다른 장소로 여행하는 사람이다." 또는 관광객이란 "변화(change)를 체험할 목적으로 집을 자발적으로 떠나 특정 장소를 방문하는 사람이다"라고 정의할 수도 있다(박시사 C, 2001).

교통수단별 관광객을 유형화하면 크게 ① 지상교통관광객(surface traveler), ② 항공관광객(air traveler)으로 나누어진다. 지상관광객이란 용어는 빈번하게 사용되지 않지만 항공관광객의 상대적 개념으로 적합한 용어이다. 지상관광객은 수상교통(water transport)을 이용하는 관광객과 육상교통(land transport)을 이용하는 관광객을 통틀어서 말한다(박시사 A, 2003).

항공관광객이란 항공기(airline·carrier)를 이용하여 출발지(origin)에서 목적지(destination)

까지 이동하는 관광객을 말한다. 항공관광객을 통상적으로 승객(乘客, passenger)이라 한다. 항공관광객은 air traveler, air flyer, air passenger란 용어로 대체 사용되기도 한다. 다음은 항공관광객 유형을 요약하여 재구성한 표이다. 아래 표에서는 승객(passenger)이란 용어로 대체 사용하였다.

〈표 1-4〉 항공관광객(승객) 유형

분류기준	유 형	영문표기
국가 country	내국인 승객	national passenger
	외국인 승객	foreign passenger
운항범위 및 지역 operation coverage	국내선 승객	domestic airline passenger
	국제선 승객	inter-line passenger
탑승(이동)거리 physical distance	단거리 승객	short-haul passenger
	장거리 승객	long-haul passenger7)
좌석등급 class	일반석 승객	economy class passenger
	비즈니스 승객	business class passenger
	일등석 승객	first class passenger
연령 age	유아 승객	Infant passenger(~2세)
	어린이 승객	child(2~12세)
	성인 승객	adult
이용빈도/항공사회원 membership	회원	frequent flier program
	비회원	non-frequent flier program
규모/할인 Internet usage	개인 승객	individual passenger
	단체 승객	group passenger
예약방법 booking method	오프라인 승객	off-line passenger
	온라인 승객	on-line passenger
항공기운항형태 flight pattern	정기항공 승객	scheduled airline passenger
	전세기(특별기) 승객	chartered airline passenger

(출처: 박시사(2003), 항공관광론, 62쪽)

7) IATA's(2004) Corporate Air Travel Survey에 의하면 단거리 승객(short-haul business passenger)의 의사결정에

3. 항공산업

3-1. 항공산업분류

항공산업(aviation industry)은 항공기의 개발 및 생산활동과 관련된 항공기산업(aircraft industry)과 항공기를 이용한 운송활동과 관련된 항공운송산업(air transport industry)으로 나누어 볼 수 있다. 허희영(2002)은 포괄적 의미에서 항공산업을 ① 항공운송산업, ② 항공우주산업으로 분류하였다.

┃그림 1-8┃ 항공산업의 분류

(출처: 허희영(2002), 항공경영학, 28쪽)

위의 〈그림 1-8〉에서 보는 바와 같이 항공산업은 크게 ① 항공운송산업(air transport industry), ② 항공우주산업(aerospace industry)으로 분류될 수 있다. 항공우주산업은 항

영향을 주는 요소로 가격(price), 마일리지 프로그램(FFP), 스케줄(convenient schedule)로 나타났다. 반면 장거리 승객은 좌석의 안락함(seat comfort), 가격(price), 마일리지 프로그램(FFP)으로 나타났으나, 상대적으로 가격민감도가 단거리 승객에 비해 낮았다(Mason & Alamdari, 2007).

공기제작산업과 우주산업 그리고 방위산업을 결합한 개념이다. 본서에서는 항공우주산업에 대해서는 다루지 않았다. 승객(passenger)과 화물(cargo)을 운송하는 항공운송사업에 대해서만 다루었다.

3-2. 항공운송사업

그동안 항공관련 법령이 「항공법」(제정: 1961년, 최종개정: 2015년)이라는 단일 법률에 사업, 안전, 시설분야 등 많은 내용을 담고 있어, 복잡하고 방대해 법을 효율적으로 운용하는 데 한계가 있었다.

이에 따라 종전의 「항공법」 및 관계법령을 각 분야별로 통합·일원화하고 체계적으로 구분하여, 「항공사업법」, 「항공안전법」, 「공항시설법」 등 3개의 법률로 분리·제정하였다(2016.3.29.).

새로 제정된 「항공사업법」(제정: 2016.3.29.) 제2조 제7호에 따르면 "항공운송사업이란 국내항공운송사업, 국제항공운송사업 및 소형항공운송사업을 말한다"고 규정하고 있다.

첫째, 국내항공운송사업이란 타인의 수요에 맞추어 항공기를 사용하여 유상으로 여객이나 화물을 운송하는 사업으로서 국토교통부령으로 정하는 일정 규모 이상의 항공기를 이용하여 국내 정기편 운항 및 국내 부정기편 운항을 하는 사업을 말한다(동법 제2조 제9호).

둘째, 국제항공운송사업이란 타인의 수요에 맞추어 항공기를 사용하여 유상으로 여객이나 화물을 운송하는 사업으로서 국토교통부령으로 정하는 일정 규모 이상의 항공기를 이용하여 국제 정기편 운항 및 국제 부정기편 운항을 하는 사업을 말한다(동법 제2조 제11호).

셋째, 소형항공운송사업이란 타인의 수요에 맞추어 항공기를 사용하여 유상으로 여객이나 화물을 운송하는 사업으로서 국내항공운송사업 및 국제항공운송사업 외의 항공운송사업을 말한다(동법 제2조 제13호).

우리나라에서 정기항공운송사업 면허를 받은 사업체는 대한항공(Korean Air), 아시아나항공(Asiana Airlines), 그리고 제주항공(Jeju Air)8) 등 3곳이 있다. 그리고 부정기항공사

---

8) 제주항공은 양대 항공사의 독과점 및 고비용 구조에서 비롯된 제주도민의 경제적 부담과 관광객 감소에 따른 지역경제 침체가 가중되자 제주도가 직접 출자하여 지역항공사 설립을 추진하게 되었다. 이에 애경그룹은 2004년 9월 제주도의 항공사업 파트너 공개모집에 참여하여 제안서 심사를 거쳐 선정되었고, 2005년 애경그룹(75%)과 제주도(25%)의 공동출자한 민관 합작법인 형태의 (주)제주항공이 설립되었다. 2005년 8월 정기

(저가항공사)로는 에어부산(Air Busan, 2008년 운항개시), 진에어(Jin Air, 2008년 운항개시), 이스타항공(Eastar Jet, 2009년 운항개시), 티웨이항공(T'way Air, 2010년 운항개시), 에어서울(Air Seoul, 2016년 운항개시), 에어포항(Air Phohang, 2017년 운항개시) 등이 있다.

3-3. 항공사의 산업적 특성

1) 산업의 개념

산업(industry)이란 라틴어 'industrius'에서 유래했으며 '부지런하다 또는 열심히 일하다'의 뜻이다. 산업은 상품과 서비스를 생산하는데 관여하는 '경제적 영역'(segment of economy)이다. 국제표준산업분류(international standard classification of industry)에 의하면 항공운송·교통(air transport)은 Division-62에 속하며 ① 정기항공교통(scheduled air transport), ② 부정기항공교통(non-scheduled air transport)으로 세분화된다(www.statistic.ik/samplesurvey). 한국표준산업분류에서는 운수업에 속하며 항공운송업(航空運送業)으로 명시되어 있다. 운수업에 속하는 산업군(産業群)은 다음과 같다.

- 육상운송 및 파이프라인 운송업(60)
- 수상운송업(61)
- 항공운송업(62)
- 여행알선, 창고 및 운송관련 서비스업(63)

2) 항공사의 산업적 특성

항공사(항공운송사업)는 산업(industry)으로 자리매김하고 있고 독특한 산업특성을 갖고 있다. 학자에 따라 항공사의 특성을 제시하고 있으나, 본서는 항공사의 산업적 특성을 8가지로 요약하여 제시하였다(박시사, 2003).

항공사업면허를 획득, 대한항공과 아시아나항공에 이어 제3의 정기항공사로 출범하여 2006년 6월 5일 첫 비행을 시작하였다. 제주항공은 저비용 구조의 중형 항공기를 이용하여 기존 항공운임의 70~80% 수준의 요금으로 책정하였고, 시장상황에 탄력적으로 대응할 수 있도록 주중운임(월~목), 주말운임(금~일), 성수기(설날, 하계바캉스, 추석, 연말연시)운임 3단계 체계로 구분하였다.
(출처: http://www.jejuair.net)

- 국제성 산업
- 투자비용이 높은 산업
- 복합산업
- 국가대표성 산업

- 환경민감성 산업
- 기술집약적 산업
- 계절성이 높은 산업
- 인적자원 의존도 높은 산업

첫째, 국제성 산업이다. 항공운송사업은 국경을 초월한 산업이다. 실제로 전 세계 항공사는 세계를 대상으로 운항하고 있으며, 항공사들은 국적을 초월하여 협력하고 있다. 또한 항공사에 근무하는 승무원, 조종사, 지상조업 종사자들의 국적(國籍)은 다양하다. 따라서 항공사에 종사하는 사람은 이문화이해(cross-cultural understanding)가 필수적이다.

둘째, 환경민감성 산업이다. 환경민감성이란 외부환경(external environment)의 변화에 따라 수요의 변화폭이 크다는 의미이다(박시사, 2003). 최근 유가가 급격하게 상승하고 있는데, 유가인상은 항공요금의 인상에 직접적인 영향을 미친다. 이는 경제환경이 항공산업에 영향을 주는 예이다. 2002년 9·11테러는 전 세계 항공수요에 부정적 영향을 미쳤을 뿐만 아니라, 치안 및 안전(security & safety)에 비용이 급격하게 늘어나면서 항공사는 경영의 어려움에 직면했다. 이는 항공산업이 정치적 환경에 민감하게 반응하는 전형적인 사례이다.

┃그림 1-9┃ 다양성(多樣性) + 공존(共存) + 아름다운 미소

(출처: images.google.com/세계인과 함께하는 시민정신, 열린마음, 다양성 인정, 사랑이 필요한 산업이다. 좌로부터 India, Burkina Faso, Bolivia, India, Vietnam, USA, Indonesia순으로 서 있다. 이 사진은 타이완(Taiwan)에서 찍음)

항공산업은 경제주기(economic cycles), 다시 말해서 경제환경(economic environment)에 민감한 산업이다(Franke, 2007). 항공사는 경제상황에 따라 부침(浮沈)을 반복하고 있다. 아래 〈그림 1-10〉은 항공사가 경제주기에 대응하는 시대별 혁신주기(innovation cycle)를 보여주고 있다.

▌그림 1-10 ▌ 항공사의 시대별 경제 사이클 대응방안

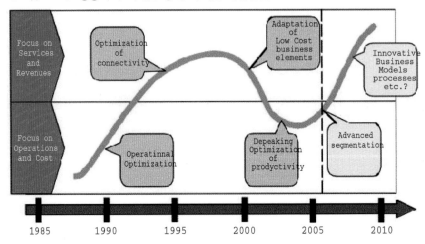

(출처: Franke(2007), Journal of Air Transport Management, p.25)

위의 〈그림 1-10〉에서 보는 바와 같이 항공사는 1990년 운영의 최적화(operational optimization), 1995년 연결항공편 최적화(optimization of connectivity), 2000~2005년 저가 항공과 생산성 최적화(adaptation of low cost & optimization of productivity) 등을 도입하여 혁신(innovation)을 시도하고 있다.

셋째, 투자비용이 높은 산업이다. 투자비용이 높다는 의미는 항공기 구입과 같이 장비를 구입하는 데 드는 비용이 높다는 의미이다. 가령 특정 항공사가 Airbus 380을 구입하려면 3~4억 달러 즉 이를 원화로 환산하면 3,000~4,000억원 이상을 지급해야 한다.

넷째, 기술집약적 산업이다. 항공산업은 기술집약적 high-tech. 산업으로 높은 기술력을 필요로 한다. 컴퓨터예약시스템(CRS: computer reservation system)이 대표적인 예이

다. CRS는 항공예약뿐만 아니라 정보, 고객 데이터베이스, 항공권발권 등 다양한 기능을 수행한다. 자체 개발한 CRS를 소유하고 있는 항공사는 경쟁우위(competitive advantage)를 누린다(Stonehouse, Pemberton & Barber, 2001).

다섯째, 항공산업은 복합·종합성을 띤 산업이다. 종합성이란 시스템산업으로 해석될 수 있다. 시스템(system)은 전체로서 하나(unified whole)를 의미한다. 따라서 항공산업은 타부서, 타영역과 잘 통합되어야 고객을 만족시킬 수 있다.

산업구조 관점에서 보면 항공사를 포함한 관광산업은 교통(transportation), 관광대상(attractions), 호텔(accommodation), 기술(technology) 등이 상호 관련된 '종합성'(complex network) 산업이다(Ryan, 2002). 미시적인 예를 들면 승객이 특정 항공사를 선택하여 예약, 발권, 공항서비스, 기내서비스를 제공받았다. 이 서비스 중 어느 하나라도 고객의 기대를 충족시키지 못하면 결국 고객은 불만족하게 된다.

여섯째, 계절성이 높은 산업이다. 항공사는 다른 관광사업과 마찬가지로 계절성(seasonality)이 높다. 즉 성수기(peak season)와 비수기(low season) 사이에 수요의 차이가 심한 산업이다. 항공사는 탑승률(load factor)을 높이고 수익관리(yield management)를 하기 위해 비수기 기간 동안 가격차별화전략을 채택하고 있다.

항공사는 다른 관광산업과 마찬가지로 서비스산업이다. 항공상품은 서비스의 고유한 특성 중의 하나인 '소멸성'(perishability), 즉 현재(current) 판매되지 않으면 추후 판매를 위해 저장(store)할 수 없는 단점이 있다(Palmer, 1994). 가령, 00일 15시 출발 인천-북경 노선 대한항공이 20여석을 판매하지 못한 채 출발하면, 20여석의 좌석의 가치는 사라진다. 당일 16시 출발하는 승객을 위해 20여석을 저장할 수 없다는 의미이다. 항공사는 항공상품의 소멸성이라는 특성 때문에 수요(demand)가 적은 비수기에 경영의 어려움을 겪는다.

일곱째, 국가대표성 산업이다. 항공사는 공익성을 중시하는 국가대표성 산업이다. 항공운송사업은 교통수단의 일부로서 국민경제에 영향을 줄 뿐만 아니라 국간 사회문화적 교류의 교량(橋梁)역할을 하는 사업이다. 또한 항공사는 국가의 위상 및 이미지로 보이기도 한다. 이러한 이유로 많은 국가는 항공사를 민영화하지 않고 국영항공사(state-owned airline)체제를 유지하고 있다(박시사, 2003).

┃그림 1-11 ┃ 대한민국 국적기(national flag) 대한항공

(출처: www.air-and-space.com/ 대한민국의 위상을 높이고 있는 Excellence in Flisht' Korean Air)

예전에 국적항공사(national flag)의 광고 카피(advertizing copy)인 〈우리의 날개 대한항공〉을 보면 항공사는 국가를 대표하는 '외교관 역할'을 하는 국가대표성 산업임을 보여주고 있다.

┃그림 1-12 ┃ 스위스 항공 Crews

(출처: www.staralliance.com/ Swiss Airlines, Cabin Crew. 웃는 모습이 참으로 아름답다)

　여덟째, 인적자원 의존도가 높은 산업이다. 고객지향산업이다. 항공사를 포함한 환대산업(hospitality industry)은 관광객(travel public)의 욕구를 충족시키기 위해 서비스하는 산업이기 때문에 대부분의 종사자는 고객과 끊임없는 접촉을 한다. 따라서 환대 · 관광산업은 '고객지향산업'(people oriented profession)이라 말한다(Dittmer & Griffin, 1993). 혹자는 항공산업을 노동집약적(labour intensive)이라 칭하기도 한다.

참 | 고 | 문 | 헌

Adrian Palmer(1994), Principles of Service Marketing, McGRAW-HILL BOOK COMPANY.

Betsy Fay(1992), Essentials of Tour Management, Prentice Hall.

Charles R. Goeldner, J.R. Brent Ritchie & Robert W. McItosh(2000), Tourism: Principles, Practices, Philosophies, John Wiley & Sons, Inc.

Chris Ryan(2002), Equity, management, power sharing and sustainabilityissues of the 'new tourism', Tourism Management, Vol.23(1), pp.17-26.

George H. Stonehouse, Jonathan D. Pemberton & Claire E. Barber(2001), The Role of Knowledge Facilitators and Inhibitors: Lessons from Airline Reservation System, Long Range Planning, Vol.34(2), pp.115-138.

John R. Meyer, Clinton V. Oster, Jose A. Gomez(1987), Deregulation and the Future of Intercity Passenger Travel, The MIT Press.

Keith J. Mason & F. Alamdari(2007), EU network carriers, low cost carriers and consumer behavior: A Delphi study of future trends, Journal of Air Transport Management, Vol.13, pp.299-310.

Lamb, B. and Davidson, S.(1996), Tourism and transportation in Ontario, Canada: Practising Responsible Tourism: International Case Studies in Tourism Planning, Policy and Development, Wiley.

Markus Franke(2007), Innovation: The winning formula to regain profitability in aviation?, Journal of Air Transport management, Vol.1391), pp.23-30.

Paul R. Dittmer & Gerlad G. Griffin(1993), The Dimension of the Hospitality Industry, Van Nostrand Reinhold.

Philip Shearman(1992), Air Transport: Strategic Issues in Planning and Development, Pitman Publishing.

Stephen J. Page(1999), Transport and Tourism, Addison Wesley Longman Limited.

Stephen J. Page, Paul Brunt, Grahan Busby & Jo Connell(2001), Tourism: A Modern Synthesis, Thomson Learning.

김창수(1998), 관광교통론, 대왕사.

박시사 A(2003), 항공관광론, 백산출판사.

박시사 B(2003), 여행업경영, 대왕사.

박시사 C(2001), 관광소비자행동론, 대왕사.

허희영(2002), 항공경영학, 명현사.

제**2**장

항공역사 · 항공유형 · 항공기 제작사

제2장 항공역사 · 항공유형 · 항공기 제작사

1. 항공사 역사

본서는 항공사에 대한 폭넓은 이해를 위해서 세계 각국의 항공사 역사(歷史)에 대해서 다루었다. 구체적으로 미국 항공사, 유럽 항공사, 아시아 항공사, 그리고 우리나라 항공사의 역사에 대해서 간략하게 설명하였다.

1-1. 미국 항공사

미국 라이트(Wright)형제는 1903년 노스캐롤라이나 키티호크(Kitty Hawk, North Carolina)에서 성공적인 첫 비행을 수행했다. 라이트형제의 첫 비행은 항공사의 서막을 알리는 역사적인 출발점이었다. 초기에 일반대중은 항공기가 위험하기 때문에 항공관광(airplane travel)을 이동 또는 관광의 선택수단으로 여기지 않았다.

┃그림 2-1┃ 세계 최초 비행을 성공시킨 용감한 Wright 형제

(출처: http://pics.livejournal.com/ 라이트형제 공로로 오늘날 우리가 항공여행을 자유롭게 하지 않았을까? 역시 선구자는 존경(尊敬)받아야 한다)

미국의 제1차 세계대전 참가는 항공산업 발전에 중요한 자극제가 되었다. 전후(戰後) 미국정부는 항공기 연구와 개발에 자금지원을 일시 중단했다. 그로 인해 항공산업 (aviation industry)의 성장은 둔화되었다. 1927년 찰스 린드버그(Charles Lindbergh)는 단독으로 대서양 종단비행을 성공적으로 수행했다. 린드버그의 성공적 대서양 비행은 일반 대중에게 항공기 혹은 항공비행에 대한 지대한 관심을 불러일으켰다.

이후 항공교통 회사들이 등장하였다. 항공사 역사를 논할 때 Pan American International Airways(Pan Am.)를 빼놓을 수 없다. Pan Am.은 미국 Florida-쿠바 Havana노선 우편 서비스(mail service)를 시작한 후 이듬해인 1928년 동노선(同路線)에 여객서비스(passenger service)를 시작하였다. 그 후 Pan Am.은 카리브해 여러 국가와 남미지역으로 노선을 확대하였다(Dittmer, 2002). 1927년 대표적인 항공사로 Aviation Corporation을 들 수 있다. Aviation Corporation의 항공교통부서(air transport division)가 추후 American Airways(1930)가 되었고, 현재 미국 최대 항공사이자 세계최대 민간항공사인 American Airways(AA)로 발전하였다. 1928년 United Aircraft와 Transportation Corporation이 합작으로 항공회사를

〈표 2-1〉 American Airlines 개요

항공사 : American Airlines		
IATA AA	ICAO AAL	Callsign American
창사(founded)	1930(as America Airways)	
허브공항(hubs)	Dalas_Forth Worth International Airport O'Hare Internatinal Airport Miami International Airport	
제2의 허브공항Secondary hubs	John F. Kennedy International Airport LaGuardia Airport	
상용고객우대제도(Frequent Fliers Program)	AAdvantage	
항공동맹(alliance)	Oneworld	
보유 항공기 수(fleet size)	654(+54 orders)	
취항 목적지 수(destinations)	158	
모회사(parent company)	AMR Corpoartion	
회사슬로건(company slogan)	We know why you fly. We're American Airlines.	
본부(headquarters)	ForthWorth, Texas	
Website:http://www.aa.com		

설립하여 3년이 지난 1931년 United Aircraft사가 현재 세계 2대 항공사인 United Airlines (UA)으로 발전하였다.

현재 미국에는 수백 개의 항공사가 운항하고 있다. 전 세계에서 항공산업이 가장 발달되어 있는 미국은 다양한 유형(types)의 항공사들이 존재한다. 본서에서는 ① 대형 여객항공사(major passenger airlines), ② 화물전용항공사(cargo airlines), ③ 중소형 여객항공사(small-middle sized passenger airlines)로 나누어 제시하였다.

- 대형여객항공사(major passenger airlines)

  - Alaska
  - America West
  - American Airlines
  - Continental Airlines
  - Delta Air Lines
  - Frontier
  - Northwest Airlines
  - Southwest Airlines
  - United Airlines
  - US Air

- 화물전용항공사(cargo airlines)

  - DHL
  - FedEx
  - United Parcel Service
  - Air Transport International
  - Associated Air Freight
  - Atlas Air
  - Evergreen International
  - Gemini Air Cargo
  - Fine Air

- 중소여객여행사(small-middle sized passenger airlines)

  - AirTran
  - Aloha
  - Atlantic Southeast Airlines
  - Great Lakes Airlines
  - North American Airlines
  - SkyValue
  - Virgin America
  - World Airways

1-2. 유럽 항공사

유럽에서 항공교통을 먼저 받아들인 국가로는 핀란드(Finland), 프랑스(France), 독일(Germany), 네덜란드(Netherlands)로 알려져 있다. 네덜란드 국적항공사 KLM은 1919년 창업하여 1920년 2명의 영국인을 탑승시키고 영국 런던-암스테르담 스키폴(Schiphol) 간 첫 비행을 성공적으로 마쳤다.

프랑스는 1919년 프랑스-모로코 간 항공우편서비스(air mail service)를 시작하였다. 그 항공사명이 바로 Aeropostale이다. 1933년 Aeropostale은 파산하여, 국유화되었으며, 그 후 여러 항공사를 합병하여 현재 프랑스 국적항공사인 Air France(AF)로 발전하였다.

핀란드의 경우 전세기인 Aero O/Y가 1923년 창업하여, 1924년 헬싱키(Helsinki)-탈린 (Tallinn, Estonia) 간 첫 비행을 시작하였다. Aero O/Y는 현재 핀란드 국제항공사인 Finnair로 발전 성장하였다. 독일에서는 루프트한자사(Lufthansa)가 등장하였다. Junkers, Dornier, Fokker 등에 의해서 설립된 독일의 항공사는 그 당시 세계에서 가장 앞선 기술 을 구가하고 있었다. 1930년대 중반 독일의 항공산업은 절정기를 누렸다. 나치정부는 항 공사 서비스 즉 항공사를 공업화의 상징 혹은 독일의 힘으로 선전(propaganda)하는 도구 로 활용하였기 때문이다.

1-3. 아시아 항공사

홍콩(Hong Kong), 인도(India), 인도네시아(Indonesia), 말레이시아(Malaysia), 필리핀 (Philippines)이 아시아에서 항공교통을 일찍 받아들인 국가들이다. 1941년 2월 설립된 필리핀항공(Philippine Airlines)이 아시아 최초 항공사이다. 1941년 3월 필리핀 수도 마닐 라(Manila)-바기오(Baguio) 간 첫 취항이 이루어졌다. PAL(Philippine Airlines)는 아시아 항공사 중에서 최초로 태평양 구간인 Manila-San Francisco노선을 개설한 항공사이다. 홍콩에 본부를 둔 Cathay Pacific 항공이 1946년 설립되었고, 1947년 Malaysia Airlines, 1949 년에 인도네시아 국적항공사인 Garuda Indonesia 항공, 그리고 일본의 국적항공사인 Japan Airline는 1951년 설립되었다. 아시아를 대표하는 대형항공사는 다음과 같다.

- Air China/CA
- Asiana Airlines/OZ
- Japan Airlines/JL
- Malaysia Airlines/MH
- Garuda Indonesia/GA
- All Nippon Airways/NH
- Cathay Pacific/CX
- Korean Air/KE
- Thai Airways/TG

1-4. 우리나라 항공사 약사

우리나라에 비행기가 첫선을 보인 것은 1903년 미국 라이트형제가 동력비행을 성공시킨 후 10여 년이 지난 1914년이었다. 1914년 일본인인 다까소 오가 최초 민간항공인으로 용산 연병장에서 공개 비행행사를 가진 것이 시초이다. 1917년에는 미국인 아트 스미스(Art Smith)가 커티스호(Curtiss)로 한국방문 비행을 하였으며, 1920년 5월 이탈리아 공군 페라린마세르가 세계 일주길에 한국을 방문 비행하였다(www.airportal.co.kr).

┃그림 2-2┃ 한국 최초의 비행사 안창남

(출처: http://airportal.co.kr/ 1900~1930)

한국인 조종사가 비행을 한 것은 1922년 12월 10일이었다. 안창남1)은 단발쌍엽(單發雙葉) 1인승 비행기인 금강호로 여의도에서 5만 관중이 지켜본 가운데 역사적 모국방문 비행행사를 가진 것이 처음이다. 안창남은 우리나라 최초의 비행사로 기억되고 있다.

1948년 10월 민간항공회사 대한국민항공사(Korea National Airlines, 약칭 KNA)를 창설하여 1949년 2월 1일 서울–강릉, 서울–광주–제주 등의 국내 노선을 개설하여 경영하였으나 계속 적자를 면치 못했다. 국제선은 해방 이듬해인 1946년 하반기부터 미국의 노스웨스트(NW)가 서울–도쿄 구간을 취항함으로써 이루어졌다. 이때는 미군정하에 있었기 때문에 양국간 항공협정이 없이 바로 취항이 이루어졌다. 1962년 3월 '대한항공공사법'이 제정되어 정부출자의 국영항공사를 1967년 7월 설립하였고 DC-9 항공기를 김포공항에 취항시켰다. 이때부터 우리나라에 제트여객기 시대의 개막을 알리게 되었다.

국영항공사의 민영화(privatization) 방침에 따라 1969년 대한항공공사가 한진상사(현 한진그룹)에 인계되어 오늘날 대한항공(Korean Air, KE)이 되었다. 본격적인 민간항공 시

---

1) 안창남(1900.1.29. 생)은 21세에 일본 오쿠리 비행학교에 입학, 6개월 과정 교육을 마치고, 다음 해인 1921년 5월 비행면허시험 수석합격으로 한국인의 우수한 능력과 기개(氣槪)를 과시했다. 일본 우편비행대회 (1922.11.6)에 참가하여 최우수상을 수상하였다. 안창남의 모국방문 비행은 항공에 관심이 많은 젊은이들이 일본에 가 비행술을 익히는 커다란 동기가 되었다. 이후 비행사 자격증을 획득한 한국인은 이인기, 이상태, 장덕창 등 20여명이었다. 안창남은 1930년 비행 사고로 생을 마감했다.
(출처: http://www.airportal.co.kr/ 한국항공진흥협회 자료)

대로 접어들면서 대한항공은 우리나라 경제발전과 더불어 비약적 성장을 하였다.

1978년 미국의 항공규제완화 이후 국제경쟁이 치열해지고 복수항공(複數航空)이 전 세계적인 추세였기 때문에 정부는 제2민항의 설립을 허가하였다. 제2민항인 아시아나항공(Asiana Airlines, OZ)이 1988년 2월 설립되면서 본격적인 경쟁체제로 접어들었다. 현재 대한민국은 국제적인 경쟁력을 갖춘 두 개의 항공사를 갖게 됨에 따라 동북아시아의 항공중심국으로 발전하고 있다(박시사, 2003).

1969년 대한항공의 창립과 '항공영웅'

"대통령 재임기간 중에 별도의 전용기는 그만두고라도 우리나라 국적기를 타고 해외 나들이 한번 하고 싶은 게 소망이오." 1968년 여름. 조중훈 한진그룹 회장을 청와대로 부른 박정희 당시 대통령은 주위 사람들을 물리친 뒤 이렇게 속내를 털어놨다. 국영기업체인 대한항공공사를 인수해 달라는 요청이었다.

"어디 그뿐이오. 월남에서 휴가를 나오는 우리 장병들이 외국 비행기를 타야 하는데 장병들의 사기도 문제려니와 귀중한 외화가 낭비되고 있다는 지적도 있소." 조 회장은 후일 자서전 '내가 걸어온 길'에서 "국가의 원수(元首)인 대통령께서 국가의 체면까지 거론하며 그렇게 요청하는데 사업가로서 더 이상 거절할 수가 없었다"고 회상했다.

국내 최대의 민영 항공사인 대한항공의 역사는 이렇게 시작됐다. 당시 항공공사는 정부의 '골칫덩이'였다. 1962년 설립된 항공공사는 잦은 기체 고장 등으로 결항을 밥 먹듯이 해 공신력이 크게 실추됐다. 매년 적자가 누적된 탓에 금융권에 진 빚이 당시 돈으로 수십억 원이었다.

박정희 대통령과 조중훈 회장

(출처: 오마이뉴스 2007.10.28/ 조중훈 회장이 박정희 대통령으로부터 금탑산업훈장을 받고 있다)

비행기 보유 규모는 동남아 11개국 항공사 가운데 꼴찌 수준. 8대의 비행기 전체 좌석 수를 합해도 400석이 채 되질 않았고 그나마 DC-9 제트기 한 대를 제외하곤 수명이 다한 프로펠러기가 전부였다.

정부는 민간기업인에게 이 회사를 맡겨 발전시키려 했으나 아무도 나서질 않았다. 정신이 나가지 않은 바에야 이런 회사를 인수할 리가 없었다.

결국 대통령이 나서 당시 월남에서 수송사업으로 많은 외화를 벌어들인 한진상사에 떠맡긴 것이다.

조 회장의 인수 결정에 일부 중역은 "우리가 월남에서 고생하며 모은 돈을 밑 빠진 독에 쏟아 붓는 격"이라며 반발했다. 하지만 조 회장은 "밑지더라도 국익을 위해 해야 하는 사업이 있다"며 "육해공 삼위일체(三位一體)를 이룬 수송기업의 구축은 나의 이상"이라고 일축했다.

부실투성이인 항공공사를 인수해 1969년 3월 1일 창립한 대한항공은 과감한 투자를 하며 민영화 38주년인 2007년 현재 122대의 비행기로 세계 36개국 109개 도시에 취항하여 국제 화물수송 실적 1위와 여객수송 17위의 거대 항공사로 성장했다. 만약 항공공사를 민간기업에 넘기지 않고 정부가 계속 운영했다면 지금쯤 어떻게 됐을까.

(출처 : ssoo@donga.com 동아일보 기사, 위의 사진은 재구성함)

2. 항공사 유형

현행 「항공사업법」(제정: 2016.3.29.)에 따르면 "항공운송사업이란 타인의 수요에 맞추어 항공기를 사용하여 유상으로 여객이나 화물을 운송하는 사업을 말한다"(동법 제2조 제7호 · 제9호 · 제11호) 함은 이미 앞에서 설명한 바 있다.

항공사(航空社)란 영리를 추구할 목적으로 항공기를 사용하여 유상으로 여객(passenger) 또는 화물(cargo · freight)을 운송(transport)하는 사업단위(business unit)라 해석할 수 있다. 항공사는 ① 운송대상, ② 운항범위, ③ 운항형태, ④ 운항국가, ⑤ 소유형태, ⑥ 규모 및 네트워크, ⑦ 서비스, ⑧ 취항유무 등에 따라 다양하게 유형화(類型化)될 수 있다(박시사, 2003).

┃그림 2-3┃ 가족휴가와 항공사

(유럽 최남단 Spain, Marbella, Puerto Banus에서 즐거운 한때를 보내고 있는 family travellers, 그 지역 유명 레스토랑에서 한잔. 미성년자는 mineral water로 Salute=건배. 이 머나먼 곳에서 휴가를 만약 항공사가 없었다면 상상이라도 했을까)

2-1. 운송대상별 유형화

사전적 의미로 여객(旅客, passenger)이란 함은 자동차, 선박, 비행기 따위의 탈것을 이용하여 오가는 손님이라 할 수 있다. 개정된 대한항공 국내여객 운송약관 제1조 제8호 및 국제여객 운송약관 제1조 제26호에 규정하고 있는 "수하물"이란 여객이 자신의 여행과 관련하여 착용 또는 사용하거나 안락 또는 편의를 위하여 필요한 물품, 용품 및 기타 휴대품을 의미하며, 별도로 명시되어 있지 아니한 위탁수하물 및 휴대수하물을 공히 포함한다. 항공사가 서비스하는 운송대상별로 항공사를 구분하면 크게 ① 여객항공사(passenger air carrier), ② 화물항공사(cargo air carrier)로 나누어진다.

다음은 2015년 기준 화물수송실적에 의한 10대 항공사이다.

- Fed Express
- Lufthansa
- Korean Air
- United Parcel Service

- Singapore Airlines Cargo
- China Airlines
- Air France
- Cathay Pacific
- Eva Airways
- Japan Airlines

┃그림 2-4┃ 세계 최대 Cargo전문 항공사

(출처: www.historyfaircargo.com/세계 최대 Cargo 항공사인/FedEx)

2-2. 운항범위별 유형화

항공사는 운항하는 범위(coverage), 운항하는 지리적 범위, 취항하는 노선(route)에 따라 ① 국제항공사(international airlines), ② 지역항공사(regional airlines), ③ 국내항공사(domestic airlines)로 구분할 수 있다. 운항범위별 유형화는 국가(country), 지역(domestic), 그리고 거리(distance) 등을 기준으로 한다(박시사, 2003). 지역항공사(regional airline)란 중소도시에 항공서비스를 제공하는 여객항공사이다. 중소도시는 대형항공사가 취항할 만한 안정되고 충분한 승객을 확보할 수 없고 높은 운항빈도(frequency)를 보장할 수 없다. 이러한 지역에 항공서비스를 제공하는 항공사를 지역항공사라 한다. 이와 같은 항공서비스를 'commuter airline' 혹은 'feeder airline'이라 칭하기도 한다.

2-3. 운항형태별 유형화

항공사는 운항형태에 따라 ① 정기항공사(scheduled traffic), ② 전세기항공사(charter traffic)로 나눌 수 있다. 정기항공사(scheduled airlines)는 예약 승객의 많고 적음에 상관없이 사전에 발표된 시간표(timetable)에 준해서 운항하는 항공사이다(Page, Brunt, Busby & Connell, 2001). 우리나라의 경우 대한항공, 아시아나항공, 제주항공이 정부로부터 정기항공허가를 받은 후 운항하고 있다.

이와 반대로 전세기항공 혹은 부정기항공(chartered aircraft)은 제3자(third party)에게 항공기가 임차된 형태를 말한다. 전세항공사는 수요가 집중된 시기라든가 혹은 특별한 수요가 발생하였을 때 항공기를 빌려 항공좌석을 판매하는 '브로커'(set broker)이다. 전세기항공사를 부정기항공사로 칭하기도 한다. 전세항공업자는 대형 여행사가 될 수도 있다. 가령, 영국의 대형 여행사인 Airtours, First Choice, Thomson, Cosmos 등도 전세항공업자의 역할을 수행한다.

전세기항공사(부정기항공사)는 유럽에서 활성화되었다. 최근 한국, 일본 등 아시아 국가들도 성수기(high season)에 접어들면 전세기를 활용하는 빈도를 높이고 있다. 전세기항공을 활용하면 다음과 같은 이점을 누릴 수 있다(박시사, 2003).

• 항공기 좌석 공급확대
• 성수기 좌석난 해소
• 심야 유휴 항공기 가동률 높임
• 항공사 수익증대 효과
• Inbound, Outbound 수요 창출

2-4. 운항국가별 유형화

항공사는 운항하는 국가, 다시 말해서 항공사의 소재(所在)에 따라 국적항공사(flag carriers)와 외국항공사(foreign carriers)로 나누어진다. 국적항공사를 'national airlines'라 표현하기도 한다. 국적항공사란 용어는 국가가 항공사를 소유했기 때문에 생긴 잔재(legacy)이다. 전 세계 대부분의 항공사는 민영화되었고, 항공규제완화 이후 특정 국가에 다수의 항공사가 출현하게 되었다. 따라서 과거에 비해 국적항공사란 용어의 의미는 퇴색되었다. 하지만 국가간 쌍무항공협약을 맺거나 국제선 노선을 개설시키는 제약요건(restrictions) 등에 있어서 국적항공사에 어느 정도 혜택을 주기도 한다 (http://en.wikipedia.org/wiki/Flag_carrier). 우리나라의 경우 대한항공(KE)과 아시아나항공(OZ) 그리고 국적항공사(國籍航空社) 등이 그 예이다. 외국항공사란 국적항공사의 상대적 개념으로 한국에 취항(on-line)하고 있는 외국 국적의 항공사를 말한다. 가령, Japan Airlines, Air China, Delta Airlines, Cathay Pacific, Air Franc, British Airways 등은 한국인 입장에서 보면 외국항공사이다.

2-5. 소유형태별 유형화

항공사는 소유형태(ownership)에 따라 크게 ① 국영항공사(state owned airlines), ② 민영항공사(private airlines or commercial airlines)로 나누어진다.

국영항공사는 국가에서 소유하고 운영하는 항공사를 말한다. 항공산업 발달 초기에 대부분의 항공사는 국가에 의해서 설립되고 운영되었다. 항공산업(항공사)은 국가기간산업(國家基幹産業)이며 방위산업(防衛産業)이기 때문에 국가에서 직접 운영하는 것이 당연하다고 여겨졌다. 그러나 항공규제완화 이후 항공산업에 시장경제체제가 도입되면서 국가에서 항공사들의 경쟁력과 서비스 질에 대한 문제가 대두되기 시작했다. 이러한 문제를 해결할 수 있는 방안으로 등장한 것이 항공사의 민영화(privatization)이다.

2-6. 규모 및 네트워크 유형화

항공사는 규모(size) 및 네트워크(network)에 따라 ① 대형항공사(major carrier), ② 중소형항공사(small-mid sized carrier)로 나눌 수 있다. 여기서 말하는 규모란 항공사가 보유하고 있는 항공기의 대수를 의미하고, 네트워크(network)란 취항노선(route)을 말한다. 취항목적지(destination)의 수에 따라 대형항공사와 중소형항공사로 분류되기도 한다. 대형항공사를 trunk airline 혹은 trunk carrier란 용어로 대체 해서 사용하기도 하였다. 앞서 제시한 국적항공사(flag carrier)와 국제항공사(international airlines)는 모두 대형 항공사의 범주에 포함된다. 반면 중소형항공사는 특별 목적을 두고 항공기를 운항하는 항공사나 틈새시장(niche market)을 표적(target)으로 삼은 항공사들이 이에 속한다. 가령, 특정 지역에서만 운항하는 지역항공(regional airlines)이나 통근승객을 겨냥한 '통근항공'(commuter airlines) 등이 중소형 항공사 범주에 포함된다.

2-7. 서비스별 유형화

서비스란 개념은 포괄적이다. 여기서 말하는 항공서비스란 여객(passenger)에게 제공되는 서비스로 한정시킨다. 서비스를 기준으로 한 항공사분류는 마케팅접근법(marketing approach)에 기초를 두고 분류한 것이다. 항공사가 여객에게 제공하는 서비스에 기초를 두고 분류하면 크게 ① 풀서비스항공사(full-service carriers, FSC), ② 저가항공사(low-cost carriers, LCC)로 나누어진다(Fourie & Lubbe, 2006; O'Connell & Williams, 2005; Barrett, 2004; Gillen & Morrison, 2003). 다음 〈표 2-2〉는 Gillen과 Morrison(2003)이 제시한 FSC와 LCC의 특성이다.

〈표 2-2〉 FSC와 LCC 특성비교

비교항목 Descriptors	종합서비스 · 대형항공사 FSC(Full Service Carrier)	저가항공사 LCC(Low Cost Carriers)
항공기기종 Fleet	Mixed	Uniform
제품 · 노선 Product design	Long/short haul Code sharing Network alliances	Short haul
서비스 Process design	Full service Business and coach	No frills Economy
비용 Costs	High operating costs	Low operation
공항이용 Airport affiliation	Hub and periphery	Non-hub and periphery

(출처: Gillen & Morrison(2003), Journal of Air Transport Management, Vol.9(1), pp.15-23)

2-8. 취항유무별 유형화

항공사는 국내에 취항하는가의 여부에 따라 ① 취항항공사(on-line airlines), ② 미취항항공사(off-line airlines)로 분류된다. 취항항공사는 정기항공사(scheduled airlines)와 전세기항공사(chartered airlines, 부정기항공사)를 총칭하여 일컫는 말이다.

2017년 3월 31일 기준으로 인천국제공항(ICN)에 취항하는 항공사는 한국의 국적항공사인 대한항공(Korean Air)을 비롯하여 제주항공(Jeju Air), 에어인천(Air Inchean), 진에어(Jin Air), 아시아나항공(Asiana Airlines), 에어서울(Air Seoul), 티웨이항공(T'way Air), 이스타항공(Eastar Jet) 등 8개 항공사를 포함하여 총 87개 항공사이다.

3. 항공기 제작사

3-1. 항공기

현행 「공항시설법(제정: 2016.3.29.)은 제2조 제1호에서 "항공기란 「항공안전법」 제2조 제1호에 따른 항공기를 말한다"고 규정하고 있다. 즉 항공기란 공기의 반작용으로 뜰 수

┃그림 2-5 ┃ 항공기 주요 구조

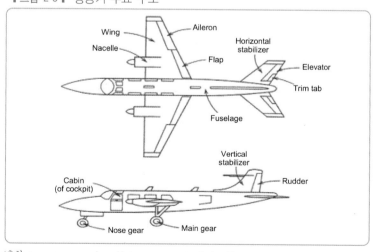

(출처: www.aerospaceweb.org/design, components of aircraft)

는 기기로서 최대 이륙중량, 좌석수 등 국토교통부령으로 정하는 기준에 해당하는 비행기·헬리콥터·비행선·활공기(滑空機)와 그 밖에 대통령령으로 정하는 기기를 말한다.

3-2. 항공기 제작사

항공기 제작사는 전 세계 곳곳에 있다. 미국의 Boeing사 및 유럽연합(EU)의 Air Bus사가 항공기 제작산업을 지배하고 있음은 부정할 수 없다. 하지만 전 세계에 항공기(aircraft), 경비행기(light aircraft), 초소형비행기(ultra-light aircraft), 우주선(space aircraft) 등을 생산하는 기업이 많다. 여기서는 항공기(aircraft)와 경비행기(light aircraft) 제작사를 소개하고자 한다.

〈표 2-3〉 항공기·경비행기 제작사

제작사명	국 가	생산기종
Airbus Industry	EU	passenger aircraft corporate jet military transport
Boeing Company	USA	passenger aircraft military aircraft space aircraft
Bombardier Aerospace	Canada	regional aircraft business aircraft
Embraer	Brazil	commercial aircraft defence aircraft
Saab Aircraft	Sweden	military aircraft commercial regional aircraft
MIG Corporation	Russia	military aircraft civil aircraft
Aviat Aircraft	USA	sport aircraft utility aircraft
한국항공우주산업 KAI	대한민국	항공기 조립 소형 군용기

(출처: http://www.aviationdomain.com/directory/manufacture 재구성)

1) 보잉사(Boeing Company/www.boeing.com)

미국의 보잉사[2]는 민간항공기, 우주선 그리고 군용기를 생산하는 세계적인 항공기 제
작사이다. 1916년 미국 Washington주 Seattle에서 William Edward Boeing에 의해서 설립된
회사다. 현재 미국 Illinois주 Chicago에 본사(headquarter)를 두고 있다. 보잉은 Jeppeson,
Boeing Austrailia, Boeing defence UK 등의 자회사를 거느리고 있다.

▌그림 2-6 ▌ Boeing사 창업자 William E. Boeing

(출처: www.boeing.com/윌리엄 보잉/1881-1956)

---

2) Brief profile of Boeing

Boeing is the world's leading aerospace company and the largest manufacturer of commercial jetliners and
military aircraft combined. Additionally, Boeing designs and manufactures rotorcraft, electronic and defense
systems, missiles, satellites, launch vehicles and advanced information and communication systems. As a major
service provider to NASA, Boeing operates the Space Shuttle and International Space Station. The company
also provides numerous military and commercial airline support services. Boeing has customers in more than
90 countries around the world and is one of the largest U.S. exporters in terms of sales. Boeing has a long
tradition of aerospace leadership and innovation. We continue to expand our product line and services to
meet emerging customer needs. Our broad range of capabilities includes creating new, more efficient members
of our commercial airplane family; integrating military platforms, defense systems and the warfighter through
network-centric operations; creating advanced technology solutions that reach across business units; e-enabling
airplanes and providing connectivity on moving platforms; and arranging financing solutions for our customers.
Headquartered in Chicago, Boeing employs more than 150,000 people across the United States and in 70
countries. This represents one of the most diverse, talented and innovative workforces anywhere. More than
83,800 of our people hold college degrees--including nearly 29,000 advanced degrees--in virtually every
business and technical field from approximately 2,800 colleges and universities worldwide. Our enterprise also
leverages the talents of hundreds of thousands more skilled people working for Boeing suppliers worldwide.
(출처:http://www.boeing.com)

보잉사는 민간항공기(commercial airlines), 군용기(military aircraft), 우주선(space system)과 항공 관련 컴퓨터 프로그램(computer services)을 생산하고 있다.

보잉사의 '슬로건'(company slogan)은 "Forever New Frontiers"로 미국의 개척자 정신을 잘 반영하고 있다.

항공수요 고공비행 비행기 없어서 못 판다

국내 모 항공사 구매담당 임원은 최근 보잉에 중형 항공기를 구입하려고 문의했다가 뒤로 자빠질 뻔했다. 지금 주문해도 6년을 기다려야 인도받을 수 있다는 대답을 들었기 때문이다. 이 임원은 "열차로 사흘씩 여행하던 중국인들이 경제성장으로 항공기의 편리함을 알면서 중국의 항공기 수요가 폭증하고 있기 때문"이라고 말했다.

중국·인도의 경제성장과 함께 세계 여객·화물 물동량이 늘어나면서 항공기 제작회사들이 초호황을 누리고 있다. 4년치 이상 주문량이 밀려 있는 한국 조선업계와 비슷하다. '서울 에어쇼'에 참석하기 위해 방한한 미국 보잉의 랜디 틴세스 상용기담당 부사장은 "지금 항공기를 주문하면 기종을 불문하고 4~6년을 기다려야 한다"며 "새로 나온 787 드림라이너의 경우 2013년까지 없어서 못 팔 정도"라고 말했다. 전 세계 상용기 양대 제작사인 보잉과 유럽 에어버스에 따르면 1987년 이후 올해까지 항공기를 이용한 여행객은 2.5배 정도 늘어났다. 운항 편수와 직항노선 수도 각각 2.2배와 2배 증가했다. 9·11 테러 사건 이후 주춤했던 세계 항공수요와 항공기 개발이 다시 활기를 찾고 있는 것이다.

전문가들은 아시아·태평양 지역의 빠른 경제성장을 가장 큰 이유로 꼽았다. 에어버스의 모회사인 EADS 크리스티앙 뒤엥 인터내셔널 사장은 18일 "에어버스가 벌어들이는 전체 수입 가운데 아태지역의 비중이 2002년 7%에서 지난해 20%까지 올랐다"며 "2014년 30% 진입을 예상했으나 2011년으로 앞당겨질 것"이라고 예상했다.

보잉의 틴세스 부사장도 "중국을 비롯한 동북아 일대의 무역규모가 커지면서 이 일대로 향하는 교통량과 이동인구가 많아졌다"고 말했다. 그는 동북아 일대 항공사들이 2026년까지 1390대의 상용제트기를 발주할 것으로 예상했다.

시장이 급성장하는 만큼 두 회사 모두 동북아 지역을 생산거점으로 삼기 위해 안간힘이다. 보잉은 중국 시장에서 60%의 점유율을 유지하기 위해 합작벤처 등을 통한 '텃밭 다지기'에 나섰다. 보잉은 가장 많은 부품을 중국 기업으로부터 공급받는다. 에어버스도 프랑스 툴루즈와 독일 함부르크 공장에 이어 A320의 최종 조립라인을 중국에 세우기로 최근 결정했다. 에어버스차이나의 로렌스 바론 사장은 "중국에 들어온지 10년밖에 되지 않았으나 현재 항공기 시장의 36%를 차지하고 있고, 2013년 시장의 절반을 차지할 자신이 있다"고 말했다. 전문가들은 오래지 않아 동북아 지역에서 거대한 자가용 비행기 시장이 형성될 것으로 전망했다. 한국항공우주연구원 성기정 비행제어팀장은 "인구 50만명 이상의 도시가 가장 많은 지역이 한 · 중 · 일 삼각벨트"라며 "누구나 쉽게 운전할 수 있는 비행기가 제작되고 이착륙이 보다 자유로운 활주로가 갖춰지면, 동북아 일대는 세계에서 가장 큰 소형제트기 시장이 될 것"이라고 말했다.

◆ 보잉과 에어버스 = 치열하게 경쟁하는 항공우주 분야의 양대 산맥. 미국 시카고에 본사를 둔 보잉은 매출액 기준으로 세계 최대 항공우주 업체다. 지난해 매출 615억 달러(약 56조원), 순이익은 22억 달러(약 2조원)였다. 프랑스 툴루즈에 본사를 둔 유럽 4개국 연합체인 에어버스는 항공기 인도 기준(delivery)으로 세계 1위다. 창사 이후 230여개 업체에 7700여 대(8월 현재)의 항공기를 팔았다.

한국 항공기 제작산업 현주소

국내 유일의 항공기 조립업체인 한국항공우주산업(KAI)은 틈새시장을 뚫고 있다. 올 8월 터키에 5억 달러 규모의 수출계약을 한 기본훈련기 KT-1은 선진국 항공 군수업체들이 거들떠보지 않았던 '틈새 기종'이었다. 다음 달 아랍에미리트(UAE)로 수출 여부가 결정나는 초음속 고등훈련기 T-50도 유럽이 차세대 훈련기 개발을 포기하면서 시장에 진입할 기회를 얻었다. 이일우 KAI 선행연구팀장은 "대형 군수업체에 비해 기술력은 떨어지지만 틈새를 찾으면 얼마든지 수출할 수 있다는 사실을 깨달았다"라고 말했다.

한국형 기동헬기(KUH) 개발사업도 기본설계를 끝내면서 본격적인 궤도에 올랐다. KAI 정해주 사장은 18일 유럽의 헬기 제조사이자 기술제휴사인 유로콥터의 버틀링 사장과 서울에어쇼 행사장에서 KUH 수출을 위한 합작 벤처기업 설립에 합의했다. 2014년 이후 300여 대의 헬기 수출이 가능할 전망이다.

KAI는 훈련기 수출에 힘입어 올 매출 1조원 돌파를 예상하고 있다. KAI는 2010년 2조 5000억원의 매출을 달성하기 위해 이스라엘 항공기 회사와 손잡고 역시 '틈새 상품'인 10인승 소형제트기 개발에 나섰다.

KAI 관계자는 "앞으로 남북 간의 교류가 자유로워지고, 중국 경제가 급성장하면서 비즈니스제트기 · 에 어택시 등의 수요가 급증할 것"이라고 말했다.

(출처: 중앙일보 신문기사 참조)

2) 에어버스사(AIRBUS/www.airbus.com)

Airbus사는 1970년 설립된 항공기 제작사이다. 프랑스 Toulouse에 본사를 둔 다국적 기업이다. 프랑스 Toulouse, 독일 Hamburg에 생산기지를 두고 있고 스페인 Seville에 생산기지를 건설 중이다. EU 국가들이 미국 Boeing사와 경쟁하기 위해서 컨소시엄을 형성하여 이루어진 세계적인 항공기 제작사이다.

에어비스사는 전 세계 항공기 제작사 중 보잉사와 더불어 쌍벽을 이루는 회사이다. 100인승 이상 상용항공기부문에서 50% 정도의 주문수주(order)를 하고 있다. 중대형 항공기 수준의 50% 시장점유율을 차지하고 있다는 의미이다. Airbus의 기업사명은 "Airbus' mission is to provide the aircraft best suited to the market's needs and to support these aircraft with the highest quality of service."로 고객의 욕구에 부합하는 최고의 항공기를 제작하고 최상의 서비스로 지원하는 데 목표를 두고 있다.

Airbus는 100~500인승의 항공기를 주로 제작하고 있다. Airbus는 1969년 A300기종을 최초로 제작하였다. 그 후 A310(1978), A320(1984), A340(1987), A380(2002) 등 이른바 "A300시리즈"를 제작하였다. 다음 〈표 2-4〉는 Airbus사가 제작한 항공기에 관한 사항이다.

〈표 2-4〉 Airbus 제작 항공기 사양(product list and details)

기종 Aircraft	좌석수 Seats	첫 비행 1st flight	첫 번째 인도 1st delivery
A300	228-254	1972. 10. 28	1974. 05
A310	187	1982. 04. 03	1985. 12
A318	107	2002. 01. 15	2003. 10
A319	124	1995. 08. 25	1996. 04
A320	150	1987. 02. 22	1988. 03
A321	185	1993. 03. 11	1994. 01
A330	253-295	1992. 11. 02	1993. 12
A340	239-380	1991. 10. 25	1993. 01
A350	270-350	2011 expected	mid-2013
A380	555	2005. 04. 27	2007. 10. 15

(출처: http://en.wikipedia.org/wiki/Airbus/ 참고 재구성)

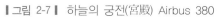

┃그림 2-7┃ 하늘의 궁전(宮殿) Airbus 380

(출처: www.aerospaceweb.org/design, components of aircraft)

참 | 고 | 문 | 헌

Colette Fourie and Berendien Lubbe(2006), Determinants of selection of full-service airlines and low-cost carriers? A note on business travellers in South Africa, Journal of Air Transport Management, Vol.12(2), pp.98-102.

David Gillen, and William Morrison(2003), Bundling, integration and the delivered price of air travel: are low cost carriers full service competitors?, Journal of Air Transport Management, Vol.9(1), pp.15-23.

John F. O'Connell, and George Williams(2005), Passengers' perceptions of low cost airlines and full service carriers: A case study involving Ryanair, Aer Lingus, Air Asia and Malaysia Airlines, Journal of Air Transport Management, Vol.11(4), pp.259-272.

Paul R. Dittmer(2002), Dimensions of the Hospitality, John Wiley & Sons, Inc.

Sean D. Barrett(2004), How do the demands for airport services differ between full-service carriers and low-cost carriers?, Journal of Air Transport Management, Vol.10(1), pp.33-39.

Stephen J. Page, Paul Brunt, Grahan Busby & Jo Connell(2001), Tourism: A Modern Synthesis, Thomson Learning.

박시사(2003), 항공관광론, 백산출판사.

제**3**장

항공산업의 환경변화와 추세

항공산업의 환경변화와 추세

항공산업이 직면하고 있는 도전과 미래를 전망해보기 위해서 급변하게 움직이고 있는 '시장환경'(market environment)에 대해서 파악할 필요가 있다. 본서에서는 과거에 일어났던 변화와 현재 항공사들이 직면하고 있는 당면과제에 대해서 다루었다.

1. 과거의 환경변화

1-1. 항공규제완화

항공산업의 역사를 논할 때 가장 먼저 등장하는 사건(event or occasion)은 바로 항공규제완화(deregulation)다. 미국은 1978년까지 CAB(Civil Aeronautics Board)에 의해서 엄격하게 규제되고 있었다. CAB는 항공사에 노선을 할당하였고 운임을 승인하였으며 합병(merger)에 대한 제반 사항들에 대해서 관리 통제했다.

항공규제완화 이전에는 항공사간 경쟁이 거의 존재하지 않았다. 가령 미국 뉴욕과 로스앤젤레스 구간은 단지 두 개의 항공사가 취항할 수 있었고, 취항 항공사는 사전에 CAB로부터 항공운임 승인을 받아야 했다. 항공사는 뉴욕-로스앤젤레스 노선 승객이 많기 때문에 충분한 수익(profit)이 보장될 수 있는 운임을 제시하였다. 반면 제한된 경쟁을 누리는 대

| 그림 3-1 | 미연방항공국(FAA)

(출처: www.niar.wichita.edu/전 세계 항공관련 제도와 규제를 관장하고 있는 FAA)

가로 항공사는 수익이 보장되지 않은 노선에 취항해야 했다(Dittmer, 2002). 이러한 상황이 항공규제완화 이전의 미국 항공산업 환경을 잘 설명해 주고 있다.

항공규제완화는 미국의 항공산업에 변화를 가져왔을 뿐만 아니라 항공산업의 주도권이 CAB(Civil Aeronautics Board)에서 FAA(Federal Aviation Administration)으로 이전을 의미한다(Dittmer, 2002). 지난 25년간 일어났던 변화와 추세연합 중에서 가장 두드러진 사건은 바로 국제항공교통의 규제완화다. EU(유럽연합)관점에서 보면 항공자유화(liberalisation)이며, 미국은 항공규제완화(deregulation)란 용어를 사용한다. 이 두 개념의 차이는 거의 없으나, EU의 경우 국가간 항공서비스의 자유화를 의미하며, 미국은 종전의 CAB의 통제와 규제로부터 해방을 뜻한다.

항공규제완화는 항공사 시장구조(market structure)와 운영방법(operation pattern)에 지대한 영향을 미쳤다. 항공규제완화는 1978년 미국에서 시작되었다. 우선 국내선 자유화가 이루어지고 국제선으로 확대되었다. 관광객, 관광마케팅, 관광유통체계, 호텔산업, 여행업, 외식산업 그리고 항공산업은 항공규제완화에 의해서 영향을 받았다. 항공규제완화는 관광산업의 많은 참여자들에게 변화를 가져왔다. 항공규제 완화는 다음과 같은 변화를 가져왔다(박시사, 1994).

첫째, 경쟁체제이다.

둘째, 중소형 항공사의 증대이다.

셋째, 60개 이상의 신규항공사 등장이다.

넷째, 통근서비스 목적의 항공사 등장이다.

다섯째, 항공료 전쟁[1]이다.

여섯째, 경쟁력 없는 노선(route)을 포기하고 신규노선 진입이다.

일곱째, 단거리(short haul) 전문 지역항공사 등장이다.

여덟째, Hub & Spoke 시스템의 도입이다.

아홉째, 공항의 혼잡과 연발착 문제의 대두이다.

---

1) Morrison & Winston(1997)은 1976년부터 1993년까지 미국 국내선 항공요금을 분석한 결과 약 33%의 항공요금이 인하되었다는 연구결과를 얻었다. 항공규제완화(airline deregulation)가 항공요금 인하에 100% 기여한 것은 아닐지라도 적어도 60% 정도 영향을 미쳤을 것이라 주장했다. 다시 말해서 항공규제완화가 인하된 33% 중 약 20% 정도의 항공료 인하에 기여한 것으로 해석된다(Sinha, 2001).

유럽의 경우 1984년 영국과 네덜란드 간에 상호 항공시장 개방이 이루어졌는데, 양국의 협정이 바로 항공자유화의 시초라 할 수 있다(Rigas Doganis, 2006). 1987년 12월 이른바 '항공자유화 패키지'(Air Transport Liberalization Packages)가 유럽에 도입 적용되었다. 다음은 유럽의 항공자유화 패키지 3단계를 요약 정리한 표이다(Dipendra Sinha, 2001).

〈표 3-1〉 EU 항공 자유화 단계

단계(phases)	실시연도	자유화 조치
제1단계	1988. 01.	Allowed multiple designation(취항 가능한 항공사 복수허용) Fifth-freedom rights(제5자유) Automatic approval of discount fares(할인요금 인정)
제2단계	1990.11.	Double disapproval rule applied to full fares (양국 요금의 효력인정)
제3단계	1993.01/1997.04.	No restrictions on pricing on all fares(모든 항공요금 규제 철폐) Full access to all routes including cabotage(항공노선 진입자유화) Abandonment of distinction between charter and scheduled carriers(전세기, 정기항공 구분 없앰) Protection for routes designated as public service obligations(항공노선보호 사라짐) EC retention of right to intervene against fares, predatory pricing and seat dumping(EC 요금개입)

(출처: Brian Graham, 1997, p.228.)

유럽의 항공자유화는 소비자에게 다양한 편익(benefits)을 주었다. 항공자유화 이후 소비자가 향유할 수 있는 편익은 할인항공권(lower price), 고품질 항공서비스(better services), 그리고 다양한 연결항공편(better connecting flights)을 들 수 있다. 이 3가지 편익 중 항공소비자가 누릴 수 있는 가장 큰 매력은 바로 염가로 항공권을 구입할 수 있게 되었다는 것이다. 최소의 서비스(no-frills)와 가격우위를 갖춘 저가항공사가 출현하는 계기가 되었다. 이때 유럽 항공시장에 EasyJet, Ryanair, Virgin Express 등 저가항공사(low-cost carriers)가 등장하였다.

항공시장에서 규제가 완화되면서 항공사간 경쟁(competition)이 심화되었고 승객은 다양한 염가(low fares)의 항공요금이 출현하여 편익(benefits)을 누릴 수 있을 뿐만 아니라 항공운항빈도(frequency)의 증대와 서비스 수준의 향상이 이루어졌기 때문에 승객(passenger)에게 다양한 편익이 돌아갔다(Sambracos & Rigas, 2007).

항공규제완화의 조류(tide)에 편승하여 각국 정부는 기존의 국적항공사(national carriers)와 직접적인 경쟁을 하는 새로운 국내·국제항공사의 진입을 허가하였다. 일본의 경우 1986년 국내선만 취항했던 All Nippon Airways가 국제선 취항을 시작하였고, 대만의 EVA항공, 한국의 ASIANA, 유럽에서는 Virgin Atlantic, Ryanair 등이 항공산업에 진출하였다(Doganis, 2006).

항공규제완화가 한국에 가져온 변화는 바로 양대 항공사(duopoly) 체제이다. 1988년 이전까지 대한항공의 독점(monopolistic regime)체제였으나, 1988년 이후 아시아나항공의 등장으로 양대 항공사체제로 전환되었다. 한국의 국제항공여행과 국내항공여행에 큰 변화가 이루어졌다. 국제항공여행의 큰 변화로 우리나라가 세계 주요 국가와 항공협정을 체결한 것이다. 미국과 '쌍무항공서비스협정'(bilateral air service agreement)은 중요한 의미를 지닌다. 국내선의 경우 아시아나항공의 등장은 국내선 승객의 증가로 이어졌다. 하지만 미국의 경우와 달리 국내선요금의 인하에 영향을 미치지는 않았다(Sinha, 2001).

▌그림 3-2▐ President Jimmy Carter와 항공규제완화

(출처: www.answers.com/ 1978년 Jimmy Carter 미국 대통령의 항공규제완화법안에 서명하는 역사적 장면)

항공규제완화 이후 승객은 염가로 항공여행 기회를 획득했을 뿐만 아니라 취항빈도가 높아져 선택기회도 다양해졌다. 항공규제완화는 항공여행자와 대형공항(larger airport)에 편익(benefits)을 제공했다. 반면 소형공항은 항공서비스가 줄어들면서 어려움에 직면했다. 1980년대 이후 이루어진 연구결과에 의하면 기대와 달리 항공규제완화는 항공사의 수익성(profitability)에 부정적 영향을 미친 것으로 나타났다(Sinha, 2001).

1-2. 항공사 민영화

항공사 민영화(privatization)는 항공규제완화(deregulation)가 탄생시킨 부산물(by-product)이다. 세계 각국 초기의 항공사는 국영(state airlines)으로 출발했다. Good, Roller & Sickle(1995)은 국가소유항공사(state ownership)는 효율성(productive efficiency) 문제가 있어서 바람직하지 않다고 하면서 효율성을 저해하는 국영항공사의 요소로 ① 독과점, ② 보조금(subsidy), ③ 제한된 경쟁, ④ 높은 인원충원(고용) 등을 제시하였다. 국영항공사가 직면하고 있는 저효율성, 경쟁력 결여, 낮은 서비스 품질, 정부의 지나친 간섭 등은 항공사를 정부에서 민영기업으로 이전시키는 요인이 되었다.

민영화란 항공사가 국가소유로부터 벗어나 영리추구를 목적으로 하는 사업단위(business unit)로 넘어가는 것을 뜻한다. 국가가 항공사 소유권을 포기하는 이유는 매우 다양하다. 몇몇 국가들은 정치이념(political ideology) 때문이고, 다른 국가들은 재정적 부담으로부터 해방되는 방편이다. 어떤 이유든 항공산업에 민영화(民營化)가 이루어졌던 사실은 중요한 의미가 있다. 1980년대 이전까지 항공산업에 영향을 미쳤던 또 하나의 환경변화는 항공사의 민영화(privatization)이다(박시사, 1994).

1980년 중반까지 국가는 대부분의 국제항공사(international airlines)를 소유하고 운영하였다. 미국은 예외였다. 미국의 경우 민간기업이 항공사를 소유했다. 1930년대 유럽의 항공사는 제1차 세계대전 조종사 출신의 창업자(entrepreneur) 혹은 민간기업인에 의해서 설립되었다. 이 무렵 국가가 항공사를 소유하고 경영하려고 했던 두 가지 요인이 작용했다. 첫째, 1920년과 1930년대에 접어들면서 항공교통이 경제·사회발전뿐만 아니라 국가간 교역(trade)에도 기여할 것이라는 점. 둘째, 제2차 세계대전은 항공교통의 경제적 잠재력과 가치에 대해서 재조명하는 계기가 되었다. 따라서 국가가 항공사를 직접 소유하고 운영할 필요성이 대두되었다. 이때 등장한 항공사가 Air France(1946), British Airways (1946)다. 1960~1970년대에 접어들면서 국영항공사 추세는 더욱 강화되고 지역적으로 확대되었다. 하지만 국영항공사는 다음과 같은 문제를 노출시켰다(Doganis, 2006).

첫째, 심각한 재정적 어려움(serious financial difficulties)

둘째, 정부의 정치적 지나친 개입(political intervention)

셋째, 막강한 노동조합 영향력(trade union power)

넷째, 과도한 인력(over-staffing)

다섯째, 낮은 노동생산성(low labour productivity)

여섯째, 불명확한 전략(no clear strategy)

일곱째, 관료주의(bureaucracy)

여덟째, 서비스 문제(poor service quality)

정부는 위와 같은 문제를 해결하기 위한 대안으로 항공사의 민영화를 추진하게 되었다. 정부는 항공사 민영화(privatization) 목표로 ① 새로운 자본 투입, ② 부채 줄임, ③ 합리화(rationalization), ④ 현대화(modernization), ⑤ 항공사내 새로운 기업문화 조성, ⑥ 근본적인 구조조정(restructuring), ⑦ 비용절감, ⑧ 제품과 서비스질 향상에 초점을 두었다.

물론 국영항공사가 단점만 노출시키는 것은 아니다. 국영항공사는 국가의 자부심 (national pride)이며(Brueckner & Pels, 2005), 외화획득(earning hard foreign currency), 자국의 관광산업 지원, 해외교포와 유대관계(providing links to ethnic groups abroad), 항공기의 전략적 군사목적 이용(providing a strategic reserve of aircraft), 국가의 항공기제작산업 지원(supporting the national aircraft manufacturing industry) 등의 장점도 있다(박시사, 2003).

항공사를 국가가 소유하는 근본적인 이유는 국가주의적 항공정책과 밀접한 관련이 있다. 항공사의 민영화는 "항공국가주의"(aviation nationalism)를 감소시키는데 기여했다. 물론 항공사의 민영화로 인해서 이른바 항공국가주의가 사라진 것은 아니지만, 국가간 항공정책에서 보호주의(protectionism)에 기여했다는 데 큰 의미를 둘 수 있다. 항공사의 민영화는 국적기(flag carriers)에 의한 독점적 지배에서 벗어나는 것을 뜻한다. 민영화 이후 항공사 간 자유경쟁원칙하에 가격경쟁, 서비스경쟁, 고객유치 경쟁 등 비교우위를 누리고 경쟁에서 살아남기 위한 마케팅전략이 요구된다.

항공사의 소유구조는 크게 ① 국영항공사(state-ownership/public ownership), ② 민영
항공사(private ownership), ③ 민·공합작항공사(hybrid state-private ownership/mixed ownership)
로 나누어진다(Backx, Carney & Gedajlovic, 2002).

〈표 3-2〉 세계 항공사 소유구조(1993-1997)

항공사	국가	1993	1994	1995	1996	1997
Aerolinas Argentinas	Argentina	Private	Private	Mixed	Mixed	Mixed
Quantas Airways	Australia	Private	Private	Private	Private	Private
Sabena	Belgium	Public	Public	Mixed	Mixed	Mixed
Transbrasil Airlines	Brazil	Private	Private	Private	Private	Private
Varig	Brazil	Private	Private	Private	Private	Mixed
Air Canada	Canada	Private	Private	Private	Private	Private
Canadian Airlines	Canada	Private	Private	Private	Private	Private
Air China	China	Public	Public	Public	Public	Public
Avianca	Colombia	Private	Private	Private	Private	Private
Egypt Air	Egypt	Public	Public	Public	Public	Public
Finnair	Finland	Mixed	Mixed	Mixed	Mixed	Mixed
Air France	France	Mixed	Mixed	Mixed	Mixed	Mixed
Lufthansa	Germany	Mixed	Mixed	Mixed	Mixed	Private
Olympic Airways	Greece	Public	Public	Public	Public	Public
Gulf Air	Gulf States	Public	Public	Public	Public	Public
Cathay Pacific	Hong Kong	Private	Private	Private	Private	Private
Air India	India	Public	Public	Public	Public	Public
Indian Airlines	India	Public	Public	Public	Public	Public
Garuda	Indonesia	Public	Public	Public	Public	Public
EI Al	Israel	Public	Public	Public	Public	Public
Alitalia	Italy	Mixed	Mixed	Mixed	Mixed	Mixed
All Nippon Airways	Japan	Private	Private	Private	Private	Private
Japan Airlines	Japan	Private	Private	Private	Private	Private
Malaysia Airlines	Malaysia	Mixed	Private	Private	Private	Private
Aeronmexico	Mexico	Private	Private	Private	Private	Private

Mexicana Airlines	Mexico	Mixed	Mixed	Mixed	Mixed	Private
Royal Air Maroc	Morocco	Public	Public	Public	Public	Public
KLM	Netherlands	Mixed	Mixed	Mixed	Mixed	Mixed
Air New Zealand	New Zealand	Private	Private	Private	Private	Public
Pakistan International	Pakistan	Mixed	Mixed	Mixed	Mixed	Mixed
Philippine Airlines	Philippines	Mixed	Mixed	Mixed	Mixed	Mixed
Tap Air Portugal	Portugal	Public	Public	Public	Public	Public
Korean Airlines	Republic of Korea	Private	Private	Private	Private	Private
Saudi	Saudi Arabia	Public	Public	Public	Public	Public
SAS	Scandinavia	Mixed	Mixed	Mixed	Mixed	Private
Singapore Airlines	Singapore	Mixed	Mixed	Mixed	Mixed	Mixed
South African Airways	South Africa	Public	Public	Public	Public	Public
Iberia	Spain	Public	Public	Public	Public	Public
Swissair	Switzerland	Mixed	Mixed	Mixed	Mixed	Private
Thai Airways	Thailand	Mixed	Mixed	Mixed	Mixed	Mixed
Turkish Airlines	Turkey	Mixed	Mixed	Mixed	Mixed	Mixed
Emirates	UAE	Public	Public	Public	Public	Public
British Airways	United Kingdom	Private	Private	Private	Private	Private
Virgin Atlantic	United Kingdom	Private	Private	Private	Private	Private
American Airlines	United States	Private	Private	Private	Private	Private
Continental Airlines	United States	Private	Private	Private	Private	Private
Delta Air Lines	United States	Private	Private	Private	Private	Private
Northwest Airlines	United States	Private	Private	Private	Private	Private
Trans World Airlines	United States	Private	Private	Private	Private	Private
United Airlines	United States	Private	Private	Private	Private	Private

Private: 100% 민영화; Mixed: 민영+국영; Public 100% 국가소유

1-3. 항공사 인수 및 합병

합병(mergers)과 인수(acquisitions)는 혼용되거나 '상호교환성'(interchangeability)이 있는 용어로 사용되지만, 엄격하게 해석하면 개념상 차이가 있다. 합병은 특정 회사(조직)의 흡수(absorption)를 뜻한다. 다시 말해서 A기업으로부터 B기업으로 자산(assets)과 채

무(liability)가 완전하게 이전(transfer)된다. 이러한 경우 A기업은 사라진다. 반면 인수 (acquisition)는 A기업이 B기업의 소유권(ownership control)을 확보하거나 사업단위를 확보하는 상태(situation)를 말한다. 이러한 경우 B기업은 인수기업인 A사의 자회사(subsidiary)가 된다(Oberga, Henneberg & Mouzas, 2007).

흔히 M&A라는 약자로 일컬어지는 기업간 합병과 인수는 기업을 상품처럼 팔고 사는 거래를 말한다. 기업이 합병과 인수를 하는 근본적인 이유는 경쟁에서 살아남기 위한 방편으로 추진되고 있다. 항공사가 마케팅에서 규모의 경제(economy of scale)를 누리는 방법 중의 하나가 인수와 합병이다(박시사, 1994).

항공사가 직면하고 있는 과도한 규모(excess capacity)와 낮은 수익(low returns)은 항공시장에서 합병(mergers)을 유발시켰다. 전형적인 사례가 바로 KLM과 Air France 합병이다(Veldhuis, 2005). 항공산업내 통합(consolidation)을 향한 경제적 압력이 가중되고 있다. 항공사 통합의 형태로는 크게 합병과 인수가 있다. 대체로 경쟁력 있는 항공사가 경쟁력을 잃은 항공사나 경쟁사를 사들이거나 경영권을 확보하는 형태이다(Doganis, 2006).

기업의 성장전략 유형은 경영자원의 활용방법에 따라 내적성장(internal growth)과 외적성장(external growth)으로 구분해 볼 수 있다. 외적성장의 큰 줄기는 바로 인수와 합병(M&A)과 전략적 제휴이다. 항공사가 인수와 합병을 하는 주요 목적은 치열한 경쟁 환경에서 우위를 확보하고 잠재 경쟁항공사간 통합을 통해 경쟁 가능한 규모를 갖추고, 다양한 허브공항(hub airport)2)을 확보하여 시장지배력을 강화하는 데 있다.

---

2) 허브공항이란 특정 항공사가 한 지역(공항)에서 출발 및 도착하는 항공기의 70% 정도를 점유하여 거의 독점적 지위를 누리는 형태를 말한다.
- US Airways: Charlotte/ Douglas International Airport
- United Airlines: Chicago O'Hare International Airport
- American Airlines: Dallas/ Fort Worth International Airport
- Delta Airlines: Hartfield-Jackson At;lanta International Airport
- Northwest Airlines: Minneapolis-Saint Paul International Airport
- Continental Airlines: Newwark Liberty International Airport

▌그림 3-3▐ 유럽의 주요 항공사 Air France

(출처: www.freefoto.com/ 프랑스 국적항공사 Air France)

2. 현재와 미래 추세

21세기는 항공산업에 호혜로운 시기가 아니며, 대형항공사(trunk airlines)들조차도 정부의 보조금으로 사업을 유지하거나 M&A의 표적이 되고 있고, 심지어 파산(bankruptcy)의 위협에 노출되고 있다. 향후 10년간 항공산업의 전반적인 발전과 추세는 두 가지 외적요인 즉 유가(oil price)와 세계경제의 성장에 의해서 영향을 받는다(Doganis, 2006).

현재 항공사들은 장기적 관점에서 보면 낙관적(optimism)일지 모르나 단기적 측면에서 보면 불확실성(uncertainty)이 존재하고 있다. 따라서 항공사들은 도전(challenges)에 직면해 있고, 이 도전에 대해서 어떻게 대응하고 적응하느냐가 항공사의 성패를 좌우하고 있다. 항공사의 현재와 가까운 미래에 직면하게 되는 주요한 이슈(issue)는 다음과 같다(Doganis, 2006).

첫째, 항공사 생존의 문제(survival)

둘째, 영공자유화(open skies)

셋째, 통합/전략적 제휴(consolidation/alliance)

넷째, 저가항공사(low-cost airlines)

다섯째, 요금체계 붕괴(fares collapse)

여섯째, 비용절감(cutting costs)

일곱째, IT전략

여덟째, 항공 기반시설문제 대두(infrastructure)

아홉째, 환경문제(environment)

2-1. 항공사 생존문제(Survival)

현재 항공사가 직면하고 있는 난관은 바로 수익(revenue)의 감소이다. 승객 1인당 평균수익(average revenue per passenger)이 계속 감소되고 있는 추세이다. 항공사 수익의 감소는 할인운임(discounted fare)에 기인한다고 볼 수 있다. 실제로 1989년부터 2003년까지 세계 주요 항공사의 평균수익을 비교한 결과 약 40% 이상 감소한 것으로 나타났다. 대형항공사들은 저가항공사(low-cost airlines)의 출현이 수익감소에 영향을 준 요인으로 꼽고 있다. 항공사들은 이를 극복하기 위해서 단위당 비용(unit cost)을 줄이고 탑승률(load factor)을 높이려는 노력을 하고 있으나, 실효를 거둔 항공사는 많지 않다(Doganis, 2006).

오늘날 항공사들이 직면하고 있는 도전(challenge)은 살아남느냐, 아니면 사라지느냐의 문제이다. 즉 생존문제(survival)이다. 생존하기 위해 항공사들은 비용절감(cost deduction)과 노선재조정(network restructuring)을 시도하고 있다. 그럼에도 불구하고 현재의 난관을 잘 극복하고 있는 항공사는 제한적이다.

지난 25년 동안 100개 이상의 항공사가 파산했다. 대표적인 항공사로는 미국을 대표했던 Pan Am, TWA의 예를 들 수 있다. 2006년 현재 미국 제2의 항공사인 유나이티드항공(United Airlines)이 정부에 파산을 신청하여 정부의 재정지원하에 있으며, 3대 항공사의 하나인 델타항공(Delta Airline)도 파산을 신청한 상태이다. 미국의 대형항공사들(network carriers)의 도산 원인으로는 유가인상(high fuel cost), 높은 연금 비용(high pension cost), 9·11 테러 이후 증가한 안전과 보안(safety & security) 비용을 들 수 있다(Reuters, 2006). 이와 더불어 경쟁력을 갖춘 저가항공사(LCC)의 출현을 들 수 있다. South

West항공사를 비롯한 미국의 LCC(low-cost carriers)들은 거대한 공룡(dinosaur)항공사들을 도산에 몰아넣고 있다. 파산을 신청한 항공사 중 살아남은 항공사는 많지 않다. 1983년과 1990년 파산을 신청한 Continental Airlines와 1990년대 초에 파산을 신청한 America West만이 도산상태로부터 회생(回生)했다.

┃그림 3-4┃ 테러리스트에 의해 폭파된 Pan Am. 110 항공기

(출처: www.aerospaceweb.org/question/planes/ 1973년 로마공항에서 팔레스타인 무장단체에 의해 점거되어 20명
사망, 41명 부상자를 남기고 폭파된 Boeing 707, Pam American World Airways. 팬암 항공은 수차에 걸친
테러, 항공사고를 견디지 못하고 역사 속으로 사라진 항공사가 되었다. 한때 미국을 상징(symbol)하고 대표
했던 항공사였다)

2-2. 영공자유화(open sky)

생존전략(survival strategy) 중의 하나로 항공사들이 취할 수 있는 대안은 영공자유화(open skies)이다. 치열한 경쟁의 경제적 환경 아래서 국가는 더 이상 국적항공사를 보호하기 힘들고, 한편으로는 국가에서 지원하거나 지원할 능력도 없어졌다. 각국의 정부는 이러한 문제를 해결하기 위해서 시장진입을 용이하게 하여 경쟁을 부추겨 경쟁력 있는 항공사만 생존하게 하는 것이다.

영공자유화란 외국항공기가 국내 노선에 취항하도록 허용하는 것을 뜻한다. 2007년 2월 미국과 EU간 '항공자유지역'(open aviation area)협약이 체결되었으며, 2008년 3월 30일부터 이 협약의 효력이 발생한다. 유럽의 항공사는 미국 어느 공항에도 사전 취항이 가능하게 되었고, 미국도 유럽시장에 접근가능하게 되었다(Mayora, Richard & Tol, 2007).

영공자유화란 여러 형태의 운송권을 타 국가에 허용하는 개방정책이나 국제항공에 있어서 자유경쟁정책(free competition policy)을 의미한다. 이를 위해 해당 국가들이 협약한 내용은 다음과 같다(허희영, 2002).

① 취항 가능한 항공사 수의 무제한 허용

② 모든 노선에서 운항횟수 및 운송력 무제한 허용

③ 제5자유(fifth freedom of the air)[3]의 전면적인 허용

④ 양국이 모두 불허하는 운임이 아닌 경우 운임의 효력인정

⑤ 개방적인 전세기 운항협정 체결

⑥ 상대국에서 발생한 수익의 자유로운 본국으로의 송금 허용

⑦ 공정한 시장경쟁 및 상대국에서 복합운송 보장

⑧ CRS의 자유로운 경쟁 보장 및 불공정 운영 금지

⑨ 안정(safety)에 관한 규정 준수

⑩ 운항편면 공동사용(code share)기회의 확대

유럽 내 모든 국가는 유럽을 단일시장(single market)으로 하는 항공협정을 2004년에 체결했고, 이로 인해서 치열한 경쟁이 이루어지고 있으며, 2002년부터 2004년 사이에 새로운 저가항공사(low-cost new entrant)가 다수 출현하였다. 아시아와 남미국가들도 미국과 영공자유화 항공협약을 체결했다(Doganis, 2006).

영공자유화는 ① 항공사간 제휴(formation of global multilateral alliance), ② 국경을 초월한 투자(cross-border investment), ③ 다국적 통합(cross-border consolidation), ④ 저가항공사 출현(low-cost carriers) 등을 유도했다(Endo, 2007).

---

3) 제5의 자유란 특정(외국)항공사가 제3국으로 여객, 화물, 우편물 등을 왕복으로 운송할 수 있는 자유를 뜻한다.

2-3. 항공사 제휴(airline alliance)

전략적 제휴의 가장 근본적인 원리는 상호성(reciprocity)이다. 즉 제휴사(提携社)간 상호이익을 위해서 경영자원 공유, 교환, 통합하는 조직적 접근(approach)을 의미한다. 기업구조상 전략적 제휴는 항상 제휴관계 회사와 어느 정도 수평적 통합(horizontal integration)과 수직적 통합(vertical integration)을 가져온다. 성공적 전략적 제휴를 맺는 제휴사는 기업의 핵심역량(core competenc)이 강화된다. 기업은 제휴를 통해서 각 기업이 단일기업으로 성취할 수 없는 성과를 얻을 수 있다(고경순, 2006). 전략적 제휴란 두 개 이상의 조직이 전략적 목표를 달성하기 위해 그들의 장점을 활용하여 협력하는 것이다. 1990년대 전략적 제휴의 동기로 ① 규모의 경제 달성, ② 전략적 시장에 접근, ③ 무역장벽의 극복을 들 수 있다(전인수, 1996).

오늘날 항공사간 제휴(alliance) 기반은 1944년 시카고 회의에서 조성되었다고 할 수 있는데, 이 회의 결과 국제민간항공기구(ICAO)와 국제항공운송협회(IATA) 등 항공산업 전반의 공동협력체가 탄생했다. 이러한 기구(organization)의 기능은 정보와 자원을 공유하는 것이고, 본질적으로 항공산업을 조화시키는 것이 탄생목적이었다.

1970년대 말부터 세계화추세, 항공규제 완화 등의 영향으로 항공사간 조화는 경쟁 혹은 갈등(conflicts)으로 발전하기 시작했으며, 이러한 경쟁환경하에 적응하기 위해서 항공사는 제휴(提携)를 고려하기 시작했다(박시사, 2003).

본격적인 항공사간 제휴는 1992년 미국정부가 '독과점예외허용'(anti-trust immunity)을 인정하면서 대형항공사(network carriers)들이 양자간(bilateral) 제휴를 시작했다. 미국 정부는 양국간 영공자유 정책(open skies policy)을 성공적으로 추진하기 위해서 미국과 항공협정을 체결한 국가의 항공사가 미국 항공사와 제휴를 할 경우, 공정거래법에 위배되지 않도록 독점금지 예외규정을 인정해주었기 때문이다.

세계의 주요 항공사들은 내부적인 비용절감(cost deduction)과 경영혁신(management innovation)을 통한 흑자경영을 추진하는 과정에서 전략적 제휴(strategic alliance)를 택하게 된다. 일반적으로 기업의 전략적 제휴의 동기는 다음과 같은 목적을 위해서 이루어진다(박시사, 2003).

- 제휴 기업간 협력을 통한 신속한 시장진입
- 새로운 기술의 확보 및 내부역량 강화
- 자원공유(resource pooling)를 통한 규모의 경제 달성 및 위험분산
- 새로운 산업표준 도입
- 수직적 거래관계 개선
- 유연성 확보를 통한 인수합병의 준비

세계 각국의 항공사마다 타 항공사와의 제휴(alliance)를 다각적으로 모색하고 있는 것은 무엇보다 자유화된 국제항공시장에서 경쟁력을 확보, 대형화를 통한 규모의 경제 실현, 운항지역의 확대를 통한 범위(scope or network)의 경제 실현, 급변하는 정보 기술(information technology)에 대처하기 위함이다. 항공사간 전략적 제휴를 하는 구체적인 목적은 다음과 같다(박시사, 2003).

첫째, 노선망(route)의 확대

둘째, 시장진입의 방어수단이다.

셋째, 운항비용(operation cost)을 줄인다.

넷째, 경영의 합리화이다.

항공사간 전략적 제휴를 통해서 얻을 수 있는 효과는 주체(主體)에 따라 다양하게 나타날 수 있다. 항공사간 전략적 제휴의 효과는 ① 시장확보, ② 경쟁자 견제, ③ 수익성증대 및 비용절감, ④ 수요창출, ⑤ 마케팅능력 강화, ⑥ 재원조달 등이 있다(박시사, 2003).

첫째, 시장확보이다. 이는 제휴를 체결함으로 인해서 타항공사의 노선망을 이용할 수 있다. 노선망(route)의 이용은 시장확대로 연결되며, 운항빈도(frequency)를 증대시킴으로써 공급능력을 증대시킨다. 가장 대표적인 예가 바로 항공편명공동사용(code share)이다.

둘째, 경쟁자 견제이다. 항공사간 전략적 제휴는 기존 자사(自社)가 확보하고 있는 시장에서 누리고 있는 지위(status)를 강화하거나 새로운 시장에 우선적으로 진입함으로써 경쟁자의 시장진입(market entrance)을 견제할 수 있는 효과가 있다.

셋째, 수익성 증대와 비용절감이다. 항공사 제휴의 형태인 단순노선 제휴, 포괄적 마케팅 제휴, 지분 제휴로부터 기대되는 편익이다. 지분참여인 경우도 수익성(profitability)

을 증대시키는 효과가 있고, 지상서비스 시설 공동사용, 공동운영, 기자재 공동구매 등을 통해 비용절감 효과를 누릴 수 있다.

넷째, 수요창출(shaping demand)이다. 항공연계수송(connecting), 노선수요창출(route), 제휴사 수요확보, 신수요 창출의 방법으로 자사가 운항하지 않은 지역의 수요를 창출할 수 있다.

다섯째, 마케팅능력의 강화다. 항공사의 노선제휴 같은 제휴를 통해서도 마케팅능력이 강화되기도 하지만, 포괄적 마케팅제휴를 맺을 경우 상용고객우대제도(FFP)와 같은 프로그램을 통해 자사의 마케팅능력이 강화된다. 지분참여제휴(equity alliance)의 경우 다른 유형보다 광범위한 마케팅능력이 강화되는 효과가 있다.

여섯째, 재원조달의 용이성이다. 재정적으로 열악한 항공사는 제휴 항공사로부터 재정적 지원을 받을 수 있다.

항공사 제휴의 형태는 다양하게 나타나고 있는데, 대표적인 형태로 ① 전략적 마케팅제휴(strategic and marketing alliances), ② 노선제휴(route-specific alliances), ③ 지역제휴(regional alliances), ④ 글로벌제휴(global alliances)를 들 수 있다(Doganis, 2006). 본서에서는 주로 항공사의 '글로벌제휴'에 대해서 구체적으로 설명하였다.

1) Skyteam(www.skyteam.com)

2) Star Alliance(www.staralliance.com)

2006년 스타 얼라이언스는 세계적인 관광 및 여행전문잡지인 비즈니스 트래블러지 (Business Traveler Awards)로부터 2006년 최고의 항공동맹체로 선정되었다. 스타 얼라이언스는 이전 2003년에도 "올해의 동맹체"로 선정되고 3개 분야에서 최우수상을 휩쓴 바 있다. 이외에도 여행업계 세계 최고 시장조사회사 중 하나인 스카이트랙스(Skytrax)가 진행했던 조사에서도 세계 일류 항공동맹체로 선정되었다.

AIR CANADA ✪

에어캐나다는 캐나다 최대의 국내/국제 풀서비스 항공사(full-service carrier)이며, 국내시장, 국경시장, 캐나다-유럽, 캐나다-태평양, 캐나다-카리브해제도/중미, 캐나다-남미 등을 연결하는 국제시장에서 승객들에게 정기적으로 항공서비스를 제공하는 최대 항공사다.

AIR NEW ZEALAND

남태평양 지역 사람들은 예로부터 뛰어난 여행자였다고 전해진다. 에어뉴질랜드는 그 전통을 이어 오늘날에도 태평양 지역과 다른 세계와 연결하는 길을 꾸준히 개척하고 있다.

ANA

아시아 최대의 항공사 중 하나인 ANA의 역사는, 니폰 헬리콥터(NH)와 다른 지역항공사가 일본의 민간부문에서 설립되었던 1952년에 시작되었다. JAL과 함께 일본을 대표하는 항공사이다.

ASIANA AIRLINES

아시아나항공은 한국의 두번째 항공사로 출범한 1988년에 그 첫걸음을 내디뎠다. 2003년 3월 1일 Star Alliance에 가입하였고, 아시아나항공은 현재 59대의 젊은 항공기 선단(fleet)을 가지고 한국 내의 15개 목적지를 포함, 17개국 62개 도시에 취항하고 있다. 아시아나항공은 중국대륙과 세계를 잇는 최대의 연결고리로서 아시아나항공의 주요 목적지로 서비스를 제공하는 역할 외에도 네트워크의 범위를 전지구적으로 확대하고 있다.

Austrian

유럽의 중심을 기반으로 오스트리아 항공은 중유럽, 동유럽, 중동 노선 위주로 50여년간 최상의 서비스를 제공해온 것으로 유명하다.

bmi

비엠아이는 영국 공군 파일럿을 위한 비행훈련학교(Air School Limited)를 기원으로 해서 1930년에 설립되었다. 그동안에 비엠아이는 전 세계적으로 다양한 경영환경과 광범

위한 시장 한가운데서 독보적인 경험과 전문성을 확보하고 있다.

 Lufthansa

루프트한자 항공그룹은 세계 최대 항공그룹 중 하나이다. 루프트한자 항공그룹은 400여 개의 자회사와 계열회사로 구성되어 있으며, 항공업계 여러 분야에서 두각을 나타내고 있다. 독일을 대표하는 항공사이다.

LOT POLISH AIRLINES

전 세계적으로도 많이 알려져 있는 항공사인 폴란드항공(Lot Polish Airlines)은 1929년 1월 1일 설립된 가장 긴 역사를 가진 항공사 중의 하나다.

SAS Scandinavian Airlines

스칸디나비아항공 그룹(SAS)은 덴마크, 노르웨이, 스웨덴 국적 항공사들의 컨소시엄으로서 1946년 8월에 설립되었다.

SINGAPORE AIRLINES

싱가포르항공의 역사는 말레이얀 항공(Malayan Airways)이 싱가포르와 콸라룸푸르, 이포, 페낭 노선의 첫 취항을 개시했던 1947년 5월로 거슬러 올라간다.

SOUTH AFRICAN AIRWAYS

남아프리카항공(SAA)은 아프리카 최대 항공사 중 하나로서 전 세계 유수의 주요 간행물로부터 지속적인 수상을 해 오고 있다.

Spanair

스펜에어는 항공운송 분야에서 최고의 서비스를 제공한다는 이념으로 설립되었다. 17

년이 지난 현재 스펜에어는 스페인 최고의 항공사로 성장한 것에 대해 큰 자부심을 가지고 있다.

swiss

스위스국제항공은 스위스의 국영항공사로서, 현재 70대의 비행선단으로 취리히 허브와 바젤 및 제네바 국제공항으로부터 전 세계의 69개 목적지로 서비스를 제공하고 있다.

TAP PORTUGAL

탑 포르투갈은 1945년에 설립된 포르투갈 대표 항공사로서, 2005년 60주년을 맞이했고, 2005년 3월 14일에 스타 얼라이언스에 가입하였다.

THAI

타이항공은 아시아 최대 항공사 중 하나로서, 아시아의 세계적 허브공항인 방콕공항이 위치해 있고, 세계에서 가장 인기있는 관광도시 중 하나인 방콕을 기반으로 운영되고 있다.

UNITED

유나이티드항공은 1926년, 워싱턴(Washington)과 네바다(Nevada) 노선에서 최초로 항공우편 서비스를 개시한 월터 바니(Walter T. Varney) 회사를 그 모태로 하고 있다. 미국을 대표하는 항공사이자 Star Alliance를 대표하는 항공사이다.

US AIRWAYS

1939년 펜실베니아 서부와 오하이오간 항공우편을 배달하던 All American Airways가 모태였던 유에스항공은 현재 미국 항공사 중 성공사례로 평가되는 회사 중 하나로 성장하였다.

3) OneWorld(www.oneworld.com)

항공사의 전략적 제휴는 항공사뿐만 아니라 승객(passenger)에 주는 편익(benefits)도 지대하다. 특히 항공사의 '글로벌 얼라이언스'(global alliances)로 인해서 승객(passenger)들이 향유할 수 있는 편익은 ① 노선접근성 확대(greater network access), ② 예약, 탑승 등 우선순위 누림(transferable priority status), ③ 라운지 서비스 이용(extended lounge access), ④ FFP 편익 증대(enhanced FFP benefits)이다(Goh & Uncles, 2003).

2-4. 저가항공사(low-cost airlines)

저가항공사는 기존 시장에서 형성되어 있는 운임에 비해 비교적 저렴한 수준으로 운송서비스를 제공하는 항공사를 총칭하며, 엄밀한 의미에서 저운임 항공사라 정의하고 있다(추교진·정창욱·김영배, 2006).

항공시장 자유화와 규제완화의 흐름에 힘입어 소규모 항공사들은 저가항공(low cost airlines) 및 지역항공(regional airlines)의 형태로 발전하였다. 지역항공이라는 개념은 1980년대 이후부터 정립되었는데, 부정기운송사업이 활성화된 미국이나 유럽과 같은 지역에서 중소도시를 연결하는 단거리 항공운송사업을 의미한다(박시사·이성은, 2006). 저가항공사(LCC; low cost carriers)는 1970년대 말 미국에서 시작된 항공교통제완화의 부산물(byproduct)로 탄생하였다. LCC는 미국(Southwest, JetBlue)을 기점으로 탄생했으나 이제는 유럽(Ryanair, EasyJet, Buss), 아시아, 남미지역까지 자리를 잡기 시작했다. 저항공사의 출현은 기존 대형항공사(traditional full-blown service carrier)들로 하여금 자회사(子會社)형태로 저가항공사를 설립하게 하는 계기가 되었다.

저가항공사가 1978년 항공규제완화의 영향으로 태동했다는 것은 널리 알려진 사실이다. 특히 많은 저가항공사들이 미국 항공시장에 진입하였다(Sinha, 2001). 저가항공사는 초기 대형항공사들이 취항하지 않았던 단거리(short hall)시장을 표적삼아 시작한 항공사였다. 대형항공사들이 포기한 노선이나 개발되지 않았던 틈새시장(niche market)을 대상으로 마케팅을 수행하였다.

2000년대 저가항공사는 양적으로 급속하게 발전하였고 수익성(profitability)을 늘렸다. 미국 저가항공사의 대명사인 Southwest Airlines는 계속 흑자[4]를 구가하고 있다. 또한 2000년 초 새로운 저가항공사인 Jet Blue 항공이 출범하여 미국의 대형항공사(legacy carrier or network)와 경쟁을 하고 있다. 유럽의 경우 이미 Ryanair, EasyJet가 연 40% 이상의 성장률을 누리면서 발전하고 있다. 이미 양 항공사는 100대 이상의 항공기를 주문한 상태이다. Southwest, Ryanair, EasyJet, JetBlue 항공사의 성공에 자극받아 수많은 저가항공사들이 경쟁이 심한 항공시장에 진출하였다(Doganis, 2006).

Mason(2001)의 유럽(영국) 저가항공사를 이용하는 상용승객(business passenger)을 대상으로 한 연구에 의하면 저가항공사를 이용하는 승객들은 가격민감도(price sensitive)가 높고, 주로 중·소규모 회사에 근무하는 것으로 나타났다. 저가항공사 승객은 대부분 인터넷을 통해서 항공예약을 하고 항공권 구매를 한다(Keith & Alamdai, 2003).

---

4) Southwest Airlines Co. is an American low-fare airline based in Dallas, Texas. It is the largest airline in the United States by number of passengers carried domestically per year and the second largest airline in the world by number of passengers carried. It is also the 6th largest U.S. airline by revenue. It also maintains the fourth-largest fleet of aircraft among all of the world's commercial airlines.
Southwest Airlines has carried more customers than any other U.S. airline since August 2006 for combined domestic and international passengers according to the U.S. Department of Transportation's Bureau of Transportation Statistics. Southwest Airlines is one of the world's most profitable airlines and in January 2007, posted a profit for the 34th consecutive year. Its reputation for low prices and a laid-back atmosphere have made it an icon of popular culture.
(출처: http://en.wikipedia.org/wiki/Southwest_Airlines)

전 세계적으로 저가항공사는 기존 대형항공사들과 경쟁에서 철저한 저비용구조를 통한 저가운임(low fare)을 기반으로 블루오션(blue ocean)을 창출하여 성공적으로 운영되고 있다. 저가항공 산업은 미국과 유럽에서 이미 성숙기에 접어들고 있으며, 아시아를 비롯하여 전 세계적으로 지속적인 증가추세를 보이고 있다.

우리나라에도 2017년 12월 말 현재 8개의 저가항공사가 운영 중에 있다. 2005년 8월 청주공항을 기반으로 한성항공이 출범하여 우리나라 최초의 저가항공시대를 열었으나, 2008년 누적된 적자로 인해 운항이 중단되고, 2010년 티웨이항공(T'way Air)으로 이름을 바꿔 새출발하면서 한성항공은 역사속으로 사라졌고, 재취항한 티웨이항공은 2011년 한국소비자원이 주관한 '저비용항공사 소비자 만족도 평가'에서 가장 우수한 점수를 받기도 했다.

그리고 2006년에는 애경그룹과 제주도가 공동으로 설립한 제주항공(Jeju Air)이 출범과 동시에 일본노선 취항으로 인기몰이하면서, 오늘날 대표적 저가항공사라 불릴 정도로 고객만족도가 높다고 한다. 또 2007년 10월에 설립된 이스타항공(Eastar Jet)은 2009년부터 운항을 개시하였는데, 기존의 대형항공사 위주의 항공시장 독과점을 깨고 합리적 가격을 통한 항공여행의 대중화를 설립목표로 운영 중에 있다.

▌그림 3-5 ▌ 제주도, Orange 그리고 제주항공

(출처: www.cuttingsky.com/ 캐나다 Bombardier사 제작, 제주항공 Turboprop Q400 기종)

그리고 2008년에는 아시아나항공에서 출자하여 설립한 에어부산(Air Busan)이 부산광역시를 거점으로 운항을 개시하였고, 또 아시아나항공이 출자한 두 번째 자회사로 불리는 에어서울(Air Seoul)은 2016년부터 운항을 개시하였다. 또한 2008년 1월에는 대한항공이 출자해 설립한 진에어(Jin Air)도 운항을 개시하면서 노선확장 및 매출증대에 박차를 가하고 있다.

2012년 1월에 대한민국의 화물항공사로 출범한 에어인천(Air Incheon)은 인천국제공항을 허브로 하여 중화인민공화국 청도, 일본 도쿄와 러시아의 사할린으로 오가는 화물노선을 운항하고 있다. 그리고 2017년 1월에 설립된 에어포항(Air Pohang)은 소형항공운송사업자인 에어택시 개념의 항공사로 포항공항을 거점으로 2018년 2월 7일부터 운항을 개시하여, 포항-서울, 포항-제주노선을 운항 중이다.

2-5. 요금체계 붕괴(fares collapse)

항공규제완화가 항공산업에 미친 가장 큰 영향은 항공운임(air fare)의 인하이다. 항공운임의 인하는 항공수요의 증가로 이어졌다. 항공운임의 인하를 촉진시킨 요인은 여러 가지 있겠으나, 가장 주목할 만한 것은 바로 새로운 항공사의 진입이다. 대부분의 신규진입항공사가 취할 수 있는 마케팅전략은 바로 가격전략(pricing)이었다. 즉 염가(low fare)를 바탕으로 신규시장에 진입하는 전략이다.

단거리 비즈니스승객(short hall business travelers)은 가격에 민감하다는 연구결과가 나왔다. 유럽의 경우 단거리 비즈니스승객은 저가항공사를 이용하는 빈도가 높다(Mason, 2001). 유럽에서 Ryanair, Virgin Express[5) 같은 저가항공사의 출현은 가격붕괴를 가속화시켰다.

2-6. 비용절감(cutting costs)

대형항공사들은 지난 수년간 수익성(profitability)이 붕괴(collapse)되는 압력에 시달려왔다. 또한 저가항공사(low-cost airlines)의 급속한 성장과 새로운 항공사(new entrants)

---

5) Virgin Express항공은 1996년 설립된 항공사로 벨기에(Belgium) Brussels에 본사를 둔 저가항공사이다. 2007년 현재 Boeing 737 기종 10대(10 fleet)로 운항하고 있고, 유럽 내 24개 노선(destination)에 취항하고 있다. 유럽의 대표적인 저가항공사 중의 하나이다.

의 시장진입을 경험하고 있다. 가령 유럽의 대표적인 항공사인 British Airways(BA), Air Lingus, Lufthansa는 유럽 전역의 단거리 노선(short-hall network)에서 저가항공사와 치열한 경쟁에 직면해 있다(Dennis, 2007).

전 세계 항공사들은 제휴사와 정비시설(maintenance facilities)을 공동으로 이용하고, 공동판매사무소(joint sales offices)를 운영하며, 공동 전화예약센터 등을 통해서 비용절 감을 하고 있다(Doganis, 2006).

Dennis(2007)는 저가항공사와 경쟁을 하고 있는 대형 항공사들이 취할 수 있는 비용절 감(cutting costs)의 방안으로 다음과 같이 제시했다.

- 노동생산성 향상(raise labour productivity)
- 아웃소싱 이용(outsource)
- 가격재조정(revise pricing)
- 최소 체재일제도 폐지(remove minimum stays on low fares)
- 기내 서비스 유료화(charge for catering)
- 비즈니스석 폐지(abandon business class)
- 유통비용 절감(reduce distribution costs)
- 항공기 사용빈도 높임(increase aircraft utilization)
- 저가항공 자회사(子會社) 설립(set up low-cost subsidiary)

2-7. e-commerce, IT전략

commerce란 통상(通商)으로 번역되며, 사업당사자(business partner) 간에 행해지는 거래(transaction)라고 정의할 수 있다. e-commerce란 전자매체(electronic) 특히 인터넷을 사용하여 기업과 개인, 기업과 기업이 거래행위를 하는 것을 말한다. e-commerce의 대표적 유형으로 B2C(business-to-consumer), B2B(business-to-business)가 있다(Turban, King, Lee, Warkentin & Chung, 2002). 항공사의 예를 들면 항공사와 승객 간의 거래가 인터넷으로 이루어졌을 때 B2C라 하며, 항공사와 여행사가 인터넷을 통해서 항공권 거래가 이루지는 경우 B2B라 할 수 있다.

전 세계 항공사들은 유통비용(distribution costs)을 절감할 목적으로 IT(information technology)

혹은 e-commerce(electronic commerce; EC)전략을 수용하고 있다. IT는 항공 비즈니스
(airline business)를 변화시키고 있고 항공서비스를 제공하는 모든 영역에 필수부가결한 요
소로 자리잡고 있다. 항공사가 e-commerce를 받아들여 이용하는 편익(benefits)을 최적화
하기 위해서 항공사는 기존의 시스템을 바꿀 필요성이 대두되고 있다. 이러한 IT시스템
은 보다 효과적인 인터넷 기반의 유통시스템(distribution system)을 구축시키는데 도움을
준다. 항공사의 IT시스템은 전자 티켓(e-ticket), 자동체크인(automated check-in), '항공권
자판기'(self-service kiosk) 등을 도입하여 단순화된 승객서비스를 촉진시킨다(Doganis,
2006).

기업들이 e-commerce를 수용(收容; accommodate)하는 동기는 무엇일까? 그 이유는
매우 단순하다. IT와 e-commerce는 사업활동(business activities)을 촉진시키며, 기업의
구조(structure), 운영(operation), 경영(management)을 근본적으로 변화시키는 촉매역할
(catalyst)을 수행하기 때문이다(Turban, King, Lee, Warkentin & Chung, 2002).

▌그림 3-6▌ 세계 최대 항공, 여행 portal, travelocity.com

(출처: www.travelocity.com/ 카리브해 항공+호텔 패키지상품)

2-8. 항공 기반시설문제 대두(infrastructure)

21세기 항공산업이 직면하고 있는 문제는 기반시설(infrastructure)이다. 항공산업은 매년 5% 이상의 성장을 이루고 있어서 기존 기반시설 수용력(capacity)이 한계에 이르렀다. 여기서 말하는 기반시설이란 공항(airports)과 항공교통시스템(air transport system)을 말한다. 특히 공항건설은 간단치 않다. 계속 늘어나는 항공수요에 대응하기 위해서 신공항 건설이 요구되지만, 공항건설은 투자(fund for investment), 정치적 의지 결여(lack of political will), 환경파괴를 염려하는 집단, 그리고 원천적으로 항공수요를 줄여야 한다고 주장하는 단체 등이 있어서 쉽게 해결될 수 없는 이슈이다. 또한 기존 공항도 제한된 활주로 슬롯(runways slot)을 확보하고 있어서, 신규취항 항공사나 중소형 항공사들은 슬롯을 확보하는 것도 큰 문제점 중의 하나로 보고 있다(Doganis, 2006).

지난 수년 동안 항공기 연발착(air traffic delay)은 급속도로 증가하였다. 신공항이 건설되지 않았던 미국과 유럽은 만성적인 연발착(delay)을 겪고 있다. 실제로 Chicago O'Hare, Newark, Atlanta, NY-La Guardia, San Francisco, Los Angeles 등 미국 대도시 공항의 정시 출발·도착(departure, arrival punctuality)은 70%를 밑돌고 있다. 이러한 원인은 바로 공항의 혼잡(congestion)에서 찾아 볼 수 있다(Bruecker, 2002).

세계 최대 공항인 미국 Chicago O'Hare공항은 심각한 혼잡(congestion)을 경험하고 있는데, O'Hare공항은 세계 1, 2위 항공사인 American Airlines와 United Airlines가 허브공항(hub airport)으로 사용하고 있기 때문이다. Khan(2001)에 의하면 전 세계 120여개 공항이 혼잡문제에 직면해 있고, 수용력 한계에 달했다. IATA는 공항 혼잡을 해결하기 위해 ① 슬롯 통제(slot controls), ② 착륙비(landing fee), ③ 피크타임 조정(peak time) 등의 방법으로 해결하자는 방안을 제시하고 있으나, 근본적인 해결책은 아니다(Johnson & Savage, 2006).

┃그림 3-7┃ 빈약한 공항 인프라와 혼잡한 공항 모습

(출처: www.nationalgeographic.com/ 혼잡한 공항은 이제 여행객들의 두통거리가 되었다. 공항에서 체크인 수속을 받기 위해 하염없이 기다려야 하는 승객들)

2-9. 환경문제(environment)

BBC 특집방송 "Should I Really Give Up Flying?"이란 프로그램에 의하면 항공기는 많은 탄소를 배출시키고 있고 지구온난화(global warming)를 가속시키고 있다는 것이다. 전 세계 환경론자들은 습관적인 항공기 이용은 지구의 수명을 단축시키는데 기여하기 때문에 수치스럽게 여겨야 한다고 주장하고 있다. 우리가 항공기를 탈 때마다 막대한 양의 탄소가스를 대기 중에 배출하고 있다. 항공기가 현재 전 세계 2%의 탄소가스를 배출하고 있다고 주장하는 반면, 환경론자(environmentalist)들은 2030년경에 접어들면 탄소배출량이 무려 6%까지 증가할 것이라고 주장한다.

항공기는 탄소가스를 배출할 뿐 아니라 이착륙시 심한 소음공해를 발생시키기 때문에 이를 규제할 필요성이 대두되고 있다. 특히 탄소가스 배출을 줄이는 방법으로 ① 운항 항공기를 줄임(reduction in the number of flights), ② 운항 항공기당 배출량 줄임(reduction in emissions per flight)이 제안되고 있다(Carlsson & Hammar, 2002). 환경문제는 항공산업

에 큰 위협(threat)으로 작용하고 있다. 현재 EU 내에서도 항공기가 배출하는 탄소가스를 줄이는 방편으로 항공사에 오염유발(pollution) 혐의로 세금을 부과하는 움직임이 일어나고 있다. 이러한 환경문제에 대해서 국가간 협정이 체결되면 항공사의 비용(cost)이 늘어나 수익에 악영향을 미칠 것이다(Doganis, 2006).

┃그림 3-8┃ 공항 탑승구 승객의 천태만상

(출처: www.worldofstock.com/탑승권을 받았지만 활주로와 슬롯(slot)사정으로 마냥 기다려야 하는 승객들. 언제 출발할지 아무도 모른다. 책이나 읽자)

항공사 환경 이슈

<Should I Really Give Up Flying?)

In BBC Two's Should I Really Give Up Flying?, Patrick Collinson gives the run down on the flying habits of some of Britain's biggest celebrities and estimates what effect the likes of Simon Cowell and the Beckhams' globe-trotting could be having on fuel emissions.

He discovers their carbon footprint is a lot bigger than the rest of ours. Simon Cowell is a big fan of the private jet and has been reported as saying he prefers them because the food and drink is better and he can smoke at 36,000 feet.

His friend and colleague Sharon Osbourne is another star who can't resist the lure of the Lear jet. She has borrowed a jet from Simon Cowell and they head up a contingent of stars whose use of private jets has turned London into a world capital of private jets.

The latest accessory is a Versace private jet. For ?10million or so, Donatella Versace will fit out private jets for the rich and or famous with her trademark leather sofas, for ?100million she will create a Versace-clad 747.

David Beckham is about to head off to LA where his globe trotting will really push up his carbon emissions. Each flight he's taken from Madrid to London emits over 450kg of carbon. Over a year he's probably emitting 15,000kg.

Victoria Beckham's autobiography was called Learning To Fly. During the World Cup, travelling to Germany, her plane was grounded. So at a cost of ?21,000 she travelled by private jet. The emissions from that journey would equate to what many people would emit in a year.

Over in the US, Tom Cruise is so disliked by the eco-lobby he has been dubbed "Emissions Impossible". He is reported to own three private jets ? including a recent $20million purchase for wife Katie Holmes.

John Travolta once starred in a movie about bringing industrial polluters to justice. But in real life he has probably got the biggest carbon footprint of any Hollywood star. He parks his personal Boeing 707 on his front lawn ? next to his three Gulfstream jets and a Lear jet.

Rather appropriately, he has called his home Jumbolair.

One celebrity saint is Cameron Diaz who is known for her passion for green issues. She owns a Toyota Prius and on location she offsets all her film and television work. She also fronts a website called Act Green with Gwyneth Paltrow where she promotes the work of the Concerned Scientists Of America.

Michael O'Leary, the boss of Ryanair, is public enemy number one for the eco-lobby. He says that he is going to increase the carbon emissions from his airline partly by knocking other airlines out of business.

Just this month, Ryanair was described as the "irresponsible face of capitalism" by Ian Pearson, Minister for Climate Change. But O'Leary says airlines are only responsible for 2% of the world's carbon emissions ? and when it comes to his critics he says "get out of your cars and walk".

In 2005, 229 million people passed through Britain's airports ? it's estimated that in 15 years time this figure will have doubled. Aviation in the UK is growing at 12% per year?

faster than the boom economy in China. In 20 years we will have moved from a total of 15,000 planes worldwide to having 40,000 planes in the air.

Each time we fly, CO_2 and other noxious gases are released in to the atmosphere. The aviation industry says they are responsible for 2% of carbon emissions, environmentalists say it could be as much as 6% and that by 2030, if we carry on flying as we are, that figure could be 60%.

Presenters Ginny Buckley and Max Flint will be helping viewers decide whether they should really stop flying.

(출처: Wednesday 24 January 2007, 9pm, BBC)

참 ┃ 고 ┃ 문 ┃ 헌

Brian Graham(1997), Regional airline service in the liberalized European Union single aviation market, Journal of Transport Management, Vol.3(4), pp.227-238.

Christina berga, Stephan C. Henneberg & Stefanos Mouzas(2007), Changing network pictures: Evidence from mergers and acquisitions, Industrial Marekting Mangement, Vol.36(7), pp.926-940.

Dipendra Sinha(2001), Deregulation and Liberalisation of Airline Industry, Ashgate Publishing Company.

Efraim Turban, David King, Jae Lee, Merrill Warkentin & H. Michael Chung(2002), Electronic Commerce 2002: A Managerial Perspective, Prentice Hall.

Evangelos Sambracos & Konstantinos Rigas(2007), Passenger reactions to market deregulation: First results from the experience of the Greek islands market, Journal of Air Transport Management, Vol.13(2), pp.61-66.

Fabio Evangelho, Crstian Huse & Alexandre Linhares(2005), Market entry of a low cost airline and impacts on the Brazilian business travelers, Journal of Air Transport Management, Vol.11(2), pp.99-105.

Fredrik Carlsson & Henrik Hammar(2002), Incentive-based regulation of CO2 emissions from international aviation, Journal of Air Transport Management, Vol.8(6), pp.365-372.

Good, D.H, Roller, L.H & Sickles, R.C(1995), Airline Efficiency Differences and between Europe and th US: Implications for Pace of EC Integration and Domestic Regulation. European Journal of Operations Research, Vol. 80, pp.508-518.

Jan K. Brueckner & Eric Pels(2005), European airline mergers, alliance consolidation, and consumer welfare, Journal of Air Transport Management, Vol. 11(1), pp.27-41.

Jan K. Bruecker(2002), Internalization of airport congestion, Journal of Air Transport Management, Vol.8(3), pp.141-147.

Jan Veldhuis(2005), Impacts of the Air France-KLM merger for airlines, airports and air transport users, Journal of Air Transport Management, Vol.11(1), pp.9-18.

Karen Mayora and Richard S.J. Tol(2007), The impact of the EU-US Open Skies agreement on international travel and carbon dioxide emissions, Journal of Air Transport Management, Vol.

Keith J. Mason(2001), Marketing low-cost airline services to business travellers, Journal of Air Transport Management, Vol.7, pp.103-109.

Keith J. Mason & F. Alamdari(2007), EU network carriers, low cost carriers and consumer behavior: A Delphi study of future trends, Journal of Air Transport Management, Vol.13(5), pp.299-310.

Kevin Goh & Mark Uncles(2003), The benefits of airline global alliances: an empirical assessment of the perception of business travelers, Transportation Research Park A: Policy and Practice, Vol.37(6), pp.479-497.

Mattijs Backx, Michael Carney & Eric Gedajlovic(2002), Public, private and mixed ownership and the performance of international airlines , Journal of Air Transport Management, Vol.8(4), pp.213-222.

Nigel Deniss(2007), End of the free lunch? The responses of traditional European airlines to low-cost carrier threat, Journal of Air Transport Management, Vol.13(5), pp.311-321.

Nobuaki Endo(2007), International trade in air transport services: Penetration of foreign airlines into Japan under the bilateral aviation policies of the US and Japan, Journal of Air Transport Management, Vol.13(5), pp.285-292.

Paul R. Dittmer(2002), Dimensions of Hospitality Industry, John Wiley & Sons, Inc.

Rigas Doganis(2006), The Airline Business, Routledge.

Tracy Johnson & Ian Savage(2006), Departure delays, the pricing of congestion, and expansion proposals at Chicago O'Hare Airport, Journal of Air Transport Management, Vol.12(4), pp.182-190.

고경순(2006), 마케팅: 통합적 접근, 도서출판 대명.

박시사·이성은(2006), 제주항공의 저가항공사 포지셔닝전략에 관한 연구, 관광연구저널, 제20권 제1호, 35-48쪽.

박시사(2003), 항공관광론, 백산출판사.

박시사(1994), 항공산업의 환경변화와 마케팅믹스전략에 관한 연구, 관광연구논총(한양 대) 제6집, 225-243쪽.

전인수(1996), 마케팅: 전략적 시장관리, 도서출판 석정.

추교진·정창욱·김영배(2006), 항공산업 활성화를 위한 국내 저가항공사 산업의 불루오션 전략, 항공경영학회지, 제4권 제2호, 115-128쪽.

허희영(2002), 항공경영학, 명경사.

제**4**장

전 세계 항공사 현황

제4장 | # 전 세계 항공사 현황

1. 전반적인 항공수요 개관

향후 세계 항공수요는 테러위협, 유가상승 등 부정적 요인에도 불구하고 아·태지역을 중심으로 견실한 성장세를 유지할 것으로 전망된다. 세계 항공수요는 2020년까지 연간 여객 4.9%, 화물 6.4%로 각각 성장할 것으로 전망되며, 아·태지역은 친디아(중국, 인도) 시장의 견실한 성장세에 힘입어 가장 높은 성장이 예상된다. 구체적으로 아·태지역은 여객(passenger)을 기준으로 연 6.1% 성장하고, 화물은 연 6.9% 정도 성장할 것으로 예상된다. 우리나라도 2020년까지 항공수요가 연평균 여객 6.0%, 화물 6.6%의 성장이 예측되고 있다(인천국제공항공사 2007 자료).

우리나라의 경우를 보자. 법무부는 지난해(2007) 출입국자수는 내국인 2717만 4375명, 외국인 1265만 9349명 등 총 3983만 3724명으로 집계됐다고 13일 밝혔다. 전년도에 비해 내국인 15%, 외국인 2.8% 증가한 수치로 내국인 출국자와 외국인 입국자 사이의 격차가 더욱 벌어지고 있는 것으로 조사됐다. 내국인이 여행을 위해 출국한 국가는 중국이 350만명(27.8%)으로 가장 많았고 일본 232만명(18.4%), 태국 94만명(7.5%)의 순으로 나타났다. 연령별로는 30대가 가장 많았고 40대와 20대, 50대가 뒤를 이었으며, 30~40대가 전체의 45.2%를 차지한 것으로 나타났다.

외국인 입국자를 국적별로 보면 일본 221만명(40.3%), 중국 92만명(16.8%), 미국 63만명(11.4%), 대만 37만명(6.7%) 순이며, 입국목적은 관광 및 방문이 440만명(68.3%)으로 가장 많고, 항공기 및 선박 승무원 93만명(14.5%), 상용 및 투자 목적은 32만명(5%)으로 그 뒤를 이었다. 우리나라의 경우 출입국자의 대부분이 항공교통을 이용하고 있다. 우리나라는 관광교통 수단(transport mode) 중 항공교통(air transport) 의존도가 높은 국가이다. 따라서 육상교통(land transport), 해상교통(ocean transport)에 비해서 항공교통의 중요성이 강조되고 있다(한국관광공사. 2007).

2. 전 세계 항공사 현황

2-1. 아시아 · 태평양 항공사

아시아 · 태평양(Asia-Pacific) 지역이란 동아시아(East Asia), 동남아시아(Southeast Asia), 호주 · 뉴질랜드를 포함한 오세아니아 지역을 일컫는다. 아시아 · 태평양 지역은 북쪽의 Mongolia로부터 최남단의 New Zealand까지 광활한 지역을 포괄하고 있다. 이 지역은 세계인구의 50% 이상을 차지하고 있으며, 지역간 활발한 물적 · 인적교류가 증대되면서 항공수요가 급증하고 있다. 21세기에는 아시아 · 태평양 지역의 여객수송률이 연평균 10% 이상 성장이 예상되고, 세계 항공시장의 중심 역할이 전망된다.

┃그림 4-1┃ 아시아·태평양 지도

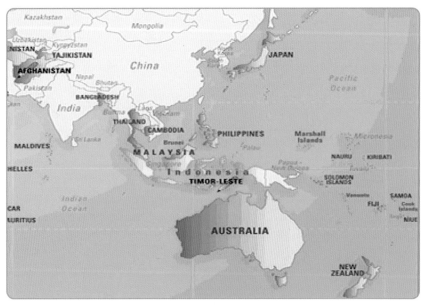

(출처: http://www.icbl.org/lm/2003/maps/asia-pacific/ 이렇게 보니 대한민국이 아주 작은 나라같이 생각되지만, 세계적인 항공사가 두 개나 있으니 자랑스럽다)

1) 동아시아 항공사

동아시아는 아시아를 대표하는 국가로 구성된 지역이다. 이 지역에 속하는 국가로 중국(China), 일본(Japan), 한국(South Korea), 북한(North Korea), 몽골(Mongolia)을 들 수 있다. 세계 최대인구를 자랑하는 중국, 세계 경제대국인 일본, 아시아의 허브로 성장하고 있는 한국은 항공수요가 급증하고 있고, 기타 지역에 비해 성장속도가 빠르다. 이러한 수요에 부응하여 중국, 일본 그리고 한국의 항공사들은 양적인 발전뿐만 아니라 질적인 성장을 계속하고 있다. 다음은 동아시아 각국의 항공사이다. 아래 자료는 인터넷 웹사이트(www.airlineandairportlinks.com)를 참고하여 저자가 요약정리하였다.

- **중국(China/Hong Kong/Macau/Taiwan)**
  - Air China: 중국 최대 항공사/CA
  - China Eastern Air: 상해에 본사를 둔 항공사/MU
  - China Northern Airlines: 요령성 심양에 본사를 둔 항공사/CZ
  - China Southern Airlines: 중국 남부와 동남아시아 취항/CZ
  - China Southwest Airlines: 중국 국내선 취항/ SZ
  - Shandong Airlines: 중국 제남에 본사를 둔 항공사/SC
  - Shanghai Airlines: 아시아, 유럽까지 취항하는 항공사/FM
  - Sichuan Airlines: 중국 사천성과 중국 기타 지역을 연결/3U
  - Xiamen Airlines: 북건성 하문에 본사를 둔 항공사/MF
  - China Airlines: 대만 Taipei에 본사를 둔 대형항공사/CI
  - Eva Air: Evergreen Group이 소유한 대만 항공사/BR
  - Cathay Pacific: Hong Kong에 Hub를 둔 세계적인 항공사/CX
  - Dragon Air: 홍콩에 본사를 둔 동남아시아 취항 항공사/ KA
  - Air Macau: Macau 본사, 중국 대륙과 동남아시아취항/NX

- **일본(Japan)**
  - Japan Airlines: 일본 국적항공사/JL
  - All Nippon Airways: 일본 제2의 항공사/NH

- **대한민국(South Korea)**
  - Korean Air: 대한민국 국적항공사/KE
  - Asiana Airlines: 1988년 출범한 제2의 민영항공사/OZ
  - Jeju Air: 저가항공사를 표방한 제3의 정기항공사/7C

- **북한(North Korea)**
  - Air Koryo: 평양에 본사를 둔 국영항공사/JS[1]

┃그림 4-2┃ 북한 국적기 고려항공, 자리표

(출처: www.jaunted.com/북한의 국적기인 고려항공과 일반자리표. 고려항공은 탑승권(boarding pass)이란 용어를
쓰지 않고 자리표란 용어를 사용한다. 훨씬 정감이 간다)

---

1) 북한 고려항공(AIR KORYO)은 1954년 출범한 후 1955년 9월 21일 첫 취항을 하였다. 고려항공 이전에는 조
선민항(朝鮮民航)이라 불렀다. 평양 순안공항이 허브(hub)이며, 2008년 현재 20대의 항공기를 보유하고 있다.
고려민항은 Bejing, Shenyang, Khabarovsk, Vladivostok, Bangkok 등의 국제선을 취항하고 있다.
고려항공은 외교관계가 있는 유럽에 취항하지 못하고 있다. 2006년 7월 EU는 고려항공의 유럽취항을 금지하
는 법을 통과시켰다. 현재(2008) 보유하고 있는 항공기 기종은 주로 러시아에서 생산한 다음 기종들이다.
8대 : Antonov An-24(50 seats 1-class)
2대 : Ilyushin Il-18(75 seats 1-class)
3대 : Ilyushin Il-62(186 seats one class)
2대 : Tupolev Tu-134(72-84 seats)
2대 : Tupolev Tu-154(158-180 seats)
3대 : Ilyushin Il-76(44 Tons cargo) / 화물전용항공기
(출처: http://en.wikipedia.org/wiki/Air_Koryo)

- **몽골(Mongolia)**

  - Mongolian Airlines: 몽골 국영항공사/OM

  - Aero Mongolia: 2002년 출범한 항공사/MO

  - Eznis Airways: 2006년 출범한 국내선 전용 지역항공사

2) 동남아시아 항공사

동남아시아(Southeast Asia)는 지리적으로 중국 남부, 인도 동부, 호주 북부를 아우르는 광대한 지역이다. 동남아시아는 크게 아시아대륙(Asian mainland)과 '섬나라'(the maritime)로 이루어진 지역이다. 아시아대륙 국가는 Cambodia, Laos, Myanmar, Thailand, Vietnam 등이다. 반면 이른바 섬나라는 Brunei, East Timor, Indonesia, Malaysia, Philippines, Singapore 이다.

┃그림 4-3┃ 동남아시아 지도

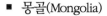

(출처: www.aerospaceweb.org/design, components of aircraft)

다음 〈표 4-1〉은 동남아 국가별 항공사 현황이다. 각 국가별 주요 항공사와 몇 가지 특성에 대해서 간략하게 요약 정리하였다.

〈표 4-1〉 동남아 국가 주요 항공사 현황

항공사	국 가	설명·특성
Vietnam Airlines	베트남	베트남 국적항공사
Thai Airways International	태국	태국 국적기 Star Alliance 회원사
Nok Air	태국	방콕-치앙마이 취항 저가항공사(LCC)
Air Andaman	태국	태국의 휴양지 Phuket에 본사를 둔 전세기항공사
Singapore Airlines	싱가포르	최고의 서비스를 자랑하는 세계적인 항공사
Tiger Airways	싱가포르	SQ의 자회사인 저가항공사(LCC)
Myanmar Airways International	미얀마	미얀마 국적기(national flag)
Garuda Indonesia	인도네시아	인도네시아 국적기
Malaysia Airlines	말레이시아	1947년 출범한 국적기
Philippine Airlines	필리핀	필리핀 국적기
Cebu Pacific Air	필리핀	국내선 취항 저가항공사
Angkor Airways	캄보디아	세계 7대 불가사의 하나인 Ankor Wat 유적지 취항
Royal Brunei Airlines	브루나이	1974년 출범한 Brunei왕국 항공사

(출처: http://www.airlineandairportlinks.com/인터넷 자료검색 재구성함)

3) 서남아시아 항공사

서남아시아(Southwest Asia)는 서남부아시아와 중동(Middle East)을 포함한 지역이다. 남쪽의 Bangladesh, Pakistan에서부터 서쪽 Qatar, Turkey를 포함한 지역이다. 이 지역은 크게 ① Southern Asia, ② Western Asia[2]로 나눌 수도 있다.

---

2) 여기서 말하는 Western Asia는 중동지역을 일컫는다. 이 지역에 속한 국가는 Armenia, Azerbaijan, Bahrain, Cyprus, Iraq, Qatar, Turkey, United Arab Emirates 등이다. 최근 중동의 항공사들이 오일 달러(oil dollar)를 바탕으로 최신 기종의 항공기를 도입함과 동시에 최고의 항공서비스를 제공하고 있다.
대표적인 항공사로 Emirates Airline, Qatar Airways이다.

이 지역을 대표하는 항공사는 Emirates Airlines, Gulf Air, Iran Air, Oman Air, Qatar Airlines, Royal Jordanian, Saudi Arabian Airlines, Indian Airlines, Air India, Buddha Air(Nepal), Pakistan International Airlines, SriLankan 등이다.

최근 중동항공사 중에서 Emirates Airlines와 Qatar Airlines가 부상하고 있다. Emirates Airlines는 Dubai가 중동의 무역, 금융 그리고 관광의 허브(hub)로 자리잡으면서 전 세계 80여개 목적지(destination)에 취항하는 항공사로 성장하였다(http://www.emirates.com).

▮그림 4-4▮ 중동의 대표적인 항공사 Emirates 항공 승무원

(출처: www.emirates.com/english/Dubai에 본사를 둔 Emirate Airline Flight Attendant. 신비로움이 느껴지는 미소!)

4) 남태평양지역 항공사

남태평양(South Pacific)이란 Australia, New Zealand, New Guinea을 포함한 Australasia 와 Oceania 지역인 Fiji Island, Tahiti & French Polynesia, TongaSamoa, Solomon Islands, Tuvalu 등의 국가로 구성된 지역이다. 이 지역은 섬국가(islands)이기 때문에 항공교통이 상대적으로 발달하였다. 남태양지역의 주요 항공사는 다음과 같다(www.airlineandairportlinks.com).

- Qantas Airways: 호주의 국적 항공사, 세계 10대 항공사
- Southern Australia Airlines: Qantas 자회사인 지역항공사
- Jetstar: 호주 저가항공사(low cost carrier)
- Air New Zealand: 뉴질랜드 국적항공사

- Air Niugini: Papua New Guinea 국적항공사
- Air Pacific: Fiji 항공사
- Polynesian Airlines: Samoa 국영항공사

▮그림 4-5▮ 호주의 관광 Icon Opera House

(출처: blogs.bootsnall.com/James/ Sydney, Opera House 야간 전경)

2-2. 아프리카 항공사

아프리카는 세계 6대주 중 아시아 다음으로 큰 대륙이며, 두 번째로 인구밀도가 높은 대륙이다. 전 세계인구의 14% 정도를 차지하는 대륙이며, 약 60여개 국가로 구성되어 있다. 아프리카는 2008년 기준 약 40여 개의 항공사가 있으며, 대부분 국영항공사(state-owned airline)이다.

최근 아프리카-유럽, 아프리카-중동 무역, 관광 그리고 인적교류가 확대되면서 항공산업이 점진적으로 성장하고 있다. 아프리카 주요 국가의 항공사로 Egypt Air, Kenya Airways, Nigeria Airlines, Air Tanzania, Air Algerie, Royal Air Moroc, South African Airways, Tunisair, Sudan Airways[3], Ghana Airways 등을 들 수 있다.

┃그림 4-6┃ 아프리카 수단항공(Sudan Airways)

(출처: www.sudanair.com/아프리카와 중동 시장을 target으로 하고 있는 Sudan Airways. 나는 언제쯤 수단항공 (Sudan Airways)을 타보려나)

2-3. 미국 · 캐나다 항공사

1) 미국 · 캐나다 대형항공사

항공사는 승객운송실적(performance), 운항범위(networks), 취항 목적지(destinations), 역할(roles) 등에 따라서 대형항공사(major carrier)와 중소형항공사(minor)로 나눈다(박시사, 2003). 최근 발표된 북미(North America)의 여객운송실적(passenger numbers) 10대 항공사는 다음과 같다(airtravel.about.com).

- 1위: Delta Airlines
- 2위: American Airlines
- 3위: Southwest Airlines
- 4위: United Airlines
- 5위: US Airways
- 6위: Northwest Airlines

---

3) 수단 항공(Sudan Airways)은 1947년 출범하여, 국내선과 국제선을 취항하고 있다. 현재 8대 항공기를 보유하고 있다. 국제선 취항목적지로 아프리카 Nairobi, Tripoli, Cairo, 중동 Abu Dhabi, Doha, Dubai, Amman 등지에 취항하고 있다. 유럽은 영국의 London만 취항하고 있는 수단 국적항공사(national flag)이다. (출처: www.sudanair.com).

- 7위: Continental Airlines
- 9위: Alaska Airlines
- 8위: Air Canada
- 10위: Skywest Airlines[4]

2) 미국·캐나다 지역·저가항공사

지난 몇 년 동안 미국 국내항공에서 있어서 주목할 만한 변화와 발전은 바로 30~100명의 승객을 수용할 수 있는 지역항공의 등장이다. 지역항공(regional airline)은 기존에 항공서비스가 제공되지 않았던 소도시까지 신규노선이 개설되어 항공서비스가 확대되는 긍정적인 영향을 미친다. 반면 지역항공은 신규노선(new route)의 과잉으로 인해 허브공항(hub)의 혼잡(congestion)을 불러일으키기도 한다(Savage & Scott, 2004). 미국의 경우 1994년 지역항공이 서비스하는 노선(routes)이 24개 목적지(destination)이였으나 2002년에는 153개로 늘어났다(Wong, Pitfield & Humphreys, 2005). 미국의 대표적 지역항공사는 다음과 같다.

- American Connection
- Continental Express
- American Eagle
- Midwest Connect
- Us Airways Express
- Allegiant Air
- ExpressJet
- JetBlue Airways
- Mesa Airlines
- Southwest Airlines
- Sun Country Airlines
- Virgin America
- Continental Connection
- Delta Connection
- Frontier JetExpress
- United Express
- AirTran Airways
- ATA Airlines
- Frontier Airlines
- Primaris Airlines
- Skybus Airlines
- Spirit Airlines
- USA3000 Airlines

---

4) Skywest Airlines는 미서부 Utah주 St. George에 본사를 두고 있으며, 1972년 출범한 항공사이다. Salt Lake City, Los Angeles, Denver, Portland, San Francisco를 허브(hub)로 하고 있고, Delta Connecting, United Express, Midwest Connect와 계약을 맺고 '피더에어라인'(feeder airline) 역할을 하고 있다. Skywest Airlines가 보유하고 있는 기종은 Embraer 120, Bombardier CRJ-200, Bombardier CRJ-700, Bombardier CRJ-900으로 30-100명을 수용하는 소형 항공기이다. Skywest Airline은 전형적인 지역항공사(regional airlines)이다.

미국에서 Southwest Airlines, JetBlue Airways, Frontier Airlines처럼 성공한 저가항공사도 있지만, 치열한 경쟁에서 생존하지 못하고 역사 속으로 사라진 저가항공사(defunct low-cost carriers)도 많았다. 역사의 뒤안길로 사라진 미국의 저가항공 사로는 Air South, Eastwind Airlines, Independence Air, MetroJet, National Airlines, SkyValue, Tower Air, Vanguard Airlines, Western Pacific Airlines, Pearl Air, Safe Air를 들 수 있다.

2-4. 카리브 항공사

카리브(Caribbean)는 인디언이 최초로 정착하여 살기 시작했던 곳으로 알려져 있다. 1492년 Christopher Columbus가 여러 섬들을 탐험한 후 유럽인들이 정주(定住)하였다. 그 후 미국, 유럽, 아프리카 노동자(slave), 그리고 인디언이 어우러져 독특한 문화를 형성하면서 진화하였다.

┃그림 4-7┃ 유람선 여행, 항공사 그리고 카리브

(출처: www.caribbean-on-line.com/ 카리브는 항공여행보다 유람선여행이 유명한 지역이다. 우리 모두 카리브 유람선 여행을 상상해보자)

앞의 지도에서 보는 같이 Bahamas, Cuba, Cayman Island, Jamaica, Dominican Republic 이 대표적인 국가이다. 관광산업 측면에서 보면 카리브 지역은 유람선(cruise lines)[5] 관광이 발달한 지역이다. 미국, 캐나다가 카리브 유람선관광의 송출지(origin)이다. 카리브는 다른 지역에 비해 항공산업이 제한적으로 발전한 곳이다. 이 지역을 대표하는 항공사는 다음과 같다(www.airlineandairportlinks.com).

- Bahamas Air: 바하마 국적항공사/바하마-플로리다 취항
- Air Jamaica: 미국과 카리브 국가 취항 바하마 항공사
- Cayman Airways: 플로리다, 텍사스, 자메이카 취항 항공사
- Cubana: 유럽, 북미, 남미 취항하는 쿠바 항공사

2-5. 중·남미 항공사

중남미는 미국과 인접한 멕시코부터 우루과이, 아르헨티나까지 20여개 국가로 구성된 광대한 지역이다. 이 지역을 라틴아메리카라고 부른다. 라틴아메리카에 속한 국가는 Argentina, Bolivia, Brazil, Chile, Colombia, Costa Rica, Ecuador, El Salvador, Guatemala, Honduras, Mexico, Nicaragua, Panama, Paraguay, Peru, Puerto Rico, Uruguay, Venezuela이다. 중남미 국가 중에는 브라질을 제외한 모든 국가에서 스페인어(Spanish)가 통용된다.

최근 이 지역은 광활한 지역이 확보하고 있는 자원(resources)의 가치가 증대되면서 경제가 발전하고 있고, 국제사회에서 국가들의 위상이 높아지고 있다. 최근 국제적 위상이 급속하게 높아지고 있는 국가는 브라질이다. 이에 걸맞게 브라질 항공수요(demand)는 늘어나고 있는 항공사간 경쟁도 치열해지고 있다. 운송실적(passengers)에 의한 중남미(Latin America) 10대 항공사는 다음과 같다(airtravel.about.com).

- TAM Brazil(1/Brazil)
- Varig(2/Brazil)
- Aeromexico(4/Mexico)
- Mexicana(3/Mexico)

---

5) 현재 Caribbean에 운항하고 있는 유람선은 Royal Caribbean Cruises, Carnival Cruise Line, Celebrity Cruises, Crystal Line Cruises, Disney Cruises, Holland American Cruises, Norwegian Line Cruises, Princess Cruises, Regent Cruises, Silver Cruises, Star Clipper Cruises, Windstar Cruises 등이다. 최소 3일에서 3주까지 다양한 여정(itinerary)의 상품이 제공되고 있으며, 서비스 유형은 Luxury, Niche, Speciality 등이 있다.

- GOL(5/Brazil)
- Lan Airlines(6/Chile)
- Avianca(7/Comlombia)
- Aerolineas Argentinas(8/Argentina)
- Aviacsa(9/Mexico)
- TACA(10/el Salvador)

브라질 항공사인 Tam Brazil, Varig, Gol이 중남미 항공사 중 상위에 위치해 있는 것이 보여주듯이 브라질의 항공산업은 양적으로 성장하고 있으며, 경쟁이 치열해지고 있다. 항공규제완화의 대변화(wave)는 전 세계 각국에 저가항공사(low-cost carriers)의 등장을 촉진시켰다. 브라질도 예외는 아니어서, 브라질의 대표적 저가항공사6)인 GOL7)은 출범 3년만에 국내선 20%의 시장을 점유하게 되었다(Evangelho et al., 2004). GOL항공사는 2007년 현재 국내선 38%, 국제선 12%를 점유하고 있는 제2의 항공사로 성장하였다.

2-6. 유럽 항공사

1) 유럽 대형항공사(network carriers)

'유럽항공사연맹'(AEA; Association of European Airlines)에 의하면 유럽에 32개 항공사가 운항하고 있는 것으로 나타났다. 유럽 지역항공사(regional airline)와 저가항공사(low-cost airline)를 포함하지 않은 통계이다. 유럽의 대형항공사는 다음과 같다(www.aea.be).

- Adria Airways(Slovenia)
- Aer Lingus(Ireland)
- Air France(France)
- Air One(Italy)
- Air Malta(Malta)
- Alitalia(Italy)
- Austrian Airlines(Austria)
- BMI(England)
- British Airways(England)
- Brussels Airlines(Belgium)
- Cargolux(Luxembourg)
- Croatia Airlines(Croatia)
- Czech Airlines(Czech)
- Cyprus Airways(Cyprus)

---

6) 브라질은 2008년 현재 Gol, BRA Transportes Aereos, WebJet Linhas Aereas, Ocean Air 4개의 저가항공사가 있다.
7) Gol Transportes Aereos is a low-cost airline based in Sao Paulo, Brazil. Gol is the second largest airline in Brazil with 38.6% of the Brazilian domestic market and 12.2% of the international market of flights from and to Brazil.

- Finnair(Finland)
- Icelandair(Iceland)
- KLM(Netherlands)
- Deutsche Lufthansa(German)
- Malev Hungarian Airlines(Hungary)
- Spanair(Spain)
- TAP Portugal(Portugal)
- Iberia Airlines(Spain)
- Jat Airways(Serbia)
- LOT Polish Airlines(Poland)
- Luxair(Luxembourg)
- Olympic Airlines(Greece)
- Swiss(Swiss)
- TAROM(Romania)
- Scandinavian Airlines System(Denmark, Norway, Sweden)
- Turkish Airlines(Turkey)

2) 유럽의 지역 · 저가항공사(regional airline/LCC)

지역항공(regional airline)이란 주로 소도시(small communities)에서 대도시로 연결하는 항공서비스를 제공하는 여객전용항공사(passenger airline)이다. 지역항공은 '통근항공' (commuter airline) 혹은 '피더에어라인'(feeder airline)이라 일컬어진다. 대체로 지역항공사는 대형항공사들이 취항할 만한 수요가 발생하지 않은 지역을 소형기종으로 항공서비스를 제공한다.

┃그림 4-8┃ 스페인 저가항공사 Air Nostrum

(출처: www.en.wikipedia.org/ 스페인 Iberia 항공사 자회사인 Air Nostrum, Valencia에 본사를 둠)

유럽을 대표하는 지역항공사로는 Air Nostrum(Spain), Air Southwest(England), Aer Arann(Ireland), BA Connect(England), Cimber Air(Denmark), City Jet(Ireland), Eastern Airways(England) Flybe(England), Portugalia(Portugal), VLM(Belgium) 등을 들 수 있다 (http://en.wikipedia.org/wiki/Regional_airline).

저가항공사 low cost carrier(LCC) 혹은 low fare airlines(LFA)에 대한 명확한 정의(definition) 는 없다. 하지만 단일좌석등급(single-class cabin), 제한된 기내서비스(few or no on board frills), 선형노선구조(point to point service), 중소공항이용(secondary airport), 제한된 공항 편의시설(simple airport facilities), 인터넷을 통한 직접예약·구매(direct ticket sales) 등의 특성을 갖고 있는 항공사를 일컫는다. 2006년 기준으로 저가항공사가 유럽내 항공수요의 28% 정도의 점유율을 차지하였고, 2011년 43%까지 늘어날 것으로 예측된다(www.elfaa.com).

저가항공사는 유럽 항공노선 변화, 경쟁 그리고 수요추세에 잘 적응하는 항공사유 형 이다. 1973년 미국의 Pacific South West(현 Southwest Airlines)가 처음 시도한 저가항공사 를 유럽에서 모방(copied)하여 1995년 Ryanair가 본격적인 운항을 시작하였다(Dobriszkes, 2006).

유럽의 저가항공 분야는 Ryanair와 더불어 1995년 EasyJet이 본격적으로 틈새시장 (niche market)에 뛰어들면서 대형항공사와 본격적인 경쟁에 돌입했다(Mason & Alamdari, 2007). 유럽 항공산업은 2000년도에 접어들면서 큰 변화에 직면하게 된다. 그 변화의 중 심에 이른바 저가항공사(low-cost carriers)가 자리잡고 있다. 종전 대형항공사(net work carriers)와 전세기 항공사(charter operator)는 저가항공사의 도전을 거역할 수 없게 되었 다(Doganis, 2006).

유럽의 대표적인 저가항공사는 Ryanair, Easyjet, Air Berlin, Volare Airlines, Germanwings, Hapag-Lloyd Express, Virgin Express, Flybe, Norwegian Air Shuttle 등을 꼽을 수 있다 (Mason & Alamdari, 2007).

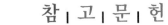

참 | 고 | 문 | 헌

Dereck K.Y. Wong, De.E Pitfield & I.M. Humphreys(2005), The impact of regional jets on air service at selected US airport and markets, Journal of Transport Geography, Vol.11(4), pp.283-290.

Fabio Evangelho, Cristian Huse & Alexandre Linhares(2004), Market entry of low cost airline and impacts on the Brazilian business travelers, Journal of Air Transport Management, Vol.11(2), pp.99-105.

Frederic Dobruszkes(2006), Analysis of European low-cost airlines and their networks, Journal of Transport Geography, Vol.14(4), pp.249-264.

Ian Savage & Burgess Scott(2004), Deploying regional jets to add new spokes to a hub, Journal of Air Transport Management, Vol.10(2), pp.147-150.

Keith J. Mason & F. Alamdari(2007), EU network carriers, low cost carriers and consumer behavior: A Delphi study of future trends, Journal of Air Transport Management, Vol.13(5), pp.299-310.

Rigas Doganis(2006), The Airline Business, Routledge.

박시사(2003), 항공관광론. 백산출판사.

제**5**장

항공사 서비스

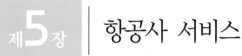

항공사 서비스

1. 서비스 개념화

1-1. 서비스 경제, 서비스 사회

미래학자 John Naisbitt는 1956년을 기점으로 미국은 이른바 '서비스 경제'(service economy)에 접어들었다고 규정했다. 미국 역사상 처음으로 '화이트칼라 노동자'(white-collar workers)의 숫자가 '블루칼라 노동자'(blue-collar workers)를 1956년부터 앞지르기 시작했다.

▌그림 5-1▌ 서비스 사회와 고용창출

(출처 : www.eurodamnews.com/교육과 훈련을 받고 있는 서비스산업 예비 종사자)

Naisbitt는 이러한 새로운 시대(era)를 '정보화사회'(information society)라 명명(命名)하였고, 사회학자 Daniel Bell은 '후기산업사회'(postindustrial society)라 말했다. 정보화사회 혹은 후기산업사회로 불리는 서비스 경제 사회는 생산(produce)보다 '연출'(perform)하는 산업이 지배한다(Albrecht & Zemke, 1985).

서비스 영역은 개인고객(individual), 기업고객(business), 정부기관(government agency) 그리고 비영리기관(nonprofit organization)을 포함해서 다양하다. 오늘날 서비스는 경제의 많은 부분을 차지하고 있고 새로운 직업을 창출하는데 지대한 기여를 한다. 서비스 분야가 차지하는 경제적 공헌도는 계속 증가하고 있고, 이제 세계는 이른바 '서비스지배 경제'(service-dominated economy)로 진입했다. 오늘날 세계 경제가 서비스 경제(service economy)로 전환되는 데 영향을 주는 요인은 다음과 같다(Lovelock & Wirtz, 2004).

- 정부정책(government policies)
  - 제반규제 변화
  - 서비스 교역 협정
  - 민영화
  - 고객, 종사원, 환경을 보호하는 새로운 법 등장

- 사회적 변화(social changes)
  - 고객기대 증대
  - 현대인의 시간부족
  - 자동차 · 전화 소유 증대
  - 풍요로움
  - 물건보다 체험(experience)구매 욕구 증대
  - 인간의 이동

- 사업추세(business trends)
  - 서비스를 이용한 부가가치
  - 품질향상운동
  - 프랜차이즈 증대
  - 전략적 제휴
  - 생산성증대와 비용절감
  - 고용제도변화와 혁신

- IT의 진화와 발전(advances in information technology)
  - 컴퓨터와 텔레커뮤니케이션 융합(convergence)
  - IT 소형화
  - 무선네트워크
  - 인터넷 이용 증대
  - 빨라지고, 강력해진 소프트웨어
  - 문자, 그래픽, 오디오, 비디오의 디지털화

- 국제화(internationalization)
  - 다국적기업
  - 범세계적인 M&A
  - 해외여행 증가

1-2. 서비스 개념(what is service)

서비스란 무엇인가? Kotler와 Armstrong(1991)[1] 서비스란 무형적(intangible)이며, 소유(ownership)를 수반하지 않는 조건 아래 제공자(provider)가 향유자(享有者)에게 주는 '활동'(activity) 또는 '편익'(benefit)이라 정의하였다. 서비스 생산은 유형재(physical product)와 무형재(無形財)를 모두 포함한다(Palmer, 1994). Lovelock과 Wirtz는 서비스란 "서비스 제공자가 향유자에게 제공하는 활동(act) 또는 연출(performance)이면서, 가치(value)를 창조하여 고객에게 편익(benefits)을 제공하는 '경제활동'(economic activity)"이라고 정의했다(Lovelock & Wirtz, 2004).

┃그림 5-2┃ 서비스 선순환구조 서비스맨

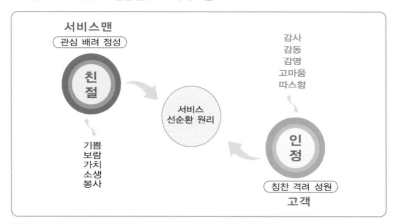

(출처: 에버랜드 서비스아카데미(www.evercs.com) 참고 저자 재구성)

---

[1] A service is an activity or benefit that one party can offer to another that is essentially intangible and does not result in the ownership of anything. Its production may or may not be tied to a physical product.

우리나라 서비스교육의 산실(産室)로 알려진 삼성에버랜드 서비스 아카데미(Service Academy)는 서비스란 "서로가 서로에게 기쁨과 보람, 성취와 행복을 느끼게 하는 선순환원리(善循環原理)의 시작이다"라고 말하고 있다(www.evercs.com). 서비스 선순환원리는 서비스맨의 관심, 배려, 정성을 바탕으로 한 〈친절〉, 고객의 칭찬, 격려, 성원을 담은 〈인정〉이 있어야 가능하다. 서비스 선순환원리에서 고객은 감사, 감동, 감명, 고마움, 따스함을 서비스맨에게 표하면 서비스맨은 기쁨과 보람을 느끼고, 일에 대한 가치와 보람을 갖게 되어 더욱 고객을 위해 봉사(service)하려는 마음(willingness)이 생기는 구조를 형성하게 된다.

Albrecht & Ron Zemke(1985)는 서비스를 크게 ① 비숙련인적서비스(unskilled personal service), ② 숙련인적서비스(skilled personal service), ③ 전문서비스(industrial service), ④ 대량소비서비스(mass consumer service), ⑤ 하이테크서비스(high-technology business service) 등 5가지 유형으로 나누었다.

1-3. 서비스 특성

본서는 널리 알려진 서비스의 독특한 특성(characteristics)에 대해서 여러 학자(연구자)들이 제시한 것을 소개하였다. 독자(고객; clientele)들의 이해를 돕고자 아래와 같이 〈표 5-1〉로 요약·정리하였다.

〈표 5-1〉 서비스의 독특한 특성(unique characteristics of services)

학 자	특성(English)	특성(한글표기)
Rolnad T, Rust Anthony J. Zahorik Timothy L. Keinigham (Service Marketing,1996, pp.7-10)	intangibility	무형성
	inseparability	생산·소비 동시성(비분리성)
	variability	변동성(變動性)
	perishability	소멸성
Mark Gabbott Gillian Hogg (Consumers and Service, 1998, pp.26-29)	intangibility	무형성
	inseparability	생산·소비 동시성
	heterogeneity	다양성, 이질성

	perishability	소멸성
	ownership	소유부재
Adrian Palmer (Principles of Service Marketing, 1994, pp.3-7)	intangibility	무형성
	inseparability	생산·소비 동시성
	variability	변동성(變動性)
	perishabilty	소멸성
	ownership	소유부재2)
Robert C. Ford Cherrill P. Heaton (Managing the Guest Experience in Hospitality, 2000, pp.13-15)	intangible	무형성
	services are consumed at the moment	생산·소비 동시성
	provider-customer interaction	고객-서비스제공자 상호작용
Mark M. Davis Jonelle Heineke (Managing Services, 2003,pp.5-7)	intangibility	무형성
	perishability	소멸성
	direct customer interaction	고객과 상호작용

(출처: 참고문헌(도서/book)을 중심으로 저자가 review한 후 요약·정리하였음)

위의 〈표 5-1〉에서 보는 바와 같이 서비스 특성은 ① 무형성, ② 생산·소비의 동시성, ③ 소멸성, ④ 변동성, ⑤ 소유부재, ⑥ 고객과 상호작용이다.

1) 무형성(intangibility)

서비스는 생산되어 사전에 배달되는 제품(products)과 달리 연출(performed)되기 때문에 사전에 오감(五感), 즉 촉각, 시각, 미각, 후각, 청각을 이용하여 사전에 인지(perceived)될 수 없는 특성을 지닌다. 이를 무형성이라 말한다. 생산된 제품(product)은 유형성(有形性; tangible)이지만, 서비스는 일부 혹은 전체가 무형성으로 보일 수 있다. 이러한 서비스 특성 때문에 소비자는 서비스 품질과 가치(quality & value)를 객관적이고 정확하게

---

2) 서비스의 특성 중 '소유부재'(ownership)란 Judd(1964), Wyckhan(1975), Kotler(1982)에 의해서 제기된 특성이다. 제품과 달리 서비스는 구매한 서비스를 영구적으로 소유하지 못하고 일시적으로 이용(temporary access)만 할 수 있다. 구매자는 서비스 그 자체를 소유(所有)하지는 못하지만 서비스가 제공하는 편익(benefits)은 향유할 수 있다.
(출처: Gabbott & Hogg(1998) Consumers and Service, p.29)

평가하기 힘들다(Ford & Heaton, 2000).

무형 서비스는 사전에 생산·전시(produced/displayed)될 수 없기 때문에 판매하기 힘들고, 마케터 혹은 서비스제공자가 잠재고객에게 그 특성이나 편익을 알리기 쉽지 않다. 따라서 서비스 기업은 무형성이라는 장애요인을 극복하기 위해 '시각적 상징'(visual symbols)을 개발하여 고객의 마음속에 심어주려고 한다. 개발된 '시각적 상징'을 광고에 활용하여, 기업 혹은 브랜드 이미지를 구축한다. 무형성은 고객의 마음에 불확실성(uncertainty)을 심어 줄 수도 있다. 이를 줄이기 위해서 서비스 기업들은 종사원들의 전문성(professionalism)을 강조하여 고객의 불확실성을 줄여주고 있다(Rust, Zahorik & Keinigham, 1996).

2) 생산·소비의 동시성(inseparability/simultaneous production & consumption)

제품(재화)은 생산, 판매된 후 소비되지만 서비스는 판매된 후 생산과 소비가 동시에 일어난다(Gabbott & Hogg, 1998).[3] 서비스는 연출순간 생산되며 사전에 만들어질 수 없다. 서비스는 생산하여 창고에 저장(stockpiled or warehoused)할 수 없다. 서비스는 고객이 현재에 있는 동안 연출되고, 고객의 부재시 관리영역에서 벗어난다(Albrecht & Zemke, 1985). 소비자는 서비스 과정에서 참여자(participant)이며, 서비스 연출과정에서 역할을 한다(Mullins, 2001). 생산·소비의 동시성을 비분리성(非分離性)이라 말하기도 한다. 이는 생산과 소비를 분리해서 생각할 수 없다는 의미이다.

생산소비의 동시성은 '고객과 상호작용'(direct customer interaction)과 관련이 있다. 서비스 생산, 소비 그리고 연출과정에 고객이 참여한다는 뜻으로 해석이 가능하다.

서비스의 생산과 소비의 동시성으로 인해 서비스는 저장될 수 없기 때문에 소멸성과도 연관이 있다.

3) 소멸성(perishability)

소멸성은 서비스가 갖는 실시간 속성(real time nature)과 관련이 있다(Gabbott & Hogg, 1998). 고객은 서비스 연출(delivery)과정에 참여한다. 현시점에 사용되지 않은 혹은 관심

---

3) Goods are produced, sold and then consumed, whereas services are sold and then produced and consumed simultaneously.

을 받지 못한 서비스는 미래의 수요를 위해 저장될 수 없다. 가령, 오늘 판매되지 않았던 항공좌석은 성수기나 성탄절에 쓰일 목적으로 저장할 수 없다(Davis & Heineke, 2003). 서비스는 시간이 지나면 자동적으로 없어진다(services are timeperishable). 항공사를 비롯한 서비스산업은 비수기에도 여전히 고정비용(fixed cost)이 발생한다(Mullins, 2001). 따라서 비수기를 관리하는 것이 서비스산업 경영의 핵심이다. 항공사들이 인터넷을 이용하여 항공권을 염가(廉價)로 판매하거나, 항공권을 마지막 순간에 아주 싸게 판매하는 〈low far agents〉, 혹은 〈 last minute deals〉를 하는 회사들이 등장한 것도 바로 서비스의 소멸성에 기인한 것이다. 항공사들이 탑승률(load factor)을 높이는 마케팅전략을 수립하는 것도 소멸성을 줄이려는 마케팅 노력이다.

4) 변동성(variability)

서비스 평가는 대상(제공자/향유자)에 따라 다를 수 있고, 제공된 시간에 따라 결과(output)가 상이(相異)하게 나올 수 있다. 왜냐하면 서비스는 제품과 달리 여러 사람의 협력과 기술이 필요한 '연출'(performance)이기 때문이다(Services are Performances).

┃그림 5-3┃ 아름답고 매력적인 서비스 연출 그리고 미소

(출처: www.hindu.com/ Charming service: Behind the smile of airline staff is a demanding training schedule, 이를 감정노동(emotional labour)을 하는 사람들의 운명이라 할까?)

이러한 서비스 품질의 변동성(variability)으로 인해 고객은 항상 위험(risk)에 직면해 있다. 서비스 제공자(service provider)는 항상 이 변동성으로부터 생길 수 있는 고객의 '인지 위험'(perceived risk)을 줄이는 방법을 강구해야 한다. 서비스 기업은 이러한 변동성을 줄일 목적으로 서비스를 획일화(uniformity) 혹은 표준화(standardization)를 시도하는데, 지나친 표준화는 서비스 자체의 매력을 상실시켜 고객으로부터 멀어지는 결과를 초래한다(Rust, Zahorik & Keiningham, 1996).

서비스 특성인 변동성(variability)을 이질성(heterogeneity)이라 말하는 학자도 있다. 서비스의 이질성은 서비스 연출과 소비과정에 서비스 제공자와 서비스 향유자의 관여(involvement)와 관련이 있는 특성이다. 서비스 상호작용(service encounter)은 서비스 참여자(participants), 시간(time of performance), 제반 상황(circumstances)에 따라 차이를 보일 수 있다. 제품(product)의 경우 표준화가 가능하고 거의 같은 복제품(replication)을 만들어 오랫동안 제공할 수 있지만 서비스는 불가능하다. 물론 기업들이 이른바 '서비스 산업화'(industrialization of service)를 통해서 서비스 연출의 표준화(standardization)를 시도하였다(Gabbott & Hogg, 1998).

Lovelock과 Wirtz(2004)는 서비스가 독특한 특성이 있기 때문에 마케팅에 어려움이 따르는 도전(challenge)이라 말하면서 다음과 같은 9가지 특성을 제시하였다.

(1) 고객은 서비스 소유권이 없다.

   (Customers do not obtain ownership of services)

(2) 서비스 상품은 수명이 짧고 저장이 불가능하다.

   (Service products are ephemeral and can not be inventoried)

(3) 무형요소가 서비스 가치를 결정한다.

   (Intangible elements dominate value creation)

(4) 고객이 서비스 생산과정에 관여할 수도 있다.

   (Customers may be involved in the production process)

(5) 종사원도 서비스 상품의 일부가 될 수 있다.

   (Other people may form part of the product)

(6) 서비스 input과 output에 큰 가변성이 존재한다.[4]

   (There is greater variability in operational inputs and outputs)

(7) 고객이 서비스를 평가하기 어렵다.

   (Many services are difficult for customers to evaluate)

(8) 시간이 서비스에 있어서 중요한 요인으로 작용한다.

   (The time factor assumes great importance)

(9) 다양한 형태·유형의 서비스 유통체널이 생겨난다.

   (Distribution channels take different forms)

1-4. 서비스 품질과 TQM

학계, 저널 그리고 산업체에서 '품질'(品質; quality)이란 용어에 대해서 많은 논의가 되어왔다. 하지만 아직도 품질에 대한 명시적인 정의는 없다. 본서는 서양의 몇몇 학자들이 제시한 품질(quality)에 대한 정의를 아래와 같이 소개하겠다(Gabbott & Hogg).

- Zeithaml(1988): 우수성(superiority)
- Juran(1988): 의도·목적 부합성(fitness for the purpose)
- Crosby(1979): 고객의 요구사항에 부응(conformance to requirements)
- Oliver(1993): 구매자가 받는 가치(value)

최근 환대·관광기업은 '전사적품질관리'(TQM: total quality management)를 도입하고 있다. TQM은 고객에게 '최고가치'(excellence)를 제공하는데 목적을 두고 있다. TQM은 기업내 종사원과 종사원, 부서와 부서 사이의 팀워크를 중시하고, 계속 향상·발전하는 과정(process)에 주안점을 둔다. TQM은 기업문화의 변화를 의미하기도 한다. 왜냐하면 기존의 전통적 경영관리와는 다르기 때문이다. TQM은 기업 부서 구성원이 팀으로 참여하고, 모든 부서가 서로 교차(cross over)하면서 협력하는 새로운 방식의 경영관리이다.

---

4) 서비스 운영시스템에 종사원과 다른 고객도 참여하므로 서비스 input(제공/투입)과 output(결과)의 표준화를 시키기 힘들고, 통제에 어려움이 따른다. 이러한 이유로 서비스 기업이 생산성(productivity)을 증대시키고, 품질을 통제하며, 일관된 상품(consistent product)을 제공하기 어렵다.

  (출처: Lovelock & Wirtz(2004), Service Marketing, p.12)

TQM은 기업에 다음과 같은 긍정적 결과를 가져온다(Cullen, 2001).

- 사업, 기업운영 향상시킴(improve business operation)
- 팀워크 구축함(build teamwork)
- 동기부여환경 조성함(increase the motivational environment)
- 종사원의 기업에 대한 자긍심 심어줌(develop institutional pride)
- 기술습득 확대함(expand technical knowledge)

기업이 TQM(total quality management)를 채택하여 성공적으로 정착시키기 위해서는 다음과 같은 조건이 충족되어야 한다(Cullen, 2002). Cullen은 이를 "Basics of Total Quality Management"라 했다.

- 고객지향(guest orientation)
- 권한위임 리더십(empowering leadership)
- 모든 직원·모든 부서 참여(across-the-board employee involvement)
- 교육과 훈련(education and training)
- 팀어프로치(team approach)
- 과정과 절차 통제(procedures and process control)
- 끊임없는 품질향상(continuous quality improvement)

2. 항공사 서비스

2-1. 항공사 서비스 대분류

항공사는 여객(passenger) 혹은 화물(freight) 항공운송서비스(air transport service)를 제공한다. 항공운송서비스 대상에 따라 여객서비스와 화물 서비스로 구분한다. 항공사 서비스는 대륙 간 국제선 서비스, 대륙 내 국제선 서비스, 국내선 서비스로 나누어지며, 운항형태에 따라 정기항공운송 서비스(scheduled), 부정기항공운송 서비스(charters)로 분류된다. 이를 요약하면 다음과 같다.

〈표 5-2〉 항공사 서비스 대분류

항공사 서비스 airline service	서비스 대상	여객·승객 서비스(passenger)
		화물 서비스(freight)
	서비스 지역	대륙간 국제선 서비스(intercontinental)
		대륙내 국제선 서비스(intracontinental)
		국내선 서비스(domestic)
	운항형태	정기항공운송 서비스(scheduled)
		부정기항공운송 서비스(chartered)

(출처: http://en.wikipedia.org/wiki/Airline/ 재구성)

첫째, 여객·승객 서비스이다. 일반인이 항공사라고 칭(稱)하는 것의 대부분은 여객항공사(passenger airline)이다. 여객은 탑승목적에 따라 관광목적의 여가 관광객(sightseers), 사업목적의 비즈니스 관광객(business travelers), 친·인척을 방문하는 VFR(visit friend relatives) 등으로 분류된다. 항공사는 이들을 위해 여객서비스를 제공한다.

둘째, 화물 서비스이다. 대체로 Cargo 서비스라고 말한다. 화물(cargo)이란 영리목적으로 제품을 운송하는 사업활동이다. Cargo의 대표적 유형은 ① 선박(marine cargo), ② 항공기(air cargo), ③ 기차(train cargo), ④ 차량(lorry cargo) 4가지이다.

항공화물(air cargo)을 대체로 Freight라고 일컫는다. 대표적인 화물항공사로 ① Fed Express, ② United Parcel, Service, ③ Korean Air, ④ Lufthansa Cargo, ⑤ Singapore Airlines Cargo, ⑥ China Airlines, ⑦ Cargolux 등을 들 수 있다.

셋째, 대륙간 국제선 서비스이다. 대륙과 대륙을 연결하는 항공서비스를 제공하는 유형이다. 가령, 대한항공(KE)이 미국 시카고(Chicago)를 취항하는 경우이다. 아시아대륙과 미주 대륙간 서비스이다. 예: ICN-LAX, BKK-CDR, EZE-TYO, PEKMAD, FCO-GIG.

넷째, 대륙내 국제선 서비스이다. 대륙내 서비스란 같은 대륙내에서 국제선 항공서비스를 제공하는 형태이다. 예를 들어 아시아나항공이 인천-북경(ICN-PEK)을 취항하는 형태이다. 이는 국제선(inter-line)이면서 아시아 대륙내에서 운항하는 유형이다. 유럽의 경우 대륙내 국제선 항공수요가 많은 지역이다. 이로 인해서 세계적인 British Airways,

Lufthansa, Air France, KLM과 같은 대형항공사와 Ryanair, EasyJet과 같은 저가항공사가 출현하게 되었다.

다섯째, 국내선 서비스이다. 국내선 서비스란 현재까지 국적기가 자국 영토 내에서 항공서비스를 제공하는 형태이다. 대한항공이 서울-제주간 항공서비스를 제공하는 것이 이에 해당한다. 우리나라는 2005년까지 대한항공, 아시아나항공의 양대항공사 체제였으나, 2005년 8월에 한성항공5)(2010년 티웨이항공으로 상호변경)이 출범하고, 2006년에는 제주항공이 출범함으로써 국내선 독과점이 무너지기 시작했다. 그 후 2007년에 설립된 이스타항공(Eastar Jet)이 2009년부터 운항을 개시하였고, 2008년에는 아시아나항공의 자회사인 에어부산(Air Busan)이 부산광역시를 거점으로 운항을 개시하였으며, 2008년 1월에는 대한항공의 자회사인 진에어(Jin Air)도 운항을 개시하였다. 그리고 2012년 1월에는 에어인천(Air Incheon)이 대한민국의 화물항공사로 출범하였으며, 2017년 1월에 설립된 에어포항(Air Pohang)은 에어택시 개념의 항공사로 포항공항을 거점으로 2018년 2월부터 운항을 개시하여 포항-서울, 포항-제주노선을 운항중이다.

여섯째, 정기항공운송 서비스이다. 현행 「항공사업법」(제정: 2017.3.29.)은 제2조 제9호에서 국내 정기편 운항과 국내 부정기편 운항을 규정하고 있고, 제2조 제11호에서는 국제 정기편 운항과 국제 부정기편 운항을 규정하고 있다. 국내 정기편 운항이란 국내공항과 국내공항 사이에 일정한 노선을 정하고 정기적인 운항계획에 따라 운항하는 항공기 운항을 말하고, 국제 정기편 운항이란 국내공항과 외국공항 사이 또는 외국공항과 외국공항 사이에 일정한 노선을 정하고 정기적인 운항계획에 따라 운항하는 항공기 운항을 말한다. 현재 국내에서 정기항공운송 서비스를 제공하는 항공사는 대한항공, 아시아나항공, 제주항공 3개 항공사다.

---

5) 한성항공 '티웨이항공'으로 새출발
   한성항공은 2005년 청주공항을 기반으로 우리나라 최초 저가항공사로 출발하였으나, 경영권 분쟁과 누적된 적자로 인해 2008년 운항이 중단되고, 2010년 신보종합투자가 인수하여 티웨이항공(T'way Air)으로 이름을 바꿔 새출발하면서 한성항공은 역사속으로 사라졌다. 새출발한 티웨이항공은 2011년 한국소비자원이 주관한 '저비용항공사 소비자 만족도 평가'에서 가장 우수한 평가를 받았으며, 2013년 한국교통연구원이 시행한 '항공교통서비스 시범평가'에서도 저비용항공사 중 가장 우수한 평가를 받았다.
   (출처: www.gohansung.com/ 웹사이트 참고 저자 재구성)

▌그림 5-4▌ 대한민국 최초 저가항공사 한성항공

(출처: www.gohansung.com/ 청주에 본사를 둔 저가항공사 한성항공)

일곱째, 부정기항공운송 서비스이다. 현행 「항공사업법」 제2조 제9호 및 제2조 제11호에서 규정하고 있는 국내 및 국제 부정기편 운항이란 국내 및 국제 정기편 운항 외의 항공기 운항을 말한다. 국내 최초 저가항공사는 부정기 항공운송사업을 취득하여 운항하고 있다. 부정기항공은 '전세기' 혹은 '특별기'와 유사한 개념으로 쓰이기도 한다. 물론 개념상 차이는 있다. 1989년 역사적인 해외여행자유화 이후 해외여행수요가 증가하였다. 특히 해외여행 성수기인 1~2월, 7~8월에 특정 목적지(destination) 수요(demand)가 많은 경우 항공사는 정기항공서비스로 수요를 충족시키지 못한다. 이러한 경우 공급(supply)을 늘리기 의해 '전세기'(charter)를 운항한다. 성수기 기간에 전세기를 이용하여 관광을 하는 유형을 '전세기 관광객'(charter tourist)이라 말한다.

> ### <항공사 서비스 사례: 아시아나항공>
>
>
>
> (아시아나항공 기내서비스 장면)
>
> 아시아나항공이 미국의 권위있는 2개의 여행전문잡지로부터 승무원 서비스와 기내 서비스 부문 최고 항공사로 인정받았다. 아시아나항공은 세계적인 여행전문잡지인 글로벌 트래블러로부터 4년 연속으로 '최고 기내서비스 및 승무원 상' 수상자로 선정됨과 동시에 또 다른 여행잡지인 비즈니스 트래블러로부터도 2년 연속 '세계 최고 승무원상'과 '세계 최고 기내서비스상'을 수상했다고 밝혔다.
>
> 이 상은 글로벌 트래블러와 비즈니스 트래블러가 각각 잡지 구독자 설문 및 온라인 설문 결과를 토대로 지역별·서비스별 최고항공사를 선정, 시상하는 것으로, 아시아나는 양 매체로부터 기내서비스와 승무원 부문에서 수년간 최고의 평가를 받고 있다. 아시아나항공 캐빈서비스운영부문 신정환 상무는 "아시아나의 기내서비스가 저명 매체로부터 수년간 세계 최고의 평가를 받고 있는 것은 기내 메이크업, 요리사 탑승 등 고정관념을 뛰어넘는 서비스와 기내시설 업그레이드를 위한 과감한 투자, 고객중심적인 승무원들의 자세 등 고품격 차별화 서비스 때문"이라고 소감을 밝혔다.
>
> (출처: http://blog.naver.com/kyoo68/130026918561/ 이 블로그에서 퍼옴)

2-2. 항공사 서비스 소분류

본서에서는 앞서 제시한 7가지 광의의 서비스 ① 승객·여객 서비스, ② 화물 서비스, ③ 대륙간 국제선 서비스, ④ 내륙내 국제선 서비스, ⑤ 국내선 서비스, ⑥ 정기항공서비스, ⑦ 부정기항공서비스를 종합하여 '정기항공 승객 서비스'에 한정하여 설명하였다. 구체적으로 국적항공사인 아시아나항공서비스를 중심으로 전개하였다. 우선 아시아나 항공웹사이트(www. flyasiana.com)에 접속하면 상단 좌측부터 항공권 구입 → 아시아나클럽 → 여행상품 → 여행정보 → 서비스안내 → 아시아나 소개 → MY ASIANA가 나온다.

이 중에서 다섯 번째 항목인 〈서비스 안내〉를 클릭(click)하면 화면상에 다음과 같은 세부 항목을 볼 수 있다. 국적항공사 대한항공이 제공하는 서비스 유형도 아시아나항공과 같다. 대한항공(KE)이 web 상에서 제시한 서비스는 다음과 같다(www.koreanair.com).

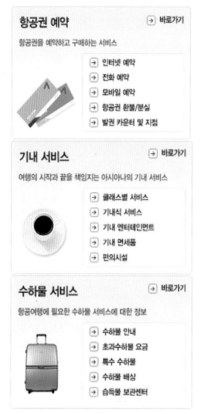

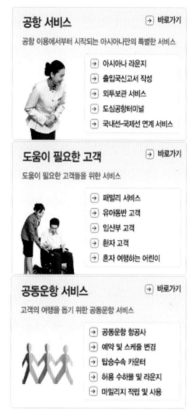

(출처: www.flyasiana.com/ 아시아나항공 web site 참고)

- 예약(reservation)
  - 예약
  - 사전좌석배정
- 항공권(ticketing)
  - 항공권 타지역 송부
  - 분실 항공권
  - e-ticket
  - 항공권 환급

- 특수고객(special customer)
  - 혼자 여행하는 어린이
  - 한가족 서비스
  - 몸이 불편한 고객
  - 임산부 고객
  - 유아 동반 고객
  - 애완동물과 여행하기

- 수하물(baggage)
  - 일반 수하물 안내
  - 수하물 추적조회
  - KAL 유실물 센터
  - 특수 수하물 안내
  - 수하물 배송현황 조회

- 공항 서비스(airport service)
  - 탑승 수속 시간
  - KAL 라운지 서비스
  - 출입국 신고서 안내
  - Kiosk Express Check-in 서비스6)
  - 연결 탑승 수속
  - 도심 공항터미널
  - 출입국 규정 조회
  - 코트룸 서비스(coat room service)

- 기내 서비스(in-flight service)
  - 기내 서비스 순서
  - 기내 면세품 판매
  - 기내 여행 가이드
  - 신기재(新器材) 장착 항공기 스케줄 안내
  - 기내오락
  - 클래스별 서비스
  - 특별 기내식

---

6) 승객이 공항에서 탑승수속 카운터를 거치지 않고, 일정한 확인단계를 거친 후 스스로 항공권을 구매하거나 탑승권을 발급받을 수 있는 서비스이다. 무인발권/탑승수속기를 이용하면 당일 출발편의 예약, 발권, 좌석배정 및 탑승권 발급이 가능하다. 또한, 인터넷으로 항공권을 구매하고 좌석배정까지 마치고 공항에 나오는 경우에는 바로 탑승권을 교부받아 항공기를 탑승하러 갈 수 있어 더욱 빠르고 편리하게 여행할 수 있다. 서비스 가능 대상은 다음 같다.
- 국내선 e-티켓 구매 고객
- 항공편 예약 및 발권을 한 고객
- 스카이패스를 이용하여 예약만 한 고객
- 출발 당일 공항에서 항공권 예약 및 발권을 하는 고객
- 대한항공 홈페이지에서 국내선 항공편을 구매하거나, 구매 후 좌석배정까지 마친 고객
(출처: http://kr.koreanair.com/ 대한항공 웹사이트)

본서는 아시아나항공(OZ)을 참고하여 공항서비스를 설명하였다. 구체적으로 웹사이트(www.flyasiana.com) 공항서비스 영역을 기초로 해서 설명하였다.

1) 항공권 서비스(ticket)

(1) 항공권

항공권이란 항공사가 여객 및 수하물을 운송하기 위해 발행한 증표이다. 여행 항공권(passenger ticket)과 화물표(baggage check)로 되어 있다. 여객과 항공사간 운송계약 체결을 표시하며, 유가증권(stock)에 해당하는 효력을 가진다. 항공권은 권면에 기재된 본인만이 사용할 수 있고 타인은 사용하지 못한다. 항공권의 유효기간은 국제선의 경우 발행(issued)일로부터 1년이며, 국내선은 90일이다. 항공권이란 영어로 'ticket'이다.

본서는 몇몇의 항공권 유형으로 ① 무기한 항공권(open ticket), ② 대체항공권(replacement ticket),[7] ③ 연결항공권(conjunction ticket)에 대해서 간략하게 설명하였다. 무기한 항공권이란 승객이 항공권을 구입하였으나 차후 여행할 일시(日時)를 지정하지 않은 항공권을 말한다. 연결항공권이란 한 항공권에 단일 항공사만 명시되어 있으나 다른 항공사도 연결되어 이용할 수 있는 항공권이다.

(2) 항공권예약 서비스

예약이란 전화 또는 전산망을 이용하여 항공권을 미리 구입하는 것을 말한다. 통상 항공권을 포함한 관광상품 및 서비스 예약은 영어로 'booking'이다. 항공사는 통상적으로 어떤 비행편이 판매 가능한 좌석보다 많은 관광객의 예약을 접수하는데 이를 초과예약(over-booking)이라 말한다.

국내 항공사 항공권 예약방법은 ① 인터넷 예약, ② 전화 예약, ③ 팩스 예약으로 나눈다. 인터넷 예약(on-line)은 시간과 장소에 제약 없이 24시간 언제 어디서나 할 수 있고, 승객이 예약화면을 보면서 원하는 날짜와 구간을 자유로이 선택할 수 있으며, 예약과 발권을 동시에 끝낼 수 있는 장점이 있다. 전화예약은 승객이 항공사 콜센터(call-center), 자동음성 정보시스템, 그리고 T/F(toll free) 전화번호에 접속하여 예약을 하는 제도이다.

---

7) 항공권을 분실한 여객에게 신규로 항공권을 구입하게 하는 것이 원칙이나, 예외로 무상(free)으로 항공권을 발행하는 일이 있으며 이를 대체항공권(replacement ticket)이라 한다.

팩스(fax) 예약은 전화예약의 연결이 어려운 경우 사용되는 전통적인 'off-line' 예약방법
이다. 이는 승객이 항공사를 통해서 항공권을 예약하는 '직접유통'(direct distribution)의
예이다.

　항공권예약과 발권은 여행사(travel agency)를 통해서 많이 이루어지고 있다. 항공사는
여행사가 항공권 판매권을 인정하고 있다. 승객은 항공권을 항공사가 아닌 여행사나 다
른 대행기관을 통해서 항공권을 구입한다. 이를 '간접유통'(indirect distribution)이라 한
다. 승객의 입장에서 보면 예약은 직접유통과 동일하다.

(3) 항공권 발권 서비스

　발권(發券)이란 항공권 발권 권한(authority)이 있는 항공사, 여행사, 또는 기타 대리점이
고객에게 기기(器機)나 수작업을 통해서 이름, 항공편명, 운임, 예약상태, PNR(Passenger
Name Record) 등이 명시된 항공권을 발행(issue)하여 교부하는 것을 말한다(박시사, 2003).

　항공사는 승객(승객)들이 편리하게 항공권을 구입할 수 있도록 발권 카운터(airline
ticket agent)[8]와 지점을 두고 있다. 항공권발권 시 승객은 현금(cash), 신용카드(credit card),
여행자 수표(traveller's check)로 지급한다.

2) 공항 서비스(airport service)

　Doganis는 공항의 주요 업무영역을 운영서비스(operational service), 승객 · 화물 처리
서비스(traffic service), 그리고 공항내 각종 영리활동(commercial activities)으로 나누었다.
공항은 안전(safety)과 효율성(efficiency) 확보가 중요하고, 공항 내에서 이루어지는 다양
한 활동들은 상호 관련되어 있는 종합시스템(complex system) 이다. Doganis가 제시한
공항의 활동(서비스)은 다음과 같다(Page, 2003).

---

8) 항공권판매 카운터(직원)는 고객과 끊임없는 접촉을 하는 업무이며, 여행관련 문제를 신속하게 해결하는 능
　력이 있어야 한다. 카운터(counter)는 항공사를 대표(representative)하는 역할을 수행하므로 친절(friendly),
　인내(patient), 그리고 정돈된 복장과 외모(well groomed)를 유지해야 한다. 항상 스트레스에 노출되는 직업
　이고, 장시간 근무 또는 밤낮교대(shift)를 감수해야 하는 직업이다. 전 세계 항공승객이 증가하고 있음에도
　불구하고, 자동화, e-티켓 등의 영향으로 판매 카운터 직원의 수요(demand)는 감소하는 추세이다. 특히 항
　공사는 경제 부침(fluctuations)에 민감하고, 계절적 수요에 민감한 산업이므로, 불경기(recession)나 비수기
　(off-season)에 직장을 잃을 가능성이 있는 직업이기도 하다.

▌그림 5-5 ▌ 공항 + Check in

(출처: www.phuketairportonline.com/ 발권한 항공권으로 공항에서 체크인)

- 지상조업서비스(ground handing)
- 화물처리서비스(baggage handling)
- 승객터미널서비스(passenger terminal operations)
- 항공치안서비스(airport security)
- 기술지원서비스(airport technical service)
- 항공교통통제서비스(air traffic control)
- 이착륙, 슬롯배정서비스(take off/landing, slot allocation)
- 공항, 항공기 응급처리 서비스(airport and aircraft services)
- 공항접근서비스(airport access)

(1) 라운지 서비스

OZ항공에서는 국제선 퍼스트클래스와 비즈니스클래스를 이용하는 승객과 스타어라이언스 골드회원을 대상으로 라운지 서비스를 제공하고 있다. 항공사는 VIP라운지를 마련하여 승객들이 전화는 물론 인터넷을 자유롭게 사용할 수 있도록 했다. 아울러 VIP라운지 이용 승객에게 다양한 음료와 식사를 제공한다.

(2) 출입국신고서 작성

항공여행 시 도움이 될 수 있도록 국가별 출입국신고서에 표시된 많은 기재사항 등에 대한 상세한 정보를 제공하고 국가별 작성법을 알려준다.

(3) 외투보관 서비스

외투보관 서비스는 겨울철 승객의 홀가분한 여행환경을 제공하기 위해 마련된 OZ 항공의 특화 서비스이다. 코트를 무료로 보관해주는 서비스이다. 서비스 이용대상은 동항공사를 왕복으로 이용하는 Club 회원, Star Alliance 회원, Business와 First Class 승객이다. KE 항공은 동남아, 하와이 호주 등 더운 지역으로 여행

┃그림 5-6┃ 아시아나항공 외투보관 서비스

(출처: 아시아나항공 홈페이지)

하는 인천공항 국제선 이용객을 위해 겨울 외투를 무료로 보관해주는 '코트룸'(coatroom) 서비스를 실시하고 있다.

(4) 도심공항터미널

국제선 및 국내선 당일 탑승 승객은 도심공항터미널 1층 OZ 항공 카운터에서 탑승 수속, 위탁수하물 처리, FFP 발급 등의 서비스를 받을 수 있다.

(5) 국제선 연결서비스

국내에서 출발하여 국제선으로 연결되는 여정으로 여행하는 승객은 국내선 탑승수속 시 국제선 연결편의 탑승수속을 동시에 받을 수 있다. 단, 당일 여정으로 국내선-국제선 모두 아시아나 항공편을 이용하는 승객에게 한정된 서비스이다.

3) 기내 서비스(in-flight service)

OZ 항공은 "여행의 시작과 끝을 책임지는 기내서비스" 모토 아래 다음과 같은 기내서 비스를 제공하고 있다.

(1) 클래스별 서비스

스타 얼라이언스(Star Alliance)회원사인 OZ 항공은 넓어진 운항 노선망과 더불어 참신 한 서비스, 정성스런 서비스, 상냥한 서비스, 고급스런 서비스를 서비스의 4대 모토로 하여 세계 유수 항공사와의 차별화를 위해 아시아나항공만의 Entertainment, Cuisine, Amenities, Enhancement Service 등으로 항공여행의 또 다른 즐거움과 신비로움을 연출해 준다.

(2) 기내식 서비스

기내식 부문의 세계 최고 권위상인 ITCA, 국제기내식 협회 '2006 Mercury Award (머큐리상)' 최우수상인 금상을 수상한 OZ 항공은 계절성을 살린 신선한 재료를 사 용하여 다양하고 건강을 고려한 양식, 한식, 중식 메뉴로 이루어진 기내식을 제공하 고 있다.

┃그림 5-7┃ 아시아나항공 기내식

First Class Business Class Travel Class

(출처: 아시아나항공 www.flyasiana.com 퍼옴)

(3) 기내 엔터테인먼트 서비스

OZ 항공은 승객들의 떠나는 여행의 즐거움을 배가시키기 위한 노력의 일환으로 엄선된 영화, 음악, 게임 등의 서비스를 제공하고 있다. 특히 어린이 승객을 배려해서 어린이 프로그램도 마련하고 있다.

(4) 기내면세품 서비스

고객의 편의를 위해 기내면세품 판매 서비스를 실시하고 있으며, 기내면세품 중원하시는 품목을 예약주문하는 경우 탑승편 기내에서 전달받을 수 있는 '기내면세품 예약주문제도'를 실시하고 있다. 예약주문은 통상 48시간 이전에 해야 하며, 귀국편은 72시간에 주문해야 한다.

┃그림 5-8┃ 미국 Continental 항공의 기내면세품 광고

(출처: www.continental.com/선정적'인 기내면세품 광고)

기내 쇼핑은 지루한 비행시간(flying time)을 행복한 선택의 시간으로 바꾸어주는 '성스러운 시간'(holy hour)이다. 기내 판매품은 일반 공항면세 점(duty free shop)과 마찬가지로 세금에서 자유롭기 때문에 승객들에게 인기가 높다. 다음은 컨티넨탈항공(www.continental.com)의 'In-Flight Shopping'이다.

(5) 기내 편의시설 안내 서비스

승객이 기내에 들어서는 순간부터 여행이 끝나는 순간까지 참신하고 세심한 편의시설과 기내 서비스로 고객을 감동시킨다. 구체적으로 유아전용시설, 장애인 전용시설, IVS(individual video system), SMS/E-mail 등의 서비스이다.

4) 도움이 필요한 고객 서비스(special service)

도움이 필요한 승객인 ① 패밀리, ② 혼자 여행하는 어린이, ③ 유아동반 고객, ④ 임산부 고객, ⑤ 장애인 고객에 제공되는 '사랑이 가득한' 아름다운 서비스이다.

(1) 패밀리 서비스

패밀리 서비스는 7세 미만의 유아나 소아를 2명 이상 동반한 여성 승객, 보호자 없이 여행하는 만 70세 이상의 노약자에게 제공된다. 이 서비스 승객은 출발지 공항에서 좌석 배정과 수하물 수속을 받게 되며, 서비스 전담 직원의 안내에 따라 출국심사를 받고 출발편 탑승구(gate)까지 안내받는다. 몸이 불편한 승객은 출국장에서 자동차나 휠체어 등을 이용하여 이동할 수 있다. 도착하는 공항에서는 탑승구(arrival gate)에서 대기하고 있는 담당 직원이 입국수속 및 수하물 찾는 일까지 안내해 준다.

(2) 혼자 여행하는 어린이

보호자를 동반하지 않고 혼자 여행하는 어린이를 안전과 편안한 여행을 위해서 제공되는 서비스이다. 이를 UM(Unaccompanied Minor)이라 한다. 서비스 대상은 ① 만 5세 이상~만 11세 이하(국제선), ② 만 5세 이상~만 12세 이하(국내선)이다. 국제선의 경우 요금이 부과된다. 만 5세 미만은 어떠한 경우에도 혼자 여행할 수 없다.

(3) 유아동반 고객 서비스

항공사는 유아(infant; 만 2세까지)를 동반하여 여행하는 승객을 위해 유아용 요람

(baby bassinet)을 제공한다. 국제선을 이용하는 생후 7일부터 만 2세까지 유아를 동반하는 승객이 받을 수 있는 서비스이다. 국제선의 경우 유아는 10%의 항공료를 지급하며, 유아를 위한 별도의 좌석은 제공되지 않는다. 유아는 반드시 보호자와 함께 착석해야 한다. 성인(adult) 승객이 1명 이상의 유아를 동반하는 경우, 1명을 제외한 나머지 유아(乳兒)에 대해서는 소아(child; 어린이) 운임이 적용된다.

(4) 장애인 고객 서비스

▌그림 5-9 ▌ 맹인견의 도움을 받고있는 관광객

항공사는 신체적 건강상의 이유로 몸이 불편하여 혼자 여행하기 어려운 고객에게 특별하게 제공되는 서비스이다. 장애인 고객이 항공여행과 활동에 불편이 없도록 하기 위해서 마련된 서비스이다. 시각, 청각 장애를 가진 고객과 휠체어(wheelchair)가 필요한 고객이 대상이다. 맹인견을 동반한 시각장애 고객의 경우 맹인견은 무료(free)로 운송된다. 장거리 여행의 경우 연결지에서 맹인견에게 음식 공급이 가능하며, 음식물의 준비 및 비용은 승객이 부담한다. 동반한 맹인견은 공인된 기관의 인증서(ID)를 소지하고 '하네스'(harness)를 착용해야 한다.

(출처: www.tampa.creativeloafing.com/ 하네스를 착용하고 있는 맹인견과 관광객)

(5) 임산부 고객 서비스

항공사는 특별한 보살핌이 필요한 임산부(姙産婦) 고객이 편안하고 안전하게 항공여행을 할 수 있도록 세심한 서비스를 제공한다. 전문가들은 임신 초기 3개월까지와 36주 이후에는 항공여행을 피할 것을 권고하고 있다.

5) 수하물 서비스(luggage service)

OZ 항공은 항공여행에 필요한 수하물 서비스에 대한 정보를 제공한다. 항공사가 제공하는 구체적인 서비스는 ① 수하물 안내, ② 초과수하물 요금, ③ 특수 수하물, ④ 수하물 배상, ⑤ 수하물 보관센터이다.

(1) 수하물 안내

수하물(baggage)이란 승객이 여행시 휴대 또는 탁송을 의뢰한 소지품 및 물품을 말한다. 수하물의 유형은 크게 ① 위탁수하물(checked baggage), ② 휴대수하물(carry on baggage)로 나눈다. 위탁수하물이란 고객이 여행시 항공사에 탁송을 의뢰하여 수하물표를 발행한 수하물을 말한다. 휴대수하물이란 위탁수하물이 아닌, 승객의 책임과 보관하에 기내에 휴대하여 운송하는 모든 수하물을 말한다.

(2) 초과수하물 요금

승객이 여행시 항공사에 맡길 수 있는 가방(짐)의 크기, 무게 및 개수 등 초과 수하물에 대한 각 노선별 초과수하물 요금정보를 제공한다. 항공사, 운항구간, 항공권 클래스에 따라 무료수하물 허용량(allowance)은 차이가 있다. 통상적으로 일반석의 경우 20kg 1개를 원칙으로 한다. 승객은 수하물 중량이 허용량을 초과하는 경우 추가로 요금을 별도로 지급한다.

(3) 특수 수하물 요금

항공사는 승객에게 대형 악기, 골프장비, 스키장비, 자전거 등 부피가 크거나 고가품인 특수 수하물에 대한 특별요금, 주의사항에 대한 정보를 제공한다. 가령, 승객은 첼로와 같이 부피가 크거나 파손되기 쉬운 악기나 물품을 기내로 반입하는 경우에는 별도의 좌석을 차지하게 됨으로 수하물용 좌석을 위해 별도의 요금을 지급하기도 한다.

(4) 수하물 배상

항공사는 승객의 수하물을 운송, 보관 및 관리하는 과정에서 항공사의 고의 또는 과실로 수하물에 손상이 발생한 경우 보상을 한다. 바르샤바 협약에 따라 위탁수하물의 분실이나 파손시 최대 배상액은 분실 무게 1kg당 미화 20달러가 적용되며, 예외적으로 사전에 보다 높은 가격을 신고한 경우 항공사의 책임한도는 신고가격을 근거로 산정한다. 다음과 같은 경우에는 항공사의 보상책임에서 제외될 수 있다.

- 깨지기 쉬운 물품이거나 부패하기 쉬운 물품, 하드케이스에 넣지 않은 악기류 등

- 건강과 관련된 의약품
- 노트북 컴퓨터, 핸드폰, 캠코더, MP3 등 고가의 개인 전자제품 또는 데이터
- 현금, 보석이나 귀금속, 유가증권, 계약서, 논문과 같은 서류, 여권, 신분증, 견본(샘플), 골동품 등 가치를 따지기 어려운 귀중한 물건
- 너무 무겁거나 가방 용량에 비해 무리하게 내용품을 넣은 경우
- 보안검색 과정에서 발생한 잠금장치 파손이나 X-ray 통과로 인한 필름 손상
- 일상적으로 수하물을 취급하는 과정에서 발생한 경미한 긁힘, 흠집, 얼룩이나 바퀴/손잡이/잠금장치 파손
- 추가 액세서리의 분실

(5) 수하물 보관센터

OZ 항공사는 습득물 보관센터(lost & found center)를 운영하고 있으며, 동사의 항공기를 이용하는 과정에서 분실한 물품 중 습득물을 사진과 함께 보관하고 있다. 일반적으로 승객이 분실한 수하물을 3개월 이내에 찾아가지 아니하면, 항공사는 물품을 복지기관에 기증하거나 자체적으로 폐기 처리한다.

(6) 공동운항 서비스(code sharing service)

OZ 항공은 공동운항편을 이용하는 고객들을 위해 예약, 구입단계에서부터 공동운항사를 대신하여 항공기를 운항하고 제반 서비스를 제공하는 '공동운항 서비스'(code share service)를 실시하고 있다. 공동운항(code share)편이란 OZ항공이 다른 항공사의 좌석 일정 부분을 임차(賃借)하고, OZ 항공의 편명을 부여하여 고객에게 판매하는 항공편을 말한다.

OZ 항공은 제휴항공사를 위해 ① 예약 및 스케줄 변경, ② 탑승수속, ③ 수하물 처리, ④ 라운지(lounge) 서비스 등을 제공하고 있다. 승객은 해당 항공사가 제공하는 라운지를 이용하는 것이 원칙이고 국제적인 관례이다. 하지만 제휴항공사나 공동운항편을 이용하는 외국항공사에게도 동일한 혜택을 주는 것이 현 추세이다. 이에 맞추어 OZ 항공은 제휴항공사, 공동이용편 항공사 승객에게 동일한 혜택을 제공하고 있다. 물론 경우에 따라 약간의 예외규정을 두고 있다. 2008년 1월 현재 OZ 항공사와 공동운항편을 운용하고 있는 제휴항공사는 다음과 같다.

(출처: www.figasiana.com)

2-3. 항공사 서비스 평가와 만족

항공사가 승객에게 최고 서비스(quality service)를 제공하는 것은 매우 중요하다. 왜냐하면 최상의 서비스는 '단골여객'(patronage passenger)을 확보·유지시켜 주며, 시장점유율(market share)을 늘려주고 최종적으로 수익성(profitability)을 보장해준다. 항공사의 경쟁우위는 고객이 인지하는 서비스 품질에 의해서 결정된다. 항공사 서비스 품질에 대한 연구는 다양하게 이루어졌으며, 주요한 연구주제는 고객에 의해서 인지(perceived), 평가(evaluated)된다는 전제 아래 수행됐다. 이른바 '고객인지 서비스품질모델'(customer-perceived service quality model)은 1985년 Parasuraman 등이 개발하여 제시하였다. 서비스 평가에 사용된 결정인자(determinants)는 다음과 같다(Liou & Tzeng, 2007).

- 신뢰성(reliability)
- 반응성(responsiveness)
- 역량(competence)
- 보장(assurance)
- 종사원 매너(courtesy of personnel)
- 커뮤니케이션 능력(communications)
- 기업신뢰도(trustworthiness of the security)
- 안전 혹은 위험도 낮음(security or protection risk)
- 고객욕구 이해정도(understanding of customers needs)
- 유형성(tangibles or physical elements attesting to the nature of service)

SERVQUAL(Parasuramann, 1988)은 고객의 기대(expectation)[9]와 지각(perception)을 평가하는 최적의 모형 중의 하나이다. 서비스 품질을 평가하기 위해서 5가지 요소인 ① 유형성(tangibles), ② 신뢰성(reliability), ③ 반응성(responsiveness), ④ 보장(assurance), ⑤ 공감(empathy)이 사용되었다. 고객은 사전 기대(expectation)와 사후 지각(perception) 간의 '차이'(gap)를 식별하여 서비스 품질을 평가한다. SERVQUAL 모델에서 기대는 출발점(starting point)이며, 이 기대를 기준으로 고객을 실제 체험을 주관적으로 평가한다 (Pakdil & Aydin, 2007). Pakdil과 Aydin(2007)은 ① 유형성, ② 반응성, ③ 보장 및 신뢰성, ④ 공감, ⑤ 종사원, ⑥ 항공패턴, ⑦ 이미지, ⑧ 항공사 네트워크·서비스 제공 8가지 변수를 활용하여 항공사의 만족도를 연구하였다. 8가지 서비스 항목의 구체적 서비스는 다음 〈표 5-3〉과 같다.

---

9) 고객이 서비스제공자로부터 기대(expectations)하는 항목은 다음과 같다.
　① 접근성, 이용가능성(accessibility)
　② 종사원의 예절, 매너(courtesy)
　③ 특별한 관심(personal attention)
　④ 고객의 감정과 욕구에 대한 공감(共感; empathy)
　⑤ 직무관련 지식과 정보(job knowledge)
　⑥ 일관성 있는 행동과 서비스(consistency)
　⑦ 종사원-종사원, 종사원-고객간 팀워크(teamwork)
　(출처: G. Davidoff & S. Davidoff(1994), Sales and Marketing for Travel and Tourism, pp.305-309)

〈표 5-3〉 항공사 서비스 만족결정 요소

서비스 항목	구체적 서비스	영문표기
종사원 employee	종사원 행위	behavior of employees
	종사원 업무 지식	knowledge of employees
	종사원 매너	courtesy of employees
	종사원 외모	neat and tidy employees
유형성 tangibles	기내 구독 자료	in-flight newspaper, book
	기내 통신 서비스	in-flight internet/e-mail/fax
	라운지 서비스	availability of waiting lounge
	식음료 품질	quality of food and beverage
	기내 엔터테인먼트	in-flight entertainment
반응성 responsiveness	분실, 연착 수하물 처리	handing of delayed, etc. baggage
	승객 체크인, 수하물 처리서비스	efficient check-in/baggage handing service
	고객 요구, 애로사항 처리	employees' speed handling request/complaints
	예약서비스 우수성	quality of the reservation service
	상황대처 능력	employees' approach against unexpected situations
	종사원 서비스제공 의지	employees' willingness to help
신뢰성·보장 reliability & assurance	안전	safety
	정시 출도착	on-time departure and arrival
	기내 좌석과 내부 인테리어 청결함과 편안함	clean and comfortable interior/seat
	일관된 지상·기내 서비스	consistent ground/in-flight service
운항패턴 flight pattern	운항 문제	flight problem
	운항빈도와 스케줄	convenient flight schedule and enough frequencies
	직항노선	non-stop flights

항공사 네트워크 · 서비스 제공 availability	전 세계 네트워크	availability of global alliance partners' network
	최초 서비스 인상	performing the service right at the first time
	여행관련 상품 이용가능성	availability of travel related partners
이미지 image	항공사 기업이미지	image of the airline company
	항공기 외관(外觀)	external appearance of the airplane
	종사원 외국어 구사능력	employees' foreign language level
공감 empathy	지연 출·도착 승객에 대한 고객의 태도 및 행위	employees' behavior to delayed passenger
	일대일 응대 및 서비스	individual attention to passengers
	항공·호텔 결합상품 이용 가능성	availability air/accommodation packages
	항공요금문제 처리 정도	handling of the fare problems
	항공사 광고	advertizing of the airline company
	승객의 세부 요구사항 이해	understanding of passengers' specific needs

(출처: Pakdil & Aydin(2007), Journal of Air Transport Management, Vol.13(4), p.232.)

서비스 품질과 고객만족은 '접점서비스 종사원'(frontier service employee)의 서비스 연출행동(delivery behavior)에 의해서 결정된다. 이러한 연출행동요소로는 예의(courtesy), 특별한 관심(personal attentiveness), 공감·반응성(responsiveness), 약속지침(keeping promises)을 들 수 있다(Bettencourt et all., 2005).

Hillary Clinton plays flight attendant

LAS VEGAS, Nevada(CNN)—In her most cheerful flight attendant voice, Hillary Clinton Wednesday night welcomed the press on the maiden voyage of a charter jet her campaign has dubbed 'Hill Force 1'.

"Hi my name is Hillary, and I am pleased to have most of you on board," she chirped over the PA system.

Prior to Wednesday the press and Clinton usually flew in separate airplanes.

Departing Las Vegas en route to Reno, Clinton warned the press not to use electronic devices that could "transmit a negative story."

And she urged the press to keep seat belts fastened because, "I have learned lately that things can get awfully bumpy."

Clinton, seeming to read off a provided script, added, "that in the event of an unexpected drop in the poll numbers" the plane would be diverted to New Hampshire.

In flight entertainment, the New York Democrat said, would consist of her stump speech.

And she told passengers that if they looked out the right of the plane they would see an "America saddled with tax cuts for the wealthiest and a war without end," and if they looked out the left they would, "see an America with a strong middle class at home and a strong reputation in the world."

She ended her welcome by saying, "We know you have a choice when you fly ? so we are grateful that you have chosen the plane with the most experienced candidate."

승무원 역할을 수행한 미국 상원의원이자 민주당 대통령 후보

(출처: cnn.com/Jan. 17, 2008/CNN Political Producer Mike Roselli)

참 | 고 | 문 | 헌

Adrian Palmer(1994), Principles of Services Marketing, McGRAW—HILL BOOK COMPANY.

Alastair M. Morrison(2002), Hospitality and Travel Marketing, Delmar Thomson Learning.

Cathy H. Hsu & Tom Powers(2002), Marketing Hospitality, John Wiley & Sons, Inc. Christopher Lovelock & Jochen Wirtz(2004), Service Marketing: People, technology, Strategy, Pearson Prentice Hall.

Fatma Pakdil & Ozen Aydin(2007), Expectations and perceptions in airline services: A analysis using weighted SERVQUAL scores, Journal of Air Transport Management, Vol. 13(4), pp.229—237.

James J. H. Liou & Gwo—Hshiung Tzeng(2007), A non—additive model for evaluating airline service quality, Journal of Air Transport Management, Vol. 13(3), pp.131—138.

Karl Albrecht & Ron Zemke(1985), Service America: Doing Business in the New Economy, Dow Jones—Irwin.

Kye—Sung(Kaye) Chon & Raymond T. Sparrow(2000), Welcome to Hospitality, Delmar Thomson Learning.

Lance A. Bettencourt, Stephen W. Brown & Scott B. Mackenzie(2005), Customeroriented boundary—spanning behaviors: Test of a social exchange model of antecedents, Journal of Retailing, Vol.81(2), pp.141—157.

Mark Gabbott, Gillian Hogg(1998), Consumers and Services, John Wiley & Sons.

Mark M. Davis & Janelle Heineke(2003), Managing Services, McGRAW—HILL.

Noel C. Cullen(2001), Team Work: Managing Human Resources in the Hospitality, Prentice Hall.

Robert C. Ford & Cherrill P. Heaton(2000), Managing the Guest Experience in Hospitality, Delmar Thomson Learning.

Roland T. Rust, Anthony J. Zahorik & Timothy L. Keiningham(1996), Service Marketing, Harper Collins College Publishers.

Stephen J. Page(2003), Tourism Management: Managing for Change, Butterworth Heinemann.

Philip G. Davidoff & Doris S. Davidoff(1994), Sales and Marketing for Travel and Tourism, Prentice Hall.

박시사(2003), 항공관광론, 백산출판사.

허희영 · 유용재(2005), 항공관광업무론, 명경사

제**6**장

항공사 기업사명, 비전, 문화 그리고 마케팅 슬로건

항공사 기업사명, 비전, 문화 그리고 마케팅 슬로건

1. 항공사 기업사명

1-1. 기업사명의 정의

기업사명(mission statement)은 기업이 무엇을 성취하고 추구하는가를 간단명료하게 설명하는 '표현'(expression)이다(Tribe, 1997). 사명(mission)은 기업의 목적이며 손자병법(孫子兵法)[1]을 기업경영전략에 대응해보면 사명은 '도'(道)에 해당한다(이승주, 1999). 기업사명이란 특정 기업의 존재목적을 간결하고 명확하게 설명하는 '표현'(representation)[2]이다. 사명은 성공적인 기업(organization)을 만드는데 필요한 가장 중요한 요소이며, 기업사명은 조직구성원들이 함께 공유하고 비전(vision)과 가치관(values)이 잘 반영되어야 한다. 이러한 조건이 구비된 기업사명은 관련 당사자의 일체감(unity)과 몰입·헌신(commitment)을 유도한다(Covey, 1989).

---

1) 손자병법에서는 전략의 다섯 가지 필수요소로서 道, 天, 地, 將, 法을 제시하였는데, 이 다섯 가지 기본원칙들은 다음과 같이 현대 경영전략의 기본원칙과 대응되는 개념이다.
 • 道-기업의 목표(mission and objective)
 • 天-외부환경변화(changes in the external environment)
 • 地-산업의 구조적 특성(industry structure and competitive landscape)
 • 將-최고경영자(top management leadership)
 • 法-조직구조 및 운영원칙(organization principles and management processes)
 (출처: 이승주(1999), 경영전략 실천 매뉴얼, 19쪽)
2) The mission statement should be a clear and succinct representation of the enterprise's purpose for existence. It should incorporate socially meaningful and measurable criteria addressing concepts such as the moral/ethical position of the enterprise, public image, the target market, products/services, the geographic domain and expectations of growth and profitability.
 (출처: www.businessplans.org)

▌그림 6-1▌ Principles, Mission, Roles

(출처: Stephen Covey(1989)/ 기업사명과 이해관계자 역할의 관계)

위 그림은 Covey가 제시한 원칙(principles), 사명(mission) 그리고 역할과의 관계를 보여주고 있다. 기업사명은 항상 불변하는 '원칙'에 뿌리를 두고 있으며, 기업 각 구성원의 역할(roles)은 기업사명과 맥락을 같이하여야 함을 함의(implication)하고 있다.

기업이 생존하기 위해서는 자신의 존재목적(存在目的)을 제시하고 이를 끊임없이 추구하여야 하는데, 기업은 사명을 통해 존재목적을 밝힌다. 사명은 기업의 고유한 정체성(identity), 성격(character), 성장경로(growth path)를 제시한다.

기업의 사명에는 사업영역을 정의하는 것 외에도 고객의 욕구를 어떻게 충족시킬 것이며, 기업의 바람직한 미래상이 무엇이며, 기업의 철학이나 가치관이 무엇인가 하는 내용들이 포함된다. 사명을 규정화하는데 있어서 고려해야 할 항목으로 다음과 같은 항목이 중요시되고 있다(어윤대·방호열, 1996).

(1) 대상고객 및 시장(target customers and markets)

(2) 주요 제품과 서비스(principal products and services)

(3) 지리적 영역(geographic domain)

(4) 핵심기술(core technology)

(5) 생존, 성장, 수익성에 대한 각오(commitment to survival, growth, and profitability)

(6) 기업철학의 핵심요소(key elements in the company philosophy)

(7) 기업의 정체성 정립(company self-concept)

(8) 바람직한 대중적 이미지(desired public image)

기업의 사명을 규정할 때 이상의 여덟 가지 항목 중 어느 한 가지에 중점을 두어 정의할 수도 있으나, 실제로 이들을 복합적으로 고려하는 것이 보다 바람직하다. 다음은 Barkus, Glassman & McAfee(2006)가 제시한 기업사명에 포함된 요소들이다.

〈표 6-1〉 Barkus, Glassman & McAfee의 기업사명

기업사명 mission statement	이해관계자 stakeholders	고객(customers) 종사자(employees) 투자자(investors) 공급업자(suppliers) 사회(society)
	구성요소 components	경제·재정적 목적(financial objectives) 산업(industry) 지리적 범위(geographic scope) 가치관(value)3) 철학(philosophy) 동기 1(motivation:excellence) 동기 2(motivation: societal benefit) 숙련도·효율성(competency) 미래지향(future orientation)
	목표 goals	방향성 제시(sense of direction) 통제기제(control mechanism) 의사결정도움(non-routine decisions) 사기고취·동기부여(motivation)

(출처: Bartkus, Glassman & McAfee(2006), p.92.)

---

3) It is possible that publicly stating the firms values may encourage skakeholder group to see the firm as more than a collection of capital and assets, helping to differentiate the firms and its products. Furthermore, specifying a set of values in the mission may attract a more motivated, ethical employee and remind management that unethical behaviors are inappropriate.
(출처: Bartkus, Glassman & McAfee, 2006).

1-2. 기업사명의 편익

기업사명의 목적(aim)은 기업의 의도(purpose), 목표(goals), 제품(products), 시장(markets) 그리고 철학(philosophical views)을 공개적으로 선포하는 데 있다. 기업 사명은 기업에 몇 가지 편익을 제공한다. 기업사명이 주는 편익은 다음과 같다(Bartkus, Glassman & McAfee, 2000).

첫째, 기업의 방향성과 목표의식을 전달(to communicate a sense of the firm's direction and purpose).

둘째, 기업을 괘도에 오르게 하는 통제기능 역할(to serve a control mechanism to keep the firm "on track").

셋째, 다양한 의사결정 도움(to help in making a wide range of day-to-day decisions).

넷째, 종사원 사기고양과 동기부여(to inspire and motivate employees).

Kemp와 Dwyer(2003)는 기업사명은 기업의 미래 방향성을 제시하며, 기업의 존재 이유를 표현하는 '언명'(statement)이라 하면서 기업사명에 포함시켜야 할 항목으로 조직목표 (organization purpose), 제품(products), 서비스(service), 시장(markets), 철학(philosophy) 그리고 기술(basic technology)을 제시했다.

기업사명(企業使命)은 기업이 사업을 수행하고 이해관계자(stakeholders)인 종사원 (employees), 고객(customers), 주주(shareholders), 공급업자(suppliers), 정부(government) 그리고 지역사회(community)와 무언가 의사결정을 할 때 필요한 가치관(values), 신념 (beliefs)을 심어주고 가이드라인(guideline)을 제시해준다.

1-3. 항공사 기업사명

끊임없는 변화와 불확실성 환경에서 항공사는 다양한 문제와 도전(challenge)에 직면해 있다. 이러한 도전에 대응하기 위해 항공사는 우선 자사의 기업사명(corporate mission)에 대해서 명확하게 개념정립(identify)하고 명확하게(clarify) 할 필요성이 대두되고 있다(Doganis, 2006).

Kemp와 Dwyer(2003)는 항공사의 기업사명(mission statement)을 내용분석법(contents analysis)을 통해서 분석·제시하였다. 전 세계 50개 항공사를 대상으로 연구를 수행했으며, Peace와 David(1987, 재인용)의 연구를 바탕으로 항공사의 기업사 명(企業使命)에 포함된 9가지 구성요소4)를 다음과 같이 소개하였다.

① 고객(customers)

② 제품·서비스(products/services)

③ 시장(location/market)

④ 기술(technology)

⑤ 기업의 생존 및 지속성(concern for survival)

⑥ 기업철학(philosophy)

⑦ 항공사의 장점 및 경쟁력(self-concept)

⑧ 대외 이미지 및 공익에 대한 관심(concern for public image)

⑨ 종사원에 대한 고려(concern for employees)

다음은 Kemp와 Dwyer의 연구에서 제시된 항공사 기업사명 9가지 구성요소별 예 (examples)이다.

---

4) The 9 components of a mission statement
- Customers: Who are the organizations's customers?
- Products/services: What are the organization's major products or services?
- Location/markets: Where does the organization compete?
- Technology: Is technology a primary concern of the organization?
- Concern for survival, growth and profitability: Is the organization committed to economic objectives?
- Philosophy: What are the basic beliefs, values, aspirations, and philosophical priorities of the firm?
- Self-concept: What is the organization's distinctive competence or major competitive advantage?
- Concern for public image: Is the organization responsive to social, community and environmental concern?
- Concern for employees: Are employees considered to be a valuable asset of the organization?
(출처: Sharon Kemp & Larry Dwyer, 2003. pp.640-641. Recitation/ 재인용)

〈표 6-2〉 Kemp와 Dwyer의 항공사 기업사명

기업사명 구성요소 components	구성요소별 항공사 기업사명 예 examples and carriers
고객 (customers)	• 'our strengths are…our focus on customer service'(Qantas): 고객서비스 • 'while continuing to provide our customers with superior 고객(customers) services'(Ansett): 고객에게 최고의 서비스 • 'providing professional services for passengers and shippers'(KLM): 전문가 서비스제공 • 'customer services aims to be with you whenever you're in need during your journey'(Bangkok Airways): 고객서비스 • 'passengers special attention and care remain the foundation of our service excellence'(Middle East Airlines): 승객에게 특별한 관심과 보살핌
제품 · 서비스 (products/services)	• 'a wide choice of airline based travel products that will be preferred in the market'(SAS): 다양한 상품 선택 • '…is engaged in air transportation and related businesses'(Singapore): 항공교통 • 'to be the best and most successful company in the airline business'(British): 항공사업 • '…one of the world's leading airlines'(Qantas): 세계최고항공사 • 'full service and cargo business'(World Airways): 화물항공서비스 • 'to perform in today's competitive market of worldwide commercial aviation'(Varig): 영리목적 민간항공 • 'we can offer you new destinations, more frequent flights, better connections and smoother, quicker transfers'(Air UK): 새로운 목적지, 운항빈도, 연결편 등
시장 (location/market)	• 'is positioned as an airline operating worldwide from a European base'(KLM): 전 세계 운항 • 'lead the world in airline travel to and within the South Pacific'(Air New Zealand): 전 세계 · 남태평양 • 'to serve the Scandinavian market profitably'(SAS): 스칸디나비아 집중 • 'operates worldwide as a flag carrier of the republic of Singapore'(Singapore): 싱가포르 국적항공사 • 'absolutely committed to being the best airline in the Caribbean'(Air Jamaica): 카리브해 최고항공사 • 'Ukraine Airlines is now recognised as one of the most reliable airlines in Europe'(Ukraine Airlines: 유럽 항공사 중 신뢰성 높은 항공사 • 'our vision is to be the premier airline in the Arabian Gulf'(Qatar Airlines) 아랍지역 최고급 항공사

기술 (technology)	• 'to be a safe and reliable airline with a leading edge product'(Air Canada): 안전, 신뢰 • 'equipping our fleet with the best aircraft and fitting them with the best configurations and standards of comfort'(Qatar Airlines): 최고의 장비, 최고의 안락함 • 'our fleet and communications network are products of the very latest in sophisticated technology'(Kuwait Airlines): 최신 기술 • 'to add the warmth of the Brazilian people to the best in current technology'(Varig): 최신 기술 • 'pioneering technologies that improve on time performance and expand safety margins'(Alaska Airlines): 신기술 도입
기업의 생존 및 지속성 (concern for survival)	• 'to ensure profitability for our shareholders'(Qantas): 주주의 수익성 확보 • 'to deliver strong and sustained profitability'(Ansett): 수익성 • 'to be a financial success for shareholders'(Air Canada): 주주를 위한 실적고양 • 'we are dedicated to achieving sustained profitability for the benefit of our shareholders'(Austrian Airlines): 주주의 수익성 • 'perform at increasing levels of productivity and efficiency that will generate rates of profitability to sustain its growth'(Royal Jordanian): 생산성과 효율성 • 'developing superior financial returns'(Cathay Pacific): 최고의 영업실적 • 'supporting shareholder value through increased profitability of the ANA Group'(All Nippon Air): 주주가치 우선
기업철학 (philosophy)	• 'our unique Pacific style'(Air New Zealand): 남태평양 스타일 • 'our commitment is to maintain the highest level of pride in our people'(Air Canada): 종사원 자긍심 유지 • 'the Italian style of service'(Alitalia): 이탈리아 서비스 • 'our own philosophy has always been to look forward and to strive for excellence'(Air Lanka): 미래지향과 최고지향 • 'Korean Air's fundamental philosophy is to become the world's leading airline and possess the highest standards of service and safety'(Korean Air): 세계 최고항공사
항공사의 장점 및 경쟁력 (self-concept)	• 'our strengths are strong brand⋯customer service and our international reputation for technical expertise and safety'(Qantas): 브랜드, 고객서비스, 국제적 평판, 안전 • 'a dynamic and efficient airline'(South African): 역동적 · 효율적 항공사 • 'reliability and punctuality are key to our success'(Ukraine International): 신뢰성, 정시성

	• 'unsurpassed combination of services and on-time reliability'(Air Jamaica): 최고의 서비스, 정시성
대외 이미지 및 공익에 대한 관심 (concern for public image)	• 'contributing to the wider community'(South African): 지역사회와 국가에 기여 • 'as a great ambassador for Canada'(Air Canada): 대외 이미지 및 캐나다를 대표하는 외교관 • 'seeking the trust from the community'(China Airlines): 지역사회로부터 신뢰를 얻음 • 'we are strongly committed to sound environmental practices and to the development of environmentally compatible aviation'(Austrian Airlines): 환경보호
종사원에 대한 고려 (concern for employees)	• 'we are working in partnership with our staff to achieve our business goals'(Ansett): 종사원과 동반자 • 'is committed to…caring for its employees'(South African): 종사원 중시 • 'to maintain the highest level of pride in our people'(Air Canada): 종사원 자긍심 고양 • 'bring all employees into the decision-making process…trust people and their ability to contribute to the mission'(Asiana Airlines): 종사원 참여, 종사원 신뢰 • 'providing rewarding career opportunities'(Cathay Pacific): 만족스런 직업기회 제공

(출처: Kemp & Dwyer(2003), pp.643-650 인용 재구성)

유럽의 저가항공사 하나인 EasyJet 항공의 기업사명은 고객에게 안전하고(safe), 높은 고객가치(good value)를 지닌 point-to-point 항공서비스(point-to-point air services)를 제공하는 데 있다. 다음 〈그림 6-2〉에서 보는 바와 같이 미국 Southwest 항공의 기업사명은 바로 '최고 품질의 고객서비스에 헌신'(dedication to the highest quality of customer service)하는 데 있으며, 그 전제조건으로 '따뜻함'(warmth), 상량함(friendliness), 자부심(individual pride) 그리고 '사우스웨스트 정신'(company spirit)이 함께 공유되어야 한다.

┃그림 6-2┃ 미국 Southwest Airlines 기업사명

The Mission of Southwest Airlines

The mission of Southwest Airlines is dedication to the highest quality of Customer Service delivered with a sense of warmth, friendliness, individual pride, and Company Spirit.

To Our Employees

We are committed to provide our Employees a stable work environment with equal opportunity for learning and personal growth. Creativity and innovation are encouraged for improving the effectiveness of Southwest Airlines. Above all, Employees will be provided the same concern, respect, and caring attitude within the organization that they are expected to share externally with every Southwest Customer

(출처: www.southwest.com)

우리나라 국적기(national flag)인 대한항공은 영어로 "Excellence in Flight"란 미션(mission)하에 ① 최상의 운영체계(operational excellence), ② 고객 감동과 가치창출(service excellence), ③ 변화지향적 기업문화(innovative excellence)에 두고 있다. 반면 아시아나항공은 "고객이 원하는 시간과 장소에 가장 빠르고, 가장 안전하고, 가장 쾌적하게 모시는 것"(take customers to their destination on time in the fastest, safest, and most convenient way)이라는 기업철학(company philosophy)에 두고 있으며, "최고의 안전과 서비스를 통한 고객만족"(customer satisfaction through the safest, superior service)이라는 경영이념(management vision)을 제시하였다.(www.flyasiana.com)

2. 항공사 기업비전

2-1. 비전의 개념과 효능

비전(vision)은 개인의 삶과 기업의 '생명력 혹은 지속가능성'에 자극을 주고 동기를 부여하는 '원천적인 힘'(fundamental force)이다. 비전은 선택(choices)과 방법(ways)에 영향을 준다. 또한 개인과 기업의 실적 및 성과(consequences)는 비전에 의해서 결정되기도 한다. 비전은 신기루(蜃氣樓)와 같은 환상(illusion)이 아니며, 원칙(principle)에 입각하여 만들어진 실현가능한 꿈이자 지향점이다(Covey & Merrill, 1994).

비전이란 기업이 추구하는 장기적인 목표와 바람직한 미래상을 의미한다. 비전은 막연한 꿈이나 희망이 아니라 장기적인 안목에서 미래의 목표와 현실을 연결시키는 전략구상이다. 명확한 비전의 설정은 기업(organization)에 목표의식과 의미를 부여하고, 사업의 전략방향과 조직운영의 행동기준을 제공하며, 조직구성원에게 동기부여와 참여의식을 유발함으로써 조직활성화에 기여한다(이승주, 1999).

이승주(1999)는 훌륭한 'vision statement'가 되기 위한 조건으로 다음과 같이 제시했다.

(1) 개인의 노력이 기업의 목표와 연결되고 목표달성을 위해 적극적인 참여와 의욕을 고취할 수 있어야 한다.

(2) 막연한 꿈이나 희망이 아니라 도전적이면서 실현가능성이 있는 목표가 제시되어야 한다.

(3) 기업의 모든 이해관계자들에게 기업이 나아가야 할 방향을 명확히 제시할 수 있어야 한다.

(4) 간결하고 쉽게 이해할 수 있어야 한다.

(5) 최고경영진과 구성원들 간에 비전에 대한 공감대(共感帶)가 형성되어야 한다.

기업비전(corporate vision)은 기업사명(corporate mission)과 종종 유사한 개념으로 인식되거나 혼용되어 사용된다. 하지만 비전(vision)[5]이 미션의 상위개념(上位槪念)으로 사

---

5) 미국 서부 Nevada주에 Vision Airlines가 있는데, 이 항공사는 Nevada주 Las Vegas에 본사를 둔 항공사이다. Vision Airlines는 Sightseeing항공사로 Grand Canyon, Marble Canyon, Hoover Dam, Monument Valley 등의

용되는 경우가 많다. 한국관광공사는 "관광산업의 새로운 패러다임을 창출하고 한국을 다시 찾고 싶은 매력있는 나라로 만드는 국민기업"이란 비전을 두고 있으며, ① 관광 테크놀로지의 개발, ② 관광산업 생태계의 활성화, ③ 관광산업의 경쟁력 강화를 미션 (mission)으로 채택하고 있다.

아프리카 항공사 중의 하나인 에티오피아 항공의 비전과 기업사명을 소개하여 비전과 기업사명(mission)의 관계를 보다 명확하게 설명하고 있다. 에티오피아 항공의 기업비전 (vision)은 "To be Africa's World Class Airline that ensures satisfaction of its customers and other stakeholders"인데, 이 비전을 성취시키기 위해서 구체적인 미션(mission)을 제시하였다.

에티오피아 항공은 "아프리카 최고항공사"라는 큰 비전(vision) 하에 이를 성취하기 위해서 구체적인 5개의 미션(mission), 즉 ① 안전하고 신뢰할 수 있으며 수익을 창출하는 항공사, ② 전 세계와 연결시키는 항공노선 구축, ③ 고객에게 최고의 서비스제공, ④ 환경친화적 기술 이용을 통한 지역사회 복지와 종사원 실력향상, ⑤ 관광산업발전의 기여에 두고 있다.(www.ethiopionairlines.com)

2-2. 항공사 비전

대한항공은 "세계 항공업계를 선도하는 글로벌 항공사(to be a respected leader in the world airline community)"라는 원대한 비전을 선포하였다. 반면, 아시아나항공은 "고객이 원하는 시간과 장소에 가장 빠르고, 가장 안전하고, 가장 쾌적하게 모시는 것(take customers to their destination on time in the fastest, safest, and most convenient way)"으로 정했다. 대한항공에 비해서 아시아나항공의 비전은 서비스를 강조하고 있다. 국내 제3민항(정기항공)이자 저가항공사인 제주항공은 "안전하고 쾌적한 항공사, 신선하고 즐거운 항공사"를 표방하고 있다.

항공여행(air tour)을 전문으로 하고 있다. 1994년 사업부터 운항을 하였으며, 총 10대의 소형항공기를 소유하고 있다. 19인승 항공기 Dornier 228기종 5대, 30인승 항공기 Dornier 328기종 5대이다.
(출처: http://www.visionairlines.com)

〈표 6-3〉 대한항공·아시아나항공·제주항공 비전

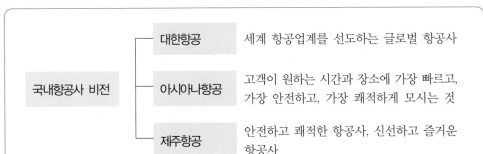

3. 항공사 기업문화

3-1. 문화의 개념과 특성

문화란 '상징행위'(White), '전인류의 기억'(Bierstedt), "사회의 성원으로서 획득한 지식·신앙·예술·도덕·법률·풍습 및 기타의 기능, 관습을 포함한 집합체"(Tylor)[6] 등 많은 학자들에 의해서 정의되고 해석되었다(전경수, 1996). 문화(culture)는 타문화집단과 식별하는 사회의 기본적인 특성이다. Linton은 문화란 "학습된 행동과 행동결과의 집합체(complex whole)로 사회구성원들에 의해 공유되고 전달되는 것"이라 정의하였다. 문화의 특성은 대체로 다음과 같다(고경순, 2006).

- 문화는 욕구충족의 기준이 되며 규범을 제공한다.
- 문화는 학습된다.
- 문화는 대다수 사회구성원에 의해서 공유된다.
- 문화는 지속적인 동시에 동태적(動態的)이다.

---

6) Culture: The complex whole which includes knowledge, belief, art, morals, custom and any other capacities and habit acquired by man as member of society.

기업문화(企業文化; corporate culture)란 기업 등의 조직구성원의 활동의 지침이 되는 행동규범을 창출하는 공유된 가치 신념의 체계이다. 기업문화의 기능은 ① 기업 구성원에게 정체감(identity)을 주며, ② 구성원 개인의 이익보다 기업 전체의 이익을 우선시하도록 유도하며, ③ 전체 체계의 안정성을 증진하며, ④ 행위규범을 제시하고 형성하는 것 등이다.

문화는 모든 기업활동 영역에 영향을 미치기 때문에 중요하다. 문화는 조직(기업)의 '성격'(personality)을 나타내주고 있으며, 다음과 같은 부분에 영향을 주기 때문에 중요한 의미를 지닌다(Evans, Campbell et al., 2005).

- 종사원 동기부여(employee motivation)
- 기업의 매력도 증진(attractiveness of the organization)
- 종사원 사기진작(employee morale)
- 생산성 향상(productivity)
- 효율성 증대(efficiency)
- 직무환경의 수준 향상(the quality of work)
- 종사원 태도변화(the attitude of employees)
- 기업의 혁신(innovation)
- 창의성, 독창성 증대(creativity)

3-2. 기업문화

기업문화는 기업의 성격(personality of the organization)이라고 널리 알려져 있다. 또한 기업문화는 기업 구성원의 가치관, 규범, 유형적 상징(tangible signs) 등을 포함한다. 기업문화(organizational culture /corporate culture)는 기업의 가치관(value), 신념(belief), 경험(experience) 그리고 태도(attitude)로 이루어져 있다. 기업문화는 input(투입)과 output(산출)로 구성된 시스템(system)으로 해석될 수 있다. 여기서 말하는 input은 사회, 업계, 제반 법규, 가치관으로부터 얻은 피드백이며, output은 기업의 행위, 기술, 전략, 이미지, 제품, 서비스 등의 결과물이다.

Johnson(1988)은 기업문화의 구성요소로 6가지를 제시하면서 이른바 cultural web을 제시하였다.

- 패러다임(the paradigm)[7]
- 통제시스템(control systems)
- 조직구조(organizational structures)
- 권력구조(power structures)
- 상징(symbols)
- 의례 · 관습(rituals & routines)
- 신화 · 역사(myths & stories)

3-3. 기업문화 유형

다음은 기업문화의 유형화를 시도한 학자들의 견해이다.

기업문화는 경영관리 이론에서 관심을 받고있는 중요한 요소이다. 기업문화는 그 범위가 다양하고 다음과 같이 유형화될 수 있다(Horner & Swarbrooke, 1996).

- 진취적 기업문화 ⇔ 관료주의적 기업문화
  (entrepreneurial or bureaucratic)
- 공격적 기업문화 ⇔ 방어적 기업문화
  (aggressive or defensive)
- 역동적 기업문화 ⇔ 수동적 기업문화
  (dynamic or inert)
- 모험추구 기업문화 ⇔ 모험회피 기업문화
  (risk-taking or cautious)
- 외부지향 기업문화 ⇔ 내부지향 기업문화
  (outward-focused or inward-focused)
- 과거지향 기업문화 ⇔ 미래지향 기업문화
  (backward-looking or forward-looking)

---

7) 패러다임은 기업관(企業觀)을 뜻하며 기업이 세계를 보는 관점 또는 시각으로 해석될 수 있다. 기업의 철학 이자 기업의 지향점이다. 가령, '가족지향(family orientation); 돈에 대한 가치(value for money) 등이 이에 해당하다.

〈표 6-4〉 기업문화와 관련 변수

학 자	기업문화 변수
Geert Hofstede(1980)	• power distance • uncertainty avoidance • individualism vs. collectivism • masculinity vs. feminity • long vs. short term orientation
Deal & Kennedy(1982)[8]	feedback & risk • the tough-guy mancho culture • the work hard culture • the play hard culture • the bet your company culture • the process culture
Charles Handy(1985)	• power culture • role culture • task culture • person culture

(출처: en.wikipedia.org/wiki/Organizational_culture)

Miles와 Snow(1978)은 기업문화를 ① '수구형 기업문화'(defenders), ② '혁신형 기업문화'(prospectors)로 나누어 기업문화 유형을 제시하였다(Tribe, 1997). 다음 〈표 6-5〉는 두 유형의 기업문화 특성들이다.

---

8) The Tough-Guy Macho Culture. Feedback is quick and the rewards are high. This often applies to fast moving financial activities such as brokerage, but could also apply to a police force, or athletes competing in team sports. This can be a very stressful culture in which to operate.

The Work Hard/Play Hard Culture is characterized by few risks being taken, all with rapid feedback. This is typical in large organizations, which strive for high quality customer service.

It is often characterized by team meetings, jargon and buzzwords.

The Bet your Company Culture, where big stakes decisions are taken, but it may be years before the results are known. Typically, these might involve development or exploration projects, which take years to come to fruition, such as oil prospecting or military aviation.

The Process Culture occurs in organizations where there is little or no feedback. People become bogged down with how things are done not with what is to be achieved. This is often associated with bureaucracies. While it is easy to criticize these cultures for being overly cautious or bogged down in red tape, they do produce consistent results, which is ideal in, for example, public services.

(출처: en.wikipedia.org/wiki/Organizational_culture)

〈표 6-5〉 Miles & Snow의 기업문화 유형·특성

수구형 기업문화 defenders	혁신형 기업문화 prospectors
• 보수성향(conservative)	• 외부지향 성향(outward-looking)
• 안전지향(seek security)	• 환경변화 대응(responsive to environment)
• 신중함(cautious)	• 모험심 강함(daring)
• 변화회피(avoid change)	• 변화추구(opportunistic)
• 유통성 부족(inflexible)	• 융통성 있음(flexible)
• 적응력 부족(set in their ways)	• 적응력 좋음(adaptive)
• 수동적인 태도(reactive)	• 적극·도전적 태도(proactive)

(출처: Tribe(1997), Corporate Strategy for Tourism, p.48)

3-3. 항공사 기업문화

기업문화를 결정짓는 요소(factors determining organizational culture)는 여러 학자들에서 의해서 제시되었으나, 본서는 다음과 같이 9개 요소를 소개하였다.

- 혁신·위험수용(innovation & risk taking)
- 도전·적극성(aggressiveness)
- 결과지향성(outcome orientation)
- 협력지향성(team orientation)
- 종사원·고객지향성(people orientation)
- 안정성(stability)
- 경쟁유도(competitiveness)
- 종사원 다양성(diversity of members)
- 기업의 역사·탄생(age of organization)

미국 Southwest Airlines는 종사원(employee)이 첫 번째 고객이고 승객(passenger)이 두 번째 고객으로 여기는 기업문화이다. Southwest 항공사는 종사원의 중요성을 강조하는 문화이다. 이러한 종사원 중시 기업문화는 항공사의 성공의 열쇠이다(Evans, Campbell et al., 2005). Southwest는 종사원을 중시(people orientation)하는 기업문화 항공사임을 알 수 있다.

Southwest Airlines 기업문화

Welcome to the first ever Southwest Airlines dedicated web page to the gay and lesbian community. We have so much fun stuff to help you get out and about, that we thought we'd put it all in one easy-tofind place. From gay-friendly destinations to gay events around the country, you'll find information to suit your needs.

Remember to check out the spotlight section each time you come back. We'll have something just for you. We've been a great travel partner for over 35 years and hope that you'll take great pride in partnering with Southwest every time you fly.

Southwest Employee Paul and Partner Allan

(출처: www.southwest.com/Gay 종사원 가치와 라이프스타일을 존중하는 Southwest 항공사 기업문화)

4. 항공사 마케팅 슬로건

4-1. 마케팅 슬로건

슬로건(slogan)은 브랜드에 대한 정보를 기술 혹은 설득(descriptive or persuasive)하기 위해 전달되는 간결한 표현(phrases)이다. 슬로건은 마케팅 캠페인과 광고의 핵심 (centerpieces)이며, 브랜드 명성(brand equity)을 구축하는 최적의 수단이다. 슬로건은 광고의 효과를 높이는 데 큰 영향을 미치고 있기 때문에 광고 캠페인(advertising campaign)의 일환으로 광범위하게 이용되고 있다(Lee, Cai & O'Leary, 2006).

슬로건(slogan)이란 몇 개의 단어(words)로 구성되며 주요한 아이디어를 요약해 주는 광고 메시지이다. 슬로건은 광고 캠페인(advertising campaign)에서 사용되는 간결하고 기억하기 쉬운 '문자'(phrases)이다. 마케팅 혹은 광고 슬로건은 상품이나 서비스의 특성에 대해서 관심을 끄는데 가장 효과적인 수단이라고 널리 인식되고 있다.9) 효과적인 마케팅 슬로건(slogan)이 갖추어야 할 조건은 다음과 같다.

① states the main benefits of the product or brand for the potential user or buyer (제품·브랜드의 편익 제시)

② implies a distinction between it and other firms' products(타사 제품과 분명한 차이 언급)

③ makes a simple, direct, concise, crisp, and apt statement(간결함)

④ is often witty(재치 있거나 유머러스함)

⑤ adopts a distinct "personality" of its own(개성이 강해야 함)

⑥ gives a credible impression of a brand or product(신뢰를 주는 표현)

⑦ makes the consumer feel "good"(고객을 행복하고 즐겁게 함)

⑧ makes the consumer feel a desire or need(고객의 욕망 및 욕구 자극)

⑨ is hard to forget – it adheres to one's memory(기억에 남게 함)

⑩ sounds good(음률, 음성학 고려)

---

9) Advertising slogans are short, often memorable phrases used in advertising campaigns. They are claimed to be the most effective means of drawing attention to one or more aspects of a product
(출처: http://encyclopedia.thefreedictionary. com/Marketing+slogan)

마케팅 슬로건은 기업의 목표와 전체적인 계획(preposition)을 전달한다. 따라서 마케팅 슬로건(marketing slogan)은 명확·분명(clear)해야 한다. 마케팅 슬로건과 기업사명(mission statement)이 같은 의미로 쓰이는 경우도 많으므로, 양자(兩者)는 맥락(context)이 일치해야 한다(www.inc.com/resources.leadership). 충분한 마케팅 예산(budget)을 확보하고 있는 대기업(大企業)은 브랜드(brand) 구축을 위해 천문학적인 광고비를 지출한다. 대기업은 마케팅·광고 슬로건(marketing & advertising slogan)을 활용하여 자사(自社)의 목표, 이미지, 계획, 서비스 그리고 상품을 커뮤니케이션한다.

미국 민주당 대통령 흑인 후보인 Barack Obama는 "CHANGE WE CAN BELIEVE IN" 이라는 슬로건으로 민주당 당원과 미국민의 지지를 얻고 있다. 최근 실시된 IOWA주 Primary에서 강력한 경쟁후보인 Hilary Clinton 후보를 8% 차이로 이겼다. 이는 Obama 후보의 선거 슬로건(campaign slogan)인 "CHANGE"가 선거인단에게 어필(appeal)했기 때문이다.

최근 기업, 국가(nation), 관광목적지(tourist destination) 등이 마케팅 슬로건을 활용하여 기업·국가·목적지를 촉진하고 있다. 가령, 태국(Thailand)의 "Amazing Thailand", 말레이시아(Malaysia)", "Truly Asia", "대한민국", "Dynamic Korea",10) "인도(India)", "Incredible India", "서울(Seoul)", "Soul of Asia" 등의 예를 들 수 있다.

Lee(2006)는 미국 50개 주의 슬로건(slogans)을 내용분석(content analysis)을 통해서 분석하였다. 50개 중 3개 주(states)를 제외한 47개 주는 슬로건을 활용하여 목적지 마케팅(destination)을 수행하였다. 본서에서는 각 주의 특성과 이미지를 잘 살린 'slogan'을 소개하였다.

---

10) 한국관광공사는 세계인의 감성을 깨울 한국의 관광브랜드 "Korea, Sparkling"을 2006년 새로 기획하여 마케팅 슬로건(marketing slogan)으로 활용하고 있다. Korea, Sparkling은 오직 한국관광을 통해서만 느낄 수 있는 '한국인, 한국문화의 생동하는 에너지'를 상징하는 새로운 한국관광브랜드이다. 'Dynamic Korea'는 최상위 국가브랜드로 역할을 하며, 'Korea, Sparkling'은 관광분야에 한정된 하위 브랜드로서 역할을 한다. (출처: http://www.knto.or.kr/한국관광공사)

┃그림 6-3 ┃ Obama+Oprah = Change

(출처: politikditto.blogspot.com/ 미국 민주당의 유력한 대통령 후보로 부상한 Barack Obama 상원의원
과 유명 방송진행자 Oprah의 결합 흑인 대통령 탄생 가능할까? Change... Marketing Slogan은
좋은데...)

- Arizona – Grand canyon state.

- Hawaii – The island of Aloha.11)

- New York – I love NY.

- Michigan – Great Lakes Great Times.

- Nevada – Home of adventure and entertainment.

- Colorado – Totally winteractive.

- Texas – It's like a whole other country.

다음 〈표 6-6〉는 우리에게 널리 알려진 'marketing & advertising slogan'이다.

---

11) Aloha란 하와이 방언(Hawaiian language)이며, Hello, goodbye, good morning, I love you 등의 의미이다.
Aloha는 하와이 사람들이 다른 사람과 만날 때 인사(greeting)할 때 사용하는 표현이다. Aloha란 표현이 관
광객 특히 외부인에게 독특한 인상을 주고 인기가 많은 단어가 되었다. 하와이는 '알로하'주라 불린다
(Hawaii is called the Aloha State). 미국 하와이주를 대표하는 항공사로 Aloha Airlines이 있다.
호노룰루(Honolulu)에 본사를 두고 있으며, 주로 하와이 주변 섬(island)을 운항하고 있다. 1946년 창립하여,
2007년 현재 11개 목적지(destination)에 취항하고 있고 25대의 항공기를 소유하고 있다. Honolulu, Oahu에
Hub를 두고 있으며, Aloha Pass라는 FFP(frequent flyer program)을 운용하고 있다. 한국인이 하와이 여행시
이른바 '선택관광'(optional tour)을 할 때 Hilo(big island) 혹은 Maui 관광을 하는데 대부분 Aloha Airlines를
이용한다.

〈표 6-6〉 마케팅 슬로건(marketing slogans)

회사·기관(organization/corporate)	마케팅 슬로건
American Express	Membership has its privileges.
Avis	We try harder.
New York	I love New York.
Sprite	Obey your thirst.
Nike	Just do it.
AT&T	Reach out and touch someone.
Greenpeace	Take action for the climate
Club Med	Antidote for civilization.
Gillette	Look sharp, feel sharp.
Coke	Enjoy.
Nokia	Connectin people.
한국통신	귀가(歸家) 전화, 가족 사랑의 시작입니다.
풀무원	자연은 풀무원 식품의 스승입니다.
웅진코웨이	물을 생명처럼 생각하는 사람들.
삼성	아무도 2등은 기억하지 않는다.
서울우유	백두에서 한라까지 건강한 대한민국을 만들고 싶습니다.
청정원	자연에 정성만을 더합니다.
공익광고협의회	자연은 일회용이 아닙니다.
신라호텔	Authentic Indulgence

(출처: http://www.marketingforsuccess.com/slogans/ http://encyclopedia.thefreedictionary.com/ Marketing+slogan/ 기타 websites 참고 재구성)

4-2. 항공사 마케팅 슬로건

슬로건은 '브랜드 아덴티티'(brand identity)의 중요한 요소이며, 브랜드 명성(brand equity) 형성에 기여한다. 대부분의 브랜드는 슬로건(slogans)을 활용한다. 기업이 슬로건을 활용하는 목적은 브랜드 이미지를 높이고 브랜드 인지도 및 회상(recall)에 도움을 주며 고객의 마음속에서 브랜드 차별화(brand differentiation)를 시키는데 있다. 마케팅 슬로건은 고객의 브랜드 지각(brand perception)을 짧은 시간에 변화시킬 수 있는 잠재능력(potential)이 있다. 고객에게 설득력 있는 슬로건은 장기적인 관점에서 보면 브랜드 인지도, 브랜드 이미지, 그리고 브랜드 명성을 형성하는데 중요한 요소이다(Kohl, Leutheresser & Suri, 2007).

전 세계 주요 항공사들은 자사(自社)의 이미지를 만들고, 고객의 인지도를 높이며, 광고의 효용을 높여서 항공사의 브랜드 명성(brand equity)을 고양(高揚)시키기 위해서 마케팅 슬로건(marketing slogan or company slogan)을 활용하고 있다. 가령, 대한항공(Korean Air) "Excellence in Flight", 아메리칸항공(American Airlines) "We know why you fly, We're American Airlines", 팬암항공(Pan American International Airways)[12] "The World's Most Experienced Airline" 등이 있다. 다음 〈표 6-7〉는 전 세계 항공사의 마케팅 슬로건을 요약 정리한 것이다.

〈표 6-7〉 항공사 마케팅·광고 슬로건

항공사명	슬로건	국 가
아시아나항공	Five star 항공사	대한민국(Korea)
대한항공	Excellence in Flight	
제주항공	Join & Joy	
China Eastern	Let's fly China	중국(China)
Shanghai Airlines	Best in China	
Cathay Pacific	It's the little things that move you.	홍콩(Hongkong, China)
Eva Air	Eva Air. The wings of Taiwan.	대만(Taiwan)
Thai Airways	Smooth as Silk.	태국(Thailand)
Singapore Airlines	Class beyond First	싱가포르(Singapore)
Japan Airlines	Dream skyward.	일본(Japan)

---

12) Pan American International Airways는 1927년 설립되어 1991년 운항을 멈춘 미국의 대표적 항공사였다. 미국의 심장부인 New York에 본사를 둔 항공사였으며 Miami International Airport, John F. Kennedy International Airport(NYC), San Francisco International Airport 등에 '다중허브'(multihub)를 둔 대형항공사였다. Pan Am은 1960년대가 전성기(peak)였다. 그러나 1970년 에너지 위기(energy crisis)와 항공수요 감소, 1986년 파키스탄에서 공중납치사건(hijacking), 1988년 Scotland에서의 공중폭파(bombing), 그리고 1990년 '걸프전쟁'(Gulf War) 등의 시련을 극복하지 못하고 역사 속으로 사라진 항공사(defunct airlines)이다.

Northwest Airlines	Northwest Airlines. Some people just know how to fly.	미국(USA)
Continental Airlines	Work Hard, Fly Right.	
United Airlines	It's time to fly.	
American Airlines	We know why you fly. We're American Airlines.	
Hawaiian Airlines	Hawaii Starts Here.	
Southwest Airlines	Southwest Airlines. The Low Fare Airline.	
American West Airlines	Lower fares, fewer restrictions.	
Aeroflot	Sincerely yours, Aeroflot	러시아(Russia)
Qatar Airways	Taking you more personally.	카타르(Qatar)
Lufthansa	Lufthansa. There's no better way to fly.	독일(German)
British Airways	British Airways. To fly. To serve.	영국(United Kingdom)
Alitalia	Alitalia. The wings of Italy.	이탈리아(Italy)
Air France	Air France. One of th best places on earth.	프랑스(France)
Ryanair	Ryanair. Fly cheaper.	아이랜드(Ireland)
Qantas	Qantas. The Spirit of Australia.	호주(Australia)
Pan American World Airways (사라진 항공사)	Pan.Am. We're flying better than ever.	미국(USA)
Eastern Airlines (사라진 항공사)	Eastern Airlines. The Wings of man.	

(출처: 항공사 website 검색, 저자 재구성)

┃그림 6-4┃ 미국 Continental Airlines

(출처: www.continental.com/ Work Hard, Fly Right, marketing slogan을 표방하는 Continental 항공사)

참 | 고 | 문 | 헌

Barbara Bartkus, Myron Glassman & R. Bruce McAfee(2000), Mission Statements: Are They Smoke and Mirrors, Business Horizons Nov.−Dec.. pp.23−28.

Barbara Bartkus, Myron Glassman & R. Bruce McAfee(2006), Mission Statement Quality and Financial Performance, European Management Journal, Vol.24(1), pp.86−94.

Chiranjeev Kohli, Lance Leuthesser & Rajneesh Suri(2007), Got slogan? Guidelines for creating effective slogans, Business Horizons, Vol 50, pp.415−422.

Gyehee Lee, Liping A. Cai & Joseph T. O'Leary(2006), WWW. Branding. States. US: An analysis of brand−building elements in the US state tourism websites, Tourism Management, Vol.27, pp.815−828.

John Tribe(1997), Corporate Strategy for Tourism, Thomson Business Press.

Johnson G.(1988), Rethinking Incrementalism, Strate gic Mangement Journal, Vol. 9. pp.75−91.

Nigel Evans, David Campbell & George Stonehouse(2005), Strategic Management for Travel and Tourism, Elsevier Butterworth Heinemann.

Rigas Doganis(2006), The Airline Business, Routledge Taylor & Francis Group.

Sharon Kemp & Larry Dwyer(2003), Mission statement of international airlines: a content analysis, Tourism Management, Vol.24(6), pp.635−653.

Stephen R. Covey, A Roger Merrill & Rebecca R. Merrill(1994), First Things First, Franklin Covey Co.

Stephen R. Covey(1989), The 7 Habits of Highly Effective People, Franklin Covey Co.

Susan Horner & John Swarbrooke(1996), Marketing Tourism, Hospitality and Leisure in Europe, International Thomson Business Press.

고경순(2006), 마케팅: 통합적 접근, 도서출판 대명.

이승주(1999), 경영전략 실천 매뉴얼, Sigma Insight Group.

어윤대 · 방호열(1996), 전략경영, 학현사.

전경수(1996), 문화의 이해, 一志社.

항공사 조직구조와 인적자원관리

제 7 장

항공사 조직구조와 인적자원관리

1. 항공사 조직구조

1-1. 조직의 개념

Farm과 Horton은 조직(organization)이란 "특정 목표를 성취하기 위해서 한 사회의 구성원들에 의해서 만들어진 '사회적 틀'(social construct))"이라 정의내렸다. Robbins는 조직이란 두 사람 이상으로 구성된 '의식적으로 협력을 하는 사회적 단체'(consciously coordinated social unit)라 하였다(Mullins, 2002).

에치오니(Etzioni)는 조직이란 "일정한 환경 아래 특정 목표(goals)를 추구하며, 이를 위해서 일정한 구조를 형성하는 사회적 단위"라고 정의하였다. 힉스와 갈리트는 조직이란 "일정한 목표를 달성하기 위해서 구성들이 상호작용(interaction)을 하는 하나의 구조화된 과정(structured process)"이라고 정의하고 있다. 기업은 조직의 목적을 달성하기 위하여 여러 가지 활동을 수행한다. 이러한 활동이 효과적으로 수행되도록 조정하고 구성원의 행동을 통제하기 위해서 조직의 기본적인 골격을 마련한다. 이와 같은 골격(骨格)이 바로 조직구조이다. 조직구조란 "조직의 목표를 달성하기 위한 조직구 성원 및 단체행동에 영향을 미치는 직무와 부서의 안정된 프레임워크"(framework)이다(박시사, 2003).

┃그림 7-1┃ 세계각국 조직도

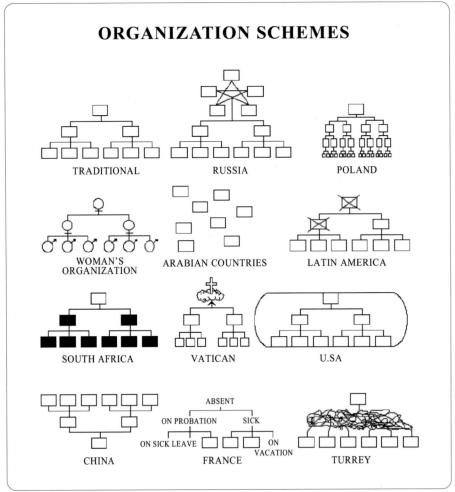

(출처: www.jacobsen.no/ 전 세계 국가의 가상 조직도)

인간은 효율성 때문에 분업을 통한 생산을 하고 분업을 위해서 함께 모여야 하는데 이러한 모임이 바로 조직이다. 학자들이 내린 조직에 대한 정의 중에서 몇 개를 소개하면 다음과 같다(임창희, 2007).

- 공동의 목표를 가진 사람들의 사회적 단체(social unit)
- 책임, 기능, 역할이 분담된 합리적인 협동단체
- 어떤 목표추구를 위한 일련의 사람들의 모임
- 인간들의 상호관계와 체계적인 구조
- 일련의 개인들 사이에 연결된 행위로부터 이루어진 개방시스템

이를 종합하면 조직이란 공동목표 수행을 위해 함께 일하는 사회적 구성체이다. 조직이 필수적으로 갖추어야 할 요건은 ① 공동의 목표, ② 2명 이상의 개인이나 집단, ③ 분업과 구성원간 상호작용이다. 여기서 말하는 조직(organization)은 회사 및 기업으로 해석될 수 있다. 본서의 조직 및 기업(organization)은 항공사(airline, carrier)이다.

1-2. 조직구조

조직은 적어도 3가지 공통분모인 ① 구성원(people), ② 조직목표(objectives), ③ 조직구조(structure)가 구비되어야 한다. 조직은 크게 ① 공식조직(formal organization), ② 비공식조직(informal organization)으로 대별된다(Mullins, 2002). 다음 〈표 7-1〉은 공식조직과 비공식조직의 차이를 보여주고 있다. 여기서 말하는 조직은 기업 혹은 회사로 해석될 수도 있다.

조직구조(organizational structure)는 공식적인 의사결정 틀(formal decisionmaking framework)이다. 기업은 조직구조에 의해서 과업이 나누어지고, 집단화(group)되고 집단간 협력이 이루어진다. 따라서 조직구조에 있어서 공식화(formalization)는 매우 중요한 영역이다. 기업의 조직구조는 차트(chart) 형태로 표출되며, 조직도(organization chart)는 조직구조를 나타내줌과 동시에 직책(job titles), 권한영역(lines of authority), 부서간 관계(relationships between departments)를 보여준다(http://telecollege.dcccd.edu/mgmt1374). 임창희(2007)는 여러 학자들의 연구를 바탕으로 ① 전통적 조직구조, ② 민쯔버그 조직구조, ③ 현대적 조직구조로 구분하여 다음 〈표 7-2〉와 같이 조직구조유형을 요약·제시하였다.

〈표 7-1〉 공식조직과 비공식조직

공식조직 Formal organization	• organization charts 조직도 • organization mission statements 기업사명 • job definitions and descriptions 직무기술서 • product efficiency & effectiveness measures 효율성·목표달성 척도 • spans of control 통제범위 • policies & procedures 정책·절차
비공식조직 Informal organization	• personal animosities & friendships 개인적 선호·비선호 • emotional feelings, needs, & desires 감정적 성향 • effective relationships between managers & subordinates 상하관계의 중요성 • personal and group goals 개인·집단 목표 • prestige and power structures 권력구조 • informal leaders 비공식적 리더 • group norms & sentiments 집단규범·온정주의 • grapevines 비공식적 커뮤니케이션

(출처: Mullins(2002), Management & Organizational Behavior, p.99)

〈표 7-2〉 조직구조유형

전통적 조직구조	민쯔버그(H. Mintzberg) 조직구조	현대적 조직구조
• 기능별 조직 • 사업부 조직 • 매트릭스 조직	• 단순 조직 • 기계적 관료조직1) • 전문적 관료조직 • 사업부 조직 • 에드호크래시 조직	• 버츄얼 조직(virtual)2) • 팀 조직 • 네트워크 조직 • 오케스트라 조직

(출처: 임창희(2007), 조직행동, pp.448-457, 참고 재구성)

---

1) 독일 사회학자 Max Weber가 처음 제시한 관료주의(bureaucracy)는 대기업(large-scale establishment)에서 나타나는 현상으로 오늘날 '조직경직성'(rigidity)과 '형식주의'(red tape)를 의미하는 용어이다. 관료주의의 특성은 다음과 같다.
   • 의무와 책임의 명확한 구분(clear role definitions of duties and responsibilities)
   • 권한의 위계구조(hierarchical structure of authority)
   • 노동의 분권화(division of labour)
   • 노동의 전문화(high level of specialization)
   • 의사결정의 획일성(uniformity of decisions)
   • 규칙, 절차, 제반 법규에 의존하는 시스템(elaborate system of rules, procedures and regulations)

1-3. 항공사 조직구조

지난 몇 년 동안 전 세계 주요 항공사들은 조직을 다각화(diversifying)하여 치열한 경쟁에 대처해왔으나, 이러한 다각화된 즉 비대화(肥大化)한 조직구조는 기업경영을 어렵게 하는 요인으로 작용했다. 항공사는 비대화로 인해 경쟁력을 잃은 조직을 환경변화에 민첩하게 대응하고 경쟁력을 갖춘 새로운 조직모델(organizational models)로 만들어야 한다. 이 조직모델은 조직구성원이 수익성(profitability)을 책임지는 '반자치사업단위' (semiautonomous business units)라 부른다. 항공사 조직구조는 처음 기능별 조직구조 모델로 시작해서 점차 사업부 조직구조 형태로 전환되고 있다(Heynold & Rosander, 2006).[3]

1) 기능별 조직구조

항공사 기능별 조직구조(functional organizational model)는 수십년 동안 역할을 잘 수행했었다. 항공사 기능별 조직구조는 전문가집단을 특정 분야로 모이게 함으로써 기업은 분야별 전문가양성(technical expertise)을 촉진시키고, 규모의 경제(economies of scale)를 누릴 수 있었다. 또한 모든 부서의 책임소재(accountability)와 업무성과 및 실적(efficiency)이 CEO 한 사람에게 집중되었다(Heynold & Rosander, 2006).

- 전문화된 자격요건에 충실한 고용체계(employment based on technical qualifications)
- 의무와 책임 수행의 공평성(impartiality in undertaking duties and responsibilities)
  (출처: Mullins(2001), Hospitality Management and Organizational Behavior, p.186)
2) A "virtual enterprise" enables all network members to access the resources of all the other members, allowing them to get help when needed to complete essential projects. Before virtual structures were established and used effectively, a particular atmosphere of trust had to be established between the partners. The most important goal during the initial phase of a virtual company was to build up a personal and intellectual foundation for future computer-assisted transfers of knowledge. Partners became familiar with each others' structure, competencies, and personalities through personal meetings.
   (출처: Jensen & Ursula(1999), Nature Biotechnology, Vol.17, pp.37-39. 참고 발췌)
3) 본 내용은 저자가(출처: www.mckinseyquarterly.com/Transportation), The McKinsey Quarterly를 참고하여 요약·정리한 것이다. 논문제목은 A new organizational model for airlines이다.

┃그림 7-2┃ 항공사 기능별 조직구조 모델(The functional model)

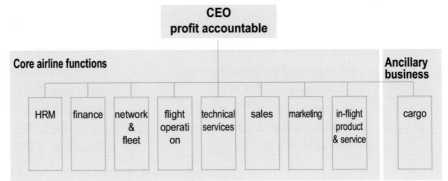

(출처: Heynold & Rosander(2006, May), The McKinsey Quarterly)

위의 〈그림 7-2〉에서 보는 바와 같이 기능별 조직구조를 갖춘 항공사는 최고경영자 (CEO) 아래 핵심기능(core airline functions)과 Cargo업무를 수행하는 ① 인적자원 관리 (HR), ② 재무(finance), ③ 노선기획·수익관리(network, fleet), ④ 항공운항(flight operations), ⑤ 기술지원, ⑥ 판매(sales), ⑦ 마케팅(marketing), ⑧ 케이터링·공항지상서비스 (in-flight products and service), ⑨ Cargo 부서를 두고 있다. 항공사 기능별 조직구조는 영업, 운영, 서비스 등 모든 부서 기능을 최고경영자에게 보고하는 시스템이다. 따라서 의사결정시 시간이 지체되어 급변하는 경쟁환경에 신속하게 대처하지 못하는 단점이 있 다(Heynold & Rosander, 2006).

2) 사업부 조직구조

항공사 사업부 조직구조는 크게 ① 기업전략본부(strategic corporate centers), ② 영업· 수익사업본부(profit centers)로 구성되어 있다. 기업전략본부는 ① 재무, ② 전략수립, ③ 인적자원관리, ④ 안전관리 등 4개 센터로 나누어진다. 영업·수익사업본부는 ① 항공사 업부, ② 서비스사업부, ③ 다각화사업부로 나누어지고, 3개의 사업 아래 4개의 사업부 (business unit)를 두고 있다. 조직구조(business unit organizational structure)는 조직이 다 각화된 항공사에 적합하다. 독립 운영관리 권한(authority)이 있는 사업부(사업단위; business unit) 조직구조 항공사는 전략을 세워 급속하게 변화하는 시장환경에 잘 대처할 수 있고, CEO를 포함한 고위직은 매일 매일 당면한 영업에 대해서 책임이 상대적으로 높지 않기 때문에 전략을 세우는데 역량을 집중할 수 있다. 사업부 조직구조의 항공사 성공은 부서 간 독립성(independence)을 유지하면서 상호협력(collaboration)을 유도하는 것에 달려 있다(Heynold & Rosander, 2006).

┃그림 7-3┃ 항공사 사업부 조직구조 모델(The business unit organization structure for airlines)

(출처: Heynold & Rosander(2006, May), The McKinsey Quarterly)

사업부 조직구조는 1990년대부터 Air Canada, Qantas Airways, SAS, Singapore Airlines, Lufthansa, Korean Air 등이 채택하고 있다. 사업부 조직구조는 각 부서별로 의사결정 권한이 있고, 수익성(profitability)에 대해서 해당 사업부가 책임을 지는 구조이다. 다음 〈그림 7-4〉는 대한민국 국적항공사 대한항공(Korean Air)의 조직구 조이다. 대한항공은 위 조직구조와 유사한 '수정된' 사업부 조직구조를 채택하고 있다.

▌그림 7-4▐ 대한항공 조직구조

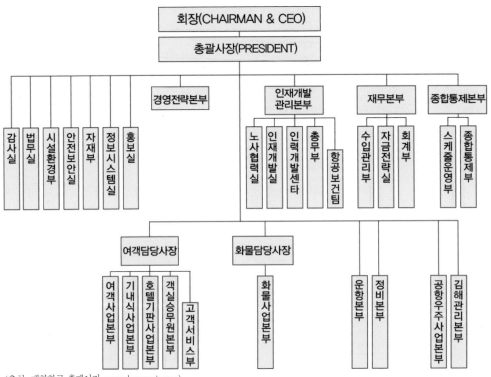

(출처: 대한항공 홈페이지, www.koreanair.com)

위의 〈그림 7-4〉에서 보는 바와 같이 대한항공은 회장(chairman), 부회장(president) 아래 ① 경영전략본부, ② 인재개발본부, ③ 재무본부, ④ 종합통제본부를 두고 있으며, 회장과 사장 직속(直屬)으로 여객담당사장(passenger), 화물담당사장(cargo) 체제이다. 대한항공의 조직구조는 기능별 조직구조와 사업부 조직구조를 결합시킨 '혼합형' 구조로 되어 있다.

2. 항공사 인적자원관리

항공사를 포함한 관광산업은 고객지향산업이며 노동집약적산업(labour intensive industry)이기 때문에 인적자원관리(HRM)가 기업의 성공과 실패를 결정짓는다는 연구결과가 많이 나왔다. 본서는 항공사는 인적자원 의존도가 높은 고객지향산업이라는 대전제(大前提) 아래 인적자원관리(HRM)에 대해서 설명한다.

2-1. 인적자원관리(human resources management)

피터 드러커(Drucker)는 "경영이란 인간에 관한 것이다. 경영의 과제는 사람들로 하여금 공동 노력을 할 수 있도록 하고, 사람들의 강점을 기초로 목표를 달성하도록 하고, 그들의 약점이 목표달성에 방해가 되지 않도록 하는 것이다"[4]라고 말했다(이재규, 2007). 이를 해석하면 경영의 핵심은 인적자원관리(human resource management)를 통한 기업의 목표달성에 있다고 볼 수 있다.

자원(자산)은 크게 ① 유형자원(tangible), ② 무형자원(intangible)으로 나누어지고, 기업활동을 수행하게 하는 자산(assets)이다. 자원과 자산은 서로 교환하여 사용될 수 있다. 유형자산은 기업 밖(outside organization)에서 획득되며, 무형자산은 대부분 기업 내(within an organization)에서 개발된다(Evans, Campbell & Stonehouse, 2005).

- ■ 유형자산(intangible assets)
  - 주식(stocks)
  - 원재료(material)
  - 기계·설비(machinery)
  - 빌딩(building)
  - 재정상태(finance)
  - 인적자원(human resources)

---

4) Management is about human beings. Its task is to make people capable of joint performance, to make their strengths effective and their weakness irrelevant.

- 무형자산(intangible assets)
  - 재능 · 능력(skills)
  - 정보와 지식(knowledge)
  - 브랜드명성(brand name)
  - 이미지(image)
  - 특허권(patent rights)

항공규제 완화 이후 항공사는 다음과 같은 3가지 상황에 직면하여 HRM 필요성이 대두되고 그 중요성이 부각되고 있다(Holtbrugge, Wilson & Berg, 2006).

첫째, 항공규제 완화 이후 줄곧 항공산업(airline industry)은 치열한 경쟁상황(competition)에 직면해 있다. 항공산업은 노동민감도(labour-sensitive)가 낮은 산업에서 노동민감도가 높은 산업으로 바뀌었고, 저가항공사(LCC)의 출현으로 요금전쟁이 시작되었다. 항공사 간 이른바 요금전쟁(price war)에서 비교우위를 확보하기 위해서 효율성을 높여야 하는데, 항공사의 효율성(efficiency)과 생산성(productivity) 증대는 HRM에 의해서 크게 영향을 받는다.

둘째, 승객들의 안전민감도(safety-sensitivity)가 증대되고 있다. 특히 9 · 11 테러 이후전 세계 항공관광객들이 안전문제에 대해서 더욱 민감해졌다. 항공기술은 신뢰(reliable)가 가지만, 지난 몇 년 동안 발생했던 항공사고의 60~80%는 인재(人災 · human errors)로 판명되었다. 항공 관련 사고를 일으키게 했던 요인으로 ① 인지 · 사회적 능력 결여, ② 통신능력 부족, ③ 종사원간 협력 결여, ④ 잘못된 의사결정, ⑤ 구성원간 이해부족, ⑥ 리더십 부족이다. 이러한 부족한 부분은 교육 · 훈련과 같은 HRM으로 보완하여, 피해를 최소화할 수 있다.

셋째, 항공산업처럼 경쟁이 치열한 시장환경 아래서 항공사가 살아남아 경쟁우위를 확보하기 위해서 양질의 고객서비스가 필수적이다. 항공사는 최고서비스 제공, 고객만족 증대, 항공사 브랜드 강화, 고객유지, 마케팅비용 절감 등을 통해서 수익성(profitability)을 높인다. 항공사 서비스는 매우 유사하므로 차별화하기가 힘들고, 결국 경쟁우위(competitive advantage)는 서비스를 연출하는 종사원에 달려 있다. 항공사의 핵심역량

(core competence)은 바로 종사원으로부터 나온다. 이 핵심역량을 강화하는 길은 바로 인적자원관리(HRM)를 통해서만 찾을 수 있다. 다음 〈그림 7-5〉은 자원(resources),5) 역량(competences),6) 핵심역량 그리고 경쟁우위를 보여주고 있다(Evans, Campbell & Stonehouse, 2003).

┃그림 7-5┃ 항공사 핵심역량과 경쟁우위

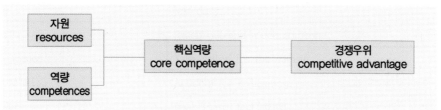

(출처: Evans, Campbell & Stonehouse(2003), Strategic Management for Travel and Tourism, p.50).

위의 〈그림 7-5〉에서 보는 바와 같이 항공사가 경쟁우위(competitive advantage)를 누리기 위해서는 자원(resources)과 역량(competences)을 조화롭게 결합시켜 핵심역량을 확보하는 것이 중요하다. 여기서 말하는 핵심역량이란 독특한 능력(distinctive capability)으로 해석이 가능하며, 특정 기업이 소유하고 있는 특성들의 결합이다. 핵심역량은 산업평균을 능가하는 실적이나 성과를 낳게 한다. 핵심역량은 일반적인 기업의 역량(competences)과 다음과 같은 방법으로 구별될 수 있다(Evans, Campbell & Stonehouse, 2003).

---

5) 자원(resources)이란 기업활동에 사용되는 투입(input)이다. 기업의 성공은 자원을 산출(産出; output)로 전환시키는 효율성(efficiency)에 의해서 결정된다. 자원의 유형은 크게 ① 인적자원, ② 재정자원, ③ 물적자원(빌딩, 설비 등), ④ 운용자원(operational; 비행기, 선박, 자동차), ⑤ 무형자원(노하우, 특허, 저작권, 브랜드, 상표권 등)으로 나누어진다.
   (Evans, Campbell & Stonehouse(2003), Strategic Management for Travel and Tourism, p.49 참고)

6) Competences are attributes like skills, knowledge, technology and relationships that are common among the competitors an industry(역량은 산업체 내 모든 경쟁들이 공통적으로 갖고있는 숙련된 기술, 지식·정보, 기술, 관계능력과 같은 특성들이다. 이는 경쟁자와 차별화되어 있지 않으며, 모두가 소유하고 있는 기본 능력이다).

(1) 독점성(only possessed)

(2) 독특성(unique)

(3) 종합성(complex)

(4) 모방 어려움 혹은 불가(difficult to emulate)

(5) 고객욕구 충족(fulfilling customer needs)

(6) 부가가치 창출(add greater value)

(7) 고객, 유통업자, 공급업자와 관련성(distinctive relationships with customers, distributors, and suppliers)

(8) 기술과 지식의 우월성(superior organizational skills and knowledge)

따라서 항공사는 치열한 경쟁상황에서 경쟁력(competitive)을 확보하기 위해서 핵심역량(core competence)을 구비한 인적자원을 확보해야 한다. 관광·환대산업은 고객지향산업(people-oriented profession)이다. 관광·환대산업에서 직업을 구하려는 사람은 고객과 상호작용하는 능력 즉 사회적 능력(social skills)이 필요할 뿐만 아니라, 신뢰성(reliability), 헌신·몰입(dedication), 부지런함(willingness to work hard), 고객의 욕구에 대한 관심(interest), 그리고 문제해결능력이 있어야 한다. 이러한 조건이 성공(success)의 선행조건(先行條件; primary requisites)이다(Dittmer & Griffin, 1993).

2-2. 인적자원관리 시스템

인적자원관리란 기업의 경영활동에 필요한 인적자원(human resources)의 합리적인 관리 시스템으로서 기업의 목적달성 및 유지·발전을 위해 요구되는 인재를 확보하고, 육성·개발하여, 보상 및 유지활동을 이룩해 가는 이론적·실천적 지식의 총체라 규정할 수 있다. 인적자원관리(human resource management)는 인적자원의 확보로부터 노동력의 육성개발과 유지활동에 이르기까지 모든 기능을 대상으로 하는 관리활동체계인 것이다(윤대혁·정형일, 2006).

인적자원관리(HRM)는 기업의 인적자원을 관리하는 경영관리기능의 한 분야로서 기업의 전반적인 경영전략과 목표달성에 중요한 기능을 발휘하고 있다. 인적자원의 관리에는 여러 가지 기능이 포함되어 있고 이들 기능은 상호 밀접한 관계를 맺고 있으며, 학자들에 따라 다양하고 구체적인 분류를 하고 있기 때문에 이들 기능을 체계적으로 분류하기는 힘들다. 하지만 인적자원관리의 구성체계는 ① 인적자원의 확보, ② 인적자원의 개발, ③ 인적자원의 활용과 유지로 구성되어 있다(이영관·박시사·장희정, 2002). 이수광·이재섭(2003)은 인적자원관리 구성체계를 ① 인적자원 확보, ② 인적자원 개발·유지, ③ 인적자원 평가·보상·퇴출로 나누어 제시했다. 본서는 아래 〈그림 7-6〉 인적자원관리 파이프라인에 기초하여 전개하였다.

┃그림 7-6┃ 인적자원관리(HRM) 파이프라인

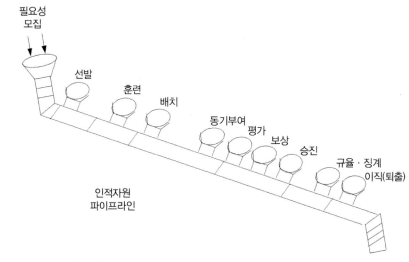

(출처: 박시사(2003), 여행업경영, 290쪽)

위의 〈그림 7-6〉에서 보는 바와 같이 인적자원 파이프라인은 모집 → 선발 → 교육·훈련 → 배치 → 동기부여 → 평가 → 보상 → 승진 → 규율·징계 → 퇴출·이직 등의 순이다. 본서는 ① 채용(모집+선발), ② 교육훈련, ③ 동기부여, ④ 보상, ⑤ 이직에 대해서 설명하였다.

1) 채용 = 모집 + 선발(recruitment+selection)

채용(採用)이란 기업에 일자리(job)가 생겼을 때 필요한 인적자원을 찾아(sourcing), 분류·식별(screening)하여 선택(selecting)하는 과정(process)이다. 사전적(국어사전) 정의에 의하면 채용이란 "사람을 골라서 씀"이다. 채용=모집+선발로 해석이 가능하다.

채용은 조직(기업)이 인적자원을 확보하는 과정이다. 유능한 직원을 채용하기 위해서 서비스 기업은 기업이 필요로 하는 인적자원이 무엇인지에 대해서 심도있게 고려해야 한다. 기업의 채용은 대부분 인사부서(personnel department)에서 담당한다. 통상적으로 인사부서는 다음과 같은 채용(모집; recruitment)기준을 두고 있다(Palmer, 1994).

- 모집정책개발(development of recruitment policies)
- 상시 모집절차 마련(establishment of routine recruitment procedures)
- 직무기술서 마련(establishment of job descriptions)[7]
- 개인별 직무명세서 개발(development of a person specification)
- 구직광고(adversing of job vacancies)

모집이 지원자를 구하는 적극적이고 공격적인 활동인 반면, 선발(selection)은 지원자 중 '성공적으로 직무를 수행할 종사원'을 선별(選別)하는 방어적인 활동이라고 할 수 있다. 기업은 성공적인 선발을 위해서 선발방법에 대한 정책적 인재관(人才觀)이 확립되어야 한다. 대표적인 인재관은 다음과 같다(이수광·이재섭, 2003).

- 직무중심의 인재관
- 경력중심의 인재관
- 기업문화중심의 인재관
- 경영전략 중심의 인재관 등[8]

---

7) 직무기술서(job descriptions)란 인사관리의 기초가 되는 것으로서 직무의 분류, 직무평가와 함께 직무분석을 위한 중요한 자료이다. 일반적으로 직무명칭, 소속, 직군 및 직종, 직무의 내용, 직무수행 방법 및 절차, 작업 조건 등이 기록되며, 직무의 목적과 표준성과(performance standard)를 제시해줌으로써 직무에서 기대되는 결과와 직무수행방법을 간단하게 설명해준다.

8) 직무중심의 인재관은 배치될 직무의 수행자로서 요구되는 자격요건과 적합(fit)한 지원자를 선발하는 것을 말하며, 경력중심의 인재관은 담당 배치될 직무는 물론, 장기적으로 쌓아 갈 경력경로(career path)가 요구하는 지원자의 능력과 잠재능력을 고려하여 선발하는 인재관이다. 기업문화중심의 인재관은 기업문화에 잘 맞는 지원자를 바람직한 지원자로 간주하는 인재관이고, 경영전략중심의 인재관은 경영전략을 성공적으로 수

피터 드러커(Peter Drucker)는 노동자(worker)의 유형을 ① 육체 노동자, ② 지식근로자, ③ 서비스 근로자로 나누어 이 세 가지 유형의 근로자들이 각각 필요한 조건을 제시하였다. 육체 노동자의 경우에는 효율성(efficiency), 즉 주어진 일을 제대로 완수하는 능력이 필요하다. 지식근로자는 목표달성능력(effectiveness), 즉 올바른 일을 달성하는 능력이 중요하다. 반면 서비스 근로자(service workers)는 포괄적인 지식이나 높은 수준의 문제해결을 필요로 하지 않지만, 자부심이 필요하다고 말했다. 가령, 항공사 승무원과 같은 서비스 근로자는 고객에게 자신의 회사를 대변하고 있으며, 그들의 자부심은 고객과의 상호작용에 반영되곤 한다(이재규, 2007).

2015년 12월말 기준, 대한항공은 총 16,879명의 직원이 있다. 대한항공서비스제공 종사자(service providers)는 크게 ① 운항승무원(조종사), ② 객실승무원, ③ 기술직원, ④ 일반직원, ⑤ 해외 현지지원 등으로 나눈다.

국적항공사인 대한항공, 아시아나항공 그리고 외국 취항항공사(on-line airline)는 정규채용과 수시채용을 병행하고 있다. 특히 외국항공사는 국내에서 소수인원을 채용하는 관계로 수시채용에 의존하고 있다. 한국인이 가장 많이 승무원(cabin crew)으로 취업하는 외국항공사인 Emirates항공의 채용절차(recruitment process)는 다음과 같다(http://www.emiratesgroupcareers.com).

Step 1: Applying online

Step 2: Selection process

Step 3: Post selection process

Step 4: Joining formalities

다음 〈그림 7-7〉은 두바이(Dubai) 타워 전경이다. 현대 건축의 백미이자 인간 창조력과 기술의 한계가 어디인지에 대한 질문을 던져주는 '인간이 만든 관광대상'(manmade tourist attraction)이다. 또한 인간 도전정신의 아름다운 산물(産物)이다.

행할 자격요건을 지닌 지원자를 바람직한 지원자로 간주(看做)하여 선발하는 것을 말한다.
(출처: 이수광·이재섭(2003), 서비스산업의 인적자원관리, 225-226쪽 참고)

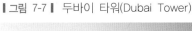

┃그림 7-7 ┃ 두바이 타워(Dubai Tower)

(출처: architecture.myninjaplease.com/무(無)에서 유(有)를 창조한 Dubai 도시 전경 /Emirates 항공
　　　본사가 Dubai에 있다)

┃그림 7-8 ┃ 항공사 채용과 교육기관

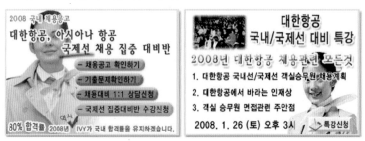

(출처: http://www.ivysa.com/국적항공사 채용을 알리는 Institute 사이트)

　　일반적으로 선발과정(selection process)은 서류전형 → 선발시험 → 선발면접 → 경력
및 신원조회 → 신체검사 → 선발결정 → 채용 순으로 이어진다. 대한항공(Korean Air)
객실승무원9) 채용 전형절차는 서류전형 → 1차 면접 → 인성·직무·능력검사 → 2차

---

9) 대한항공서비스의 최일선(最一線)인 기내에서 근무하는 객실승무직은 채용 후 신입전문훈련을 받게 되며 훈

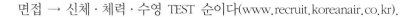

면접 → 신체 · 체력 · 수영 TEST 순이다(www.recruit.koreanair.co.kr).

사우스웨스트 항공 인재관

사우스웨스트 항공(Southwest Airlines)은 기업의 가치를 준수할 인력을 채용하는 길이 동종업계에서 경쟁우위를 유지하는 데 가장 중요한 원천이라고 생각한다. 이 기업은 자신의 이해를 내세우지 않고 고객을 중심으로 생각하며 동료와 조화를 이루어 업무를 수행하는 인력을 선호한다.

사우스웨스트가 가장 중요하게 생각하는 일은 올바른 자세를 갖춘 인력을 채용하는 것이다. 단체 인터뷰에서 면접관은 지원자에게 5분 동안 자신을 소개하라고 하고, 그 지원자가 발표를 할 때 다른 지원자들이 하는 행동을 관찰한다. 다른 지원자가 발표하고 있는 동안 자신의 발표를 준비하는 지원자는 채용대상에서 제외된다. 하지만 발표자의 말을 경청하는 지원자는 채용될 가능성이 높다.

한 조종사 지원자는 인터뷰 중에 반바지 모델이 되는 것을 거부하여 채용대상에서 제외되었다. 사우스웨스트는 이런 요청에 대해 조종사가 어떤 반응을 보이는지를 보고 그 사람의 유머 감각을 테스트한다.

이 회사는 팀을 중심으로 행동하는 자세가 경쟁사인 아메리칸 항공(American Airlines)처럼 내부적으로 경쟁하는 것보다 고객에게 더 나은 서비스를 제공하는 경쟁우위의 원천이라고 믿는다.

자신의 이해를 내세우지 않고 고객을 중심으로 생각하며 동료와 조화를 이루어 업무를 수행하는 사람….

사우스웨스트 항공이 생각하는 '인재상'이다. '올바른 자세'를 갖춘 사람을 높게 평가한다는 얘기다. 단체 인터뷰에서 다른 지원자의 말을 경청하는 사람을 선호하는 것도 이런 이유에서이다.

사우스웨스트 항공은 자신의 일에 만족하고 다른 직원들과 조화를 이루어 일하는 직원이, 고객에게 더 나은 서비스를 제공한다고 믿는다.

(출처: 예병일의 경제노트, 2007.11.30/www.econote.co.kr)

련 수료 후 당사 국내노선 및 국제노선에 탑승하여 다양한 업무를 수행하게 된다. 객실승무원에게 있어서 객실 안전 및 쾌적 유지와 서비스제공은 가장 중요한 업무이다. 대한항공 객실승무원 응시자격은 ① 신장 162cm 이상, 교정시력 1.0 이상인 자, ② 2년제 전문대학 이상 졸업자, ③ 전공 제한이 없고 학업성적이 우수하며 해외여행에 결격사유가 없는 자이다.

(출처: 대한항공 웹사이트/ http://recruit.koreanair.co.kr)

조직문화는 인간유전자 DNA와 같아서 모두 독특하고(unique) 특별하다. 모든 기업의 문화는 각각 강점(strength)과 약점(weakness)이 있으므로, 종사원을 채용할 때 재능이 있고(talented), 경쟁력이 있고(competitive) 기업문화에 적합한(cultural fit)지에 대해서 검토한다. 기업 인사담당자는 기업의 '문화적 틀'(cultural fabric)인 가치관(values), 윤리(ethics), 직무스타일(work style), 리더십유형(leadership pattern), 기업운영철학(philosophy of running the business), 그리고 종사원관리 방법(managing its people)을 저해(沮害)시키는 인적자원을 고용하지 않는다(http://www.expressitpeople.com). 따라서 특정 항공사에 관심이 있으면, 응모자(applicant)는 조직문화를 이해하고, 그 기업이 필요로 하는 인재상(人材像)에 접근하려는 노력을 해야 한다.

2) 교육·훈련

윤대혁·정형일(2006)은 교육과 훈련을 ① 추구하는 목표, ② 기대되는 결과에 따라 차를 구분하여 설명하였다. 첫째, 추구하는 목표에 따라 개념상 차이가 있다. 훈련(訓練)의 경우 특정 기업의 특정 직무수행에 도움을 주기 위한 것이 주된 목적이지만, 교육(敎育)은 인간으로 할 수 있는 다양한 역할의 습득과 함양에 보다 큰 비중을 두고 있다. 둘째, 기대되는 결과에 따라 훈련과 교육은 구분된다. 훈련의 경우 특정한 행동결과를 기대하지만, 교육의 경우 반드시 그렇지는 않다. 따라서 훈련의 경우 반응 폭이 제한적이지만 교육의 경우 다양한 것을 허용한다. 교육과 훈련은 대체로 동의어(同義語)로 혼용되는 경우가 많으나 원칙적으로 다음 〈표 7-3〉과 같이 개념상 차이가 있다(윤대혁·정형일, 2006).

〈표 7-3〉 교육과 훈련의 차이

교육	훈련
• 특정 직무와 관련이 없는 일반지식, 기초이론 • 객관적인 지식을 습득하는 것 • 대체로 상위직급을 대상으로 함 • 아는 힘, 지식을 얻는 것 • 정신적 의미가 강함 • 환경에 적응할 수 있는 능력 배양	• 특정 직무와 관련된 지식과 기능을 습득 숙달시킴 • 주관적 경험을 습득하는 것 • 주로 종사원 대상 • 할 수 있는 힘, 기능을 습득하는 것 • 육체적·기능적 의미가 강함 • 새로운 기술의 습득 연마

(출처: 윤대혁·정형일(2006), 인적자원관리, 441쪽)

중국 5대 경서(經書), 즉 詩經, 書經, 周易, 禮記, 春秋 중의 하나인 예기(禮記)에 나오는 "玉不琢(yubuzhuo)이면 不成器(buchengqi)요, 人不學(renbuxue)이면 不知道(buzhidao)라(옥불탁이면 불성기요 인불학이면 부지도라)"는 구절은 "옥은 다듬지 않으면 그릇이 되지 못하고, 사람은 배우지 않으면 도(올바른 길)를 알지 못한다"라고 해석된다. 이 구절을 현대적 의미로 음미(吟味)해 보면, 교육(教育)과 훈련(訓練)의 중요성을 강조한 명구(名句)이다.

▌그림 7-9 ▌ 기내서비스+승무원+ 5 Star 항공

(출처: www.viviras-siempre.livejournal.com/ 이제 승무원은 여성만의 직업이 아니다. 이들은 얼마나 많은 교육과 훈련을 받았기에 자연스럽게 보일까? 남녀환상조화 서비스, 5 star 항공사)

3) 동기부여(motivation)

업무수행능력은 종사원의 능력(ability)과 종사원에게 부여된 '동기의 힘'(strength of motivation)에 의해서 결정된다. 경영관리자가 종사원의 능력을 최대로 실현시키려면, 우선 직업동기(work motivation)와 직무만족(job satisfaction)에 관심을 두어야 한다. 이를 간단한 방정식으로 표시하면, 업무수행능력(업무성과, performance) = 종사원능력×동기(ability×motivation) 등식이 성립된다. 인간은 보람되고 의미 있는 직무에서 성취감과 개인적 성장을 경험할 수 있으면, 더욱 동기화된다. 일반적으로 직장에서 동기는 개인의 욕구(needs)와 기대(expectations)에서 비롯된다. 종사원은 직장에서 다양한 변화요인, 갈등, 욕구, 기대를 갖고 있다. 종사원은 자신이 직면한 변화와 갈등을 해결하고, 욕구와 기대를 다양한 방법으로 충족시킨다. 이러한 욕구와 기대는 동기와 직무만족과 관련이 있는데, 다음은 종사원에게 동기를 부여하고 직무만족을 시키는 3가지 항목이다(Mullins, 1993).

- 경제적 보상(economic rewards)
  - 급료(pay)
  - 직업안정성(job security)
  - 연금혜택(pension rights)
  - 유형재 지원(material goods)
  - 보너스(perks & fringe)
  - 숙소제공(live-in accommodation)
  - 식사제공(meals)
- 근본적 만족도(intrinsic satisfaction)[10]
  - 흥미로운 직무(interesting job)
  - 도전적 직무(challenging jobs)
  - 다양성(variety)
  - 참여, 성취감(sense of involvement & achievement)

---

10) '근본적 만족도'(intrinsic satisfaction)란 직무 그 자체 특성으로부터 얻을 수 있는 만족도이다.

- 개인적 발전(personal development)

■ 사회적 관계
- 직장환경(work environment)
- 동료의식(comradeship)
- 동우회(group membership)
- 위상·사회적 지위(feeling of status)
- 지원·소속감(support or belonging)

Abraham H. Maslow(1954)는 인간의 욕구를 아래 〈그림 7-10〉과 같이 ① 생리적 욕구, ② 안전욕구, ③ 소속·사랑욕구, ④ 존경, 자존욕구, ⑤ 자아실현욕구로 분류하여 제시하였다. Maslow는 인간은 기본욕구인 생리적 욕구(needs)가 충족되면 상위 욕구가 출현하고, 그 계속 다음 욕구로 발전하게 된다고 주장했다(Maslow, 1954).

┃그림 7-10┃ Maslow 욕구발달 5단계

The Self Actualization Needs

The Esteem Needs

The Love and Belonging Needs

The Safety Needs

The Physiological Needs

(출처: Abraham H. Maslow(1954) Motivation and Personality, pp.35~47. 참고 저자 재구성)

경영자(manager)는 Maslow의 욕구단계(hierarchy of needs)를 인적자원관리(HRM)에 활용하는데, 경영자가 동기부여(motivation)를 종사원에게 적용하는 실천행동들은 다음과 같다(Drummond, 1990).

- 자아실현욕구(self-actualization needs)
  - 도전적 직무부여(challenging work)
  - 경영참여(participative management)

- 존경, 자존욕구(esteem needs)
  - 직위부여(title)
  - 승진(promotion)
  - 권한위임, 책임부여(delegation of responsibility & authority)
  - 긍정적 강화(positive reinforcement)
  - 순환근무(job rotation)
  - 우수사원제 도입(certificates of achievement)
  - 훈련(training)

- 소속, 사랑욕구(belonging or love needs)
  - 단체운동(team sports)
  - 소식지발간(company newsletter)
  - 회사슬로건(slogan)
  - 단체모임(group meeting)
  - 회사지원특별 이벤트(company-sponsored events)

- 안전욕구(safety needs)
  - 사내안전교육(on-the-job-safety program)
  - 건강보험제도(health insurance)
  - 연금제도(pension plan)
  - 공정한 평가시스템(fair evaluation system)

- 공정한 규율, 훈육시스템(fair disciplinary system)
- 노동조합활동(union)

■ 생리적 욕구(physiological needs)
- 임금지급(adequate wages)
- 휴식시간제공(rest breaks during shift)
- 청정한 작업환경(clean air)
- 최적의 습도, 온도(appropriate temperature and humidity)
- 제시간 식사(meals during shift)

4) 보상(compensation/rewards)

보상이란 종사원들에게 제공된 다양한 형태의 금전적 수혜와 보답(pay & reward)이다. 보상은 크게 2가지 유형, 즉 직접·재정적 수혜와 간접·재정적 편익으로 나누어진다(Cullen, 2001).

■ 직접적 금전보상(direct financial payments)
- 급료인상(wages)
- 봉급인상(salaries)
- 인센티브(incentives)
- 커미션(commissions)
- 보너스(bonuses)

■ 간접적 보상(indirect payments)
- 의료보험 회사지급(employer-paid insurance)
- 여행기회 제공(vacations)

종사원은 근무하면서 변화에 직면하고 갈등을 겪고 있으며, 다양한 방법으로 욕구(needs)와 기대(expectation)를 충족시키려고 한다. 종사원은 욕구와 기대를 충족시키고자 행동(behavior or action)을 하는데 이 행동이 바로 동기의 추동력(driving force)이다. 항공사를 포함한 관광기업은 업무성과가 뛰어나 종사원을 보상해주어 더 좋은 실적을 내도록 장려한다. 이러한 기업은 종사원 장려와 보상책의 하나로 '포상여행'(incentive travel)을 이용한다(Davidson, 1994).

5) 전직(turnover)

전직(轉職)이란 한 직장 내 일정기간 근무하다 여러 요인과 사정으로 직장을 옮기게 되는 것을 말한다. 전직은 기업구성원을 고용하고, 그 뒤 교육과 훈련을 시키기 위해 투입한 기업의 비용과 시간을 낭비시키는 결과를 가져온다. 전직은 인적 구성원을 재편성 하는데 불필요한 노력을 요구하기 때문에 기업에 큰 손실을 끼친다(김정수, 2007). 항공사의 서비스 집약적 특성과 상대적 높은 노동비용 때문에 승무원의 전직은 기업에 큰 부담으로 작용하고 있다. 승무원은 고객과 만나는 최접점(最接點) 서비스 담당자이고, 고객에게 서비스를 전달하는데 중요한 역할을 수행한다. 항공사는 기내서비스 품질을 향상시키기 위해서 승무원 훈련에 많은 자원과 예산을 투여한다. 하지만 승무원 업무는 원래 스트레스가 많고, 직무환경이 상대적으로 일정치 않아 승무원 전직률이 높다(Chen, 2006).

관광기업은 전직을 줄이고 종사원을 유지(retention)시키기 위해 인센티브 프로그램 (incentive programs)과 동기부여책(motivators)을 활용하고 있다. 실제로 동기부여 정도 가 높은 종사원은 현 직장에 계속 남을 의도가 강하고, 전직성향이 낮다(Tanke, 1990).

항공사는 전직률(turnover)이 높은 산업으로 알려져 있다. 전직이 높은 산업에서 좋은 종사원을 유지관리(retention management)하는 것은 기업성공의 관건이다. 특히 항공사 와 같은 관공산업은 고객의 신뢰를 얻는데 시간과 노력이 많이 소요되는 산업이기 때문 에 종사원 유지관리는 매우 중요하다. 허쯔버그(F.Herzberg)는 2 요인 즉 만족요인과 불 만족요인으로 구분하였다. 특히 아래 〈그림 7-11〉에서 보는 바와 같이 종사원의 전직은 불만족 요인(hygiene factors)에 의해서 많은 영향을 받는다는 연구결과가 다수 나왔다. 따라서 종사원 전직을 낮추기 위해서 만족요인 뿐만 아니라 불만족요인에 관심을 두어 야 함을 함축(implication)해주고 있다.

┃그림 7-11 ┃ 종사원 만족, 불만족 요인(hygiene factors/motivation factors)

Dissatisfaction : Hygiene Factors(불만족 요인)

- Company Policy and Administration(회사 방침과 행정)
- Supervision(관리감독)
- Relationship with Team Leader(상사와 관계)
- Relations with Peers(직장동료관계)
- Working Conditions(직장환경/직무환경)
- Salary(임금)
- Relationships with Subordinates(부하와 관계)

Employees's Dissatisfaction
Employees's Satisfaction

- Opportunity for Achievement(승진 및 성취기회)
- Opportunity for Recognition(인정받을 기회)
- Work Itself(일 자체, 흥미)
- Responsibility(책임감 부여)
- Advancement(승진, 발전)
- Personal Growth(개인적 성장)

Satisfaction : Motivation Factors(만족요인)

(출처: 박시사(2003), 여행업경영, 297쪽)

3. 경영자, 리더 그리고 인적자원관리

미국 공화당 대통령 후보 McCain은(2008년 1월 25일) "미국인은 경영자를 찾지 않고 리더를 원하고 있다"고 하면서 Rommey 후보를 공격했다(http://www.politico.com).11)

그럼 경영자(manger)와 리더(leader)는 어떤 차이가 있는가? 우선 경영과 리더십에 대해서 간략하게 알아보자.

---

11) "America is looking for leaders, not managers," McCain said, hitting Rommey.

경영은 기업의 자원을 ① 기획(planning), ② 조직(organizing), ③ 통제(controlling), ④ 지휘·방향제시(directing)하면서 효과적이며 효율적으로 조직목표를 달성하는 과정(process)이다. 반면 리더십(leadership)은 집단, 기업 그리고 사회적 목표를 달성하는데 리더와 구성원 사이에서 필요한 영향력(influence)을 행사하는 과정(process)이다. 또한 경영자(manager)는 ① 조직(organization), ② 기획(planning), ③ 스탭핑(staffing), ④ 통제(controling), ⑤ 지휘·방향제시(directing) 5가지 기능을 수행한다. 하지만 리더(leader)는 이 중에서 지휘·방향제시(directing function) 역할만 한다. 매니저(manager)가 갖추어야 할 자질은 ① 분석력, ② 문제해결기술, ③ 에너지·체력(energy), ④ 결단력, ⑤ 좌절, 실패 수용력(frustration tolerance), ⑥ 갈등중재능력, ⑦ 커뮤니케이션 기술, ⑧ 목표, 결과지향 성향 등이다. 반면 리더(leader)[12]는 다음과 같은 자질(quality)이 필요하다 (www.amputeecoalition.org).[13]

- 열정(passion)
- 비전(vision)
- 훌륭한 가치관 소유(holder of values)
- 창의성·창조성(creativity)
- 지적욕구와 정보(intellectual drive and knowledge)
- 자신감과 겸손함(confidence and humility)
- 커뮤니케이션 능력(communicator)
- 대인관계기술·능력(interpersonal skills)

리피트(R. Lippitt)는 의사결정과정에 나타난 리더의 행동을 관찰하여 리더십의 유형을 ① 전제형 리더(autocratic leader), ② 민주형 리더(democratic leader), ③ 자유 방임형 리더(laisset-faire leader)로 구분하였다(박시사, 2003, 재인용).

---

12) Loveg는 나침반(Compass)과 시계(Clock)의 예를 들면서 Leader는 큰 방향을 제시해 주는 나침반 역할을 한다고 말한다.

13) Management is the process of attaining organizational goals in an effective and efficient manner through planning, organizing, controlling, and directing organizational resources.
Leadership is the process of exercizing the influence between a leader and his/her followers that is necessary to attain group, organizational, and social goals.

첫째, 전제형이다. 전제형 리더는 종사원이나 추종자의 의견을 들으려하지 않으며, 조직의 목표와 그 운영방침 및 상벌을 리더가 독단적으로 결정하며, 리더 자신이 조직의 기능을 독점하려 한다. 둘째, 민주형이다. 민주형 리더는 조직의 목표와 운영방침을 조직구성원과 협의과정을 거쳐 결정한다. 상벌도 객관적인 자료와 근거에 의거하여 평가한다. 셋째, 자유 방임형이다. 이 유형의 리더는 조직의 계획과 운영방침의 결정에 관여하지 않고 수동적인 태도를 취한다. 물론 책임도 회피(回避)하는 경향이 있다. 자유

▌그림 7-12 ▌ 리더유형과 Castro

(출처: newzeal.blogspot.com/ 전제형(군주형)
지도자의 전형인 쿠바 Castro 대통령)

방임형 리더는 가능한 모든 사항을 조직구성원에게 위임(委任)한다.

경영자의 종사원관리 주안점은 HRM을 통해서 기업의 목표를 달성시키고, 생산성(productivity)을 높이는데 있다. 경영자가 종사원을 효과적으로 관리하기 위해서는 다음 〈그림 7-13〉과 같은 7가지 원칙(philosophies)을 지켜야 한다(Mullins, 2001).

▌그림 7-13 ▌ 경영자의 종사원 관리원칙

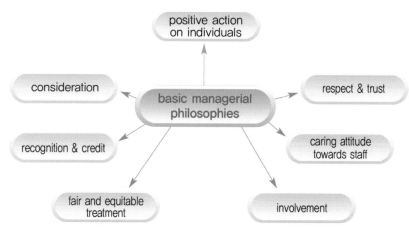

(출처: Mullins(2001), Hospitality Management and Organizational Behavior, p.159 참고 재구성)

위의 〈그림 7-13〉에서 보는 바와 같이 경영자(manager)의 효율적 종사원 관리원칙은 다음과 같다.

- 배려(consideration)
- 인정과 칭찬(recognition & credit)
- 공평한 대우(fair and equitable treatment)
- 종사원과 함께함(involvement)
- 종사원에 대한 사랑과 보살핌(caring attitude towards staff)
- 존경과 신뢰(respect & trust)
- 모든 구성원을 단체가 아닌 개인별 대우(positive action on individuals)

4. 항공사 인적자원관리와 마케팅·기업성과

마케팅의 역할은 고객의 욕구를 충족시키면 기업목표(organizational goals)를 달성시키는 데 있다. 인적자원관리(HRM) 목적도 조직목표에 접근하는데 우선순위를 둔다. 따라서 HRM은 외부고객(external customer)의 욕구를 만족시켜야 함에 주안점을 두어야 한다는 것은 당연한 논리이다. HRM은 다음과 같은 3가지 '고객집단'(client group)의 기대와 욕구에 관심을 둔다(Palmer, 1994).

- 종사원 집단(종사원 효율성/employees efficiency)
- 고위경영자(senior management)
- 외부고객((external groups)

첫째, HRM은 종사원 효율성(efficiency)과 직접적인 관련이 있으며, HRM을 통한 목표 효율성 증대는 주로 채용(recruitment)과 동기부여(motivation) 방법에 초점이 맞추어져 있다. 종사원은 기업 내부마케팅(internal marketing) 노력의 대상이다.

둘째, HRM은 고위경영자가 추진하고 있고, 기대하는 바를 충족시키는 데 초점을 맞추어야 한다. HRM을 책임지고 있는 각 부서 '매니저'(functional manager)는 고위관리자들은 각 하부부서의 성공뿐만 아니리 기업의 전체적인 성과와 실적에 모든 경영의 초점

(focus)이 맞추어져 있다는 것을 인식하여야 한다.

셋째, HRM은 외부고객 즉 현재 고객, 잠재고객, 대리점(intermediary)과 더불어 압력집단(pressure group), 그리고 정부기구와 같은 관련 집단의 욕구에 부응해야 한다. 기업이 효과적으로 인적자원을 관리하면 이러한 집단들의 기대, 욕구, 목표를 충족시킬 수 있다.

기업의 마케팅과 HRM 기능은 기업의 지속적 성장과 발전을 촉진시키고, 마케팅과 HRM의 통합은 '전사적품질관리'(TQM; total quality management)의 핵심이다.

TQM이란 전체적으로 기업의 '목표달성능력'(effectiveness)과 적응성(flexibility)을 향상시키는 방법이다. TQM은 기업의 모든 부서가 공동노력하여 전체적인 실적, 서비스 품질, 고객 만족을 향상시키는 '다자간 접근법'(multi-disciplinary approach)이다. 기업의 TQM 과정에서 마케팅부서, HRM 부서, 경영관리부서는 서로 분리(分離)될 수 없다. HRM은 기업내 TQM을 정착시키는데 중요한 역할을 한다(Palmer, 1994).

항공사 성공사례: HRM & Marketing

Southwest Airlines

Southwest Airlines is the most consistently profitable airline in America. From its original base in Texas, it has successfully positioned itself as low-cost, no frills carrier emphasizing short-haul routes across the United States. Underlying its success are punctual, frequent flight that offer excellent value for customers, an easyto-use online reservations service, a low-cost-operation strategy that runs counter to established industry traditions, and human resource policies that have created an extraordinarily loyal and hardworking group of employees. Airlines from around the world have studied Southwest's marketing, operations, and human resource strategies, but none has yet been able to achieve its finely tuned balance.

(출처: Lovelock & Wirtz(2004), Service Marketing, p.25)

참 | 고 | 문 | 헌

Abraham H. Maslow(1954), Motivation and Personality, Harper & Row, Publishers.

Adrian Palmer(1994), Principles of Service Marketing, McGRAW-HILL BOOK COMPANY.

Christopher Lovelock & Jochen Wirtz(2004), Service Marketing, Pearson Prentice Hall.

Chin-Fu Chen(2006), Job satisfaction, organizational commitment, and flight attendants' turnover intentions: A note, Journal of Air Transport Management, Vol.12(5), pp.274-276.

Dirk Hotbrugge, Sarah Wilson & Nicola Berg(2006), Human resource management at Star Alliance: Pressure for standardization and differentiation, Journal of Air Transport Management, Vol.12(6), pp.306-312.

Karen Eich Drummond(1990), Human Resource Management for The Hospitality Industry, Van Nostrand Reinhold.

Laurie J. Mullins(2002), Management and Organizational Behavior, Prentice Hall.

Laurie J. Mullins(2001), Hospitality Management and Organizational Behavior, Longman.

Laurie J. Mullins(1993), Hospitality Management: A human resources approach, Pitman Publishing.

Mary L. Tanke(1990), Human Resources Management for the Hospitality Industry, Delmar Publishers Inc.

Nigel Evans, David Campbell & George Stonehouse(2005), Strategic Management for Travel and Tourism, ELSEVIER Butterworth Heinemann.

Noel C. Cullen(2001), Team Power: Managing Human Resources in the Hospitality Industry, Prentice-Hall.

Paul R. Dittmer & Gerlad G. Griffin(1993), The Dimension of the Hospitality Industry, Van Nostrand Reinhold.

Rob Davidson(1994), Business Travel, Pitmann Publishing.

Uwe Jensen & Ursula Haife(1999), Success from a virtual structure, Nature Biotechnology, Vol.17, pp.37-38.

Yale Heynold & Jerker Rosander(2006), A new organization models for airlines, The McKinsey Quarterly(2006. May) Member Edition(26 Jan. 2008).

김정수(2007), 특급호텔 조리직 종사원의 갈등이 이직에 미치는 영향, 한국조리학회지, 제12권 (1), 99-111.

윤대혁 · 정형일(2006), 글로벌시대의 인적자원관리, 三榮社.

박시사(2003), 여행업경영, 대왕사.

박시사(2000), 관광소비자행동론, 대왕사.

이수광 · 이재섭(2003), 서비스산업의 인적자원관리, 대왕사.

이영관 · 박시사 · 장희정(2002), 여행사경영론, 백산출판사.

이재규(2007) 옮김, 피터 드러커, 마지막 통찰(The Definitive Drucker), 명진출판사.

임창희(2007), 조직행동, 학현사.

제8장 │ 항공사 마케팅전략

1. 마케팅

1-1. 마케팅 개념

미국의 마케팅협회(American Marketing Association; AMA) AMA는 마케팅을 넓은 의미로 정의내리고 있는데, 마케팅(marketing)이란 "교환을 목적으로 한 기획과정이며, 계획을 실행하는 과정이며, 제품(상품)과 서비스의 가격을 결정하고 촉진하며 유통시키는 과정이다. 이러한 과정(process)은 개인(individual)과 기업(organization)의 목표에 부합한다"는 조건이 따른다(Dittmer, 2002). AMA의 정의는 주로 제조업(manufacture)에 잘 부합하지만 이를 서비스 상품(service products)을 판매하는 관광산업에 적용하기 위해서 약간의 수정이 필요하다.

Dittmer(2002)는 약간 수정하여 마케팅[1]이란 "교환을 목적으로 한 서비스 상품의 기획과정, 유통시킬 적절한 장소를 찾는 과정, 충분한 고객을 유치하기 위한 가격책정 그리고 촉진시키

┃그림 8-1 ┃ 마케팅-Marketing

MARKETING

(출처: www.emergencemarketing.com/ 마케팅 이미지)

---

1) Marketing is the process of planning service products, finding the right place to locate, and pricing and promoting products to attract sufficient numbers of customers/guests and to create exchange that will satisfy both their needs and the goals of the hospitality enterprise.

(출처: Paul R. Dittmer(2002), Dimension of the Hospitality Industry, p.298)

는 과정이다. 또한 앞서 말한 과정은 반드시 고객의 욕구(needs)와 기업의 목표를 충족
시켜야 한다"는 조건이 붙는다. 혹자는 마케팅은 고객의 욕망(wants)과 욕구(needs)를 식
별한 후 욕구와 욕망을 충족시킬 목적으로 상품을 만들어 내는 과정(process)으로 정의하
기도 한다.

다음 〈표 8-1〉는 여러 학자들이 정의한 마케팅 개념과 이들이 중점을 둔 강조점
(emphasis)이다.

〈표 8-1〉 마케팅 개념과 강조점(marketing & emphasis)

학자(authors)	정의(definitions)	강조점(emphasis)
Kotler	• marketing is about putting the customer at the center of the business.	고객/customer
Lendrevice & Lindon	• marketing is about methods which can be used to gain favourable impressions.	홍보 방법/methods
Levvit	• marketing is about the way in which the business develops its markets	시장개척 방법/the way
Peters, Waterman, Kanter, Drucker	• marketing is about organizing the culture of business to market and customer focused.	기업문화/culture of business

(출처: Horner & Swarbrooke(1996), p.7, 참고 재구성)

그 외 여러 학자들이 마케팅에 대한 개념을 정립하였다. 본서는 널리 알려진 마케팅
개념[2]을 소개한다.

---

2) Marketing is the social process by which individuals and groups obtain what they need and want through creating and exchanging products and values with others. −Kotler.−
Marketing is the management process that identifies, anticipates, and satisfies customer requirements profitably. −The Chartered Institute of Marketing(CIM).−
The right product, in the right place, at the right time, ant the right price. −Adcock.−
(출처: http://marketingteacher.com/Lessons/lesson)

1-2. 마케팅 개념의 변천

마케팅의 개념은 생산중심(production-oriented)에서 판매중심(selling)의 마케팅으로, 그리고 소비자중심(customer)의 마케팅으로 변화되면서 발전되었다. 마케팅 개념이 도입된 것은 생산과 소비를 연결시켜 주는 교환시장이 형성되면서부터다. 공동생산, 공동분배로 교환활동이 이루어지지 않는 경제적 자급자족 시대에는 마케팅도 존재하지 않았으나, 물물교환이 이루어지고 교환의 장소로서 시장(market)이 출현하면서 마케팅 개념이 처음 생성된 것이다. 마케팅 개념은 시대적 상황과 소비자의 의식변화에 따라 변모되어왔고, 지금은 단순한 판매개념을 넘어 다양한 소비자 욕구충족 활동이라는 개념에 이르게 되었다.

기업경영의 관점이 과거의 생산중심, 판매중심에서 시장중심, 고객중심으로 변화하고 있다(박시사, 2003). 최근에 대중(mass)을 중심으로 하는 마케팅에서 개인별(individual) 대응차원의 마케팅으로, 더 나아가 정보시스템을 토대로 개별고객과의 신속한 상호 커뮤니케이션을 실현시키는 데이터베이스 마케팅(data base marketing), 인터넷 마케팅(internet marketing)이 부각되고 있다.

Kotler와 Bowen(2006)에 의하면 환대·관광산업 마케팅개념(concept)은 제품(manufacturing or product concept) → 판매(selling concept) → 마케팅(marketing concept) → 사회지향 마케팅(societal marketing concept)으로 진화한다 하였다.

1-3. 마케팅계획(marketing plan)

마케팅계획이란 마케팅목표를 달성하기 위해서 취해지는 행동(actions)을 상세하게 명시(明示)해주는 '문서화된 기록'(written document)이다. 마케팅계획은 사업계획(business plan)의 일부분이고, 마케팅전략은 잘 짜여진 마케팅계획이 없이는 불가능하다. 마케팅계획은 '행동을 위한 청사진'(blueprint for action)이다. 마케팅계획은 간결하고 논리적일 때 자원(resources)을 소진시키지 않고 최적의 효과를 창출할 수 있는 '로드맵'(road map) 역할을 한다.[3]

---

3) Davidoff(1994)는 마케팅계획 시 거쳐야 하는 6단계(steps)를 제시하였다.

마케팅계획이 마케터가 의도하는 방향으로 진행되기 위해서 반드시 포함되어 관리(management)되어야 할 활동(activity)이 있다. 제품이나 서비스의 마케팅관리를 하기 위해 기업, 고객 그리고 시장환경과 상호관련성(inter-relationship)이 고려되어야 한다(박시사, 2003). 마케팅계획을 수립할 때 '흐름도'(chart)가 중요한데, 일반적으로 흐름도에 포함되어야 할 항목은 다음과 같다(Kotler, Bowen & Makens, 2006; Morrison, 2002; Tribe, 1997).

- 기업사명
  - 기업목적(corporate goals)
  - 기업사명(corporate mission)
  - 기업목표(corporate objectives)

- 환경분석
  - 시장조사(PEST analysis/market analysis)
  - PEST 분석
    - ▷ 정치환경(P: political)
    - ▷ 경제환경(E: economic)
    - ▷ 사회 · 문화환경(S: socio-cultural)
    - ▷ 기술환경(T: technological)
  - SWOT 분석
    - ▷ 기회(opportunity)
    - ▷ 위협(threat)
    - ▷ 강점(strength)
    - ▷ 약점(weakness)

첫째, 상황 · 환경분석(analyze the present situation)
둘째, 측정 가능한 목표 · 목적설정(establish measurable goals and objectives)
셋째, 전략결정(determine strategies to achieve the objectives)
넷째, 자원배분(allocate resources to achieve the objectives)
다섯째, 계획실행(implement the plan)
여섯째, 실적평가(evaluate the results)

- 마케팅목표(marketing objectives)
- 마케팅전략(strategy formulation)
  - 차별화전략(differentiation)
  - 집중화전략(focus)
  - 가격우위전략(cost leadership)
  - 마케팅 믹스(marketing mix, 4P's)
- 실행(implementation)
- 평가(evaluation)

위의 '흐름도'는 기업의 전략경영(strategic management)[4)에 있어서 필요한 절차이다. 전략경영에 포함되어야 할 3가지 기본요소는 ① 전략형성(the formulation of a strategy), ② 전략실행(the implementation of a strategy), ③ 전략 감독·평가(the control and evaluation of the strategy)이다(Houben, Lenie & Vanhoof, 1999). 본 장에서는 흐름도의 일부분인 PEST와 SWOT에 대해서 간략하게 설명하였다.

1) PEST 분석

PEST란 기업을 둘러싼 거시환경을 일컫는다. 관광기업은 PEST 분석을 통해서 자사(自社)에게 유리하게 작용하는 기회(opportunity)를 찾아내고, 자사에게 불리하게 작용할 수 있는 위협(threat)을 식별할 수 있다(Tribe, 1997). 다음 〈표 8-2〉는 PEST 분석 시 활용되는 항목들(features)이다.

---

4) Strategic management is the art and science of formulating, implementing and evaluating crossfunctional decisions that will enable an organization to achieve its objectives. It is the process of specifying the organization's objectives, developing policies and plans to achieve these objectives, and allocating resources to implement the policies and plans to achieve the organization's objectives. Strategic management, therefore, combines the activities of the various functional areas of a business to achieve organizational objectives. (출처: http://en.wikipedia.org/wiki/Strategic_management)

〈표 8-2〉 PEST 분석 항목들

정치환경(P: political)	경제환경(E: economic)
• 정당정치(party politics) • 정치안정성(political stability) • 테러(terrorism) • 법(laws) • 제반 규정(regulations) • 정권교체(change of government)	• 경제성장(economic growth) • 소비자지출(consumer's expenditure) • 이자율(interest rates) • 세금(taxes) • 환율(exchange rates) • 투자(investment) • 정부지출(government spending) • 실업률(unemployment) • 인플레이션(inflation) • 예산정책(budget policy)
사회 · 문화환경(S: socio-cultural)	기술환경(T: technological)
• 인구증가율(population growth) • 사회 연령구조(age structure) • 여가시간(leisure time) • 소득분배(income distribution) • 환경의식(environmentalism) • 소비자의식(consumerism) • 라이프스타일(lifestyles) • 태도(attitudes) • 가치관(values)	• 정보기술(IT development) • 커뮤니케이션(communication development) • 소프트웨어 발달(software development) • R&D 지출(R&D spending) • 기술발전단계(development cycles) • 생산기술(production technology)

(출처: Tribe(1997), Corporate Strategy for Tourism, p.78)

2) SWOT 분석

내 · 외부환경(internal & external environment)은 전략기획과정에서 중요한 부분이다. 기업 내부환경요소는 강점(S: strength)과 약점(W: weakness)으로 분류될 수 있고, 기업 외부환경요소는 기회(O: opportunity)와 위협(T: threat)으로 식별될 수 있다. 이러한 전략적 환경분석을 SWOT 분석이라 일컫는다. SWOT 분석은 기업의 자원(resources)과 역량(capabilities)을 경쟁환경에 부합시키는 데 필요한 정보를 제공한다(www.quickmba.com/strategy/swot).

┃그림 8-2┃ SWOT 분석 틀(framework)

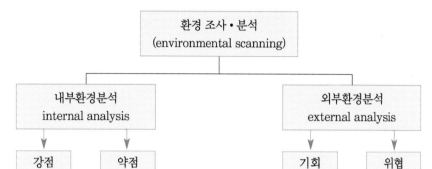

(출처: www.quickmba.com/strategy/swot) 참고 재구성)

SWOT 분석은 상황분석(situational analysis) 혹은 환경분석을 하여 전략적 대안(strategic alternative)을 찾아내는 틀(framework)이다. 마케터는 내부분석(internal analysis)을 통해서 기업의 강점(strength)과 약점(weakness)을 식별할 수 있다. 기업의 내부분석 평가 시 고려되어야 요소는 다음과 같다(http://www.netmba.com/ strategy/swot/).

- 기업문화(company culture)
- 기업 이미지(company image)
- 조직구조(organizational structure)
- 중역을 포함한 종사원(key staff)
- 경험커브 위치(position on the curve)
- 사업효율성(operational efficiency)
- 사업역량(operational capacity)
- 브랜드 인지도(brand awareness)
- 시장점유율(market share)
- 재무자산(financial resources)
- 독점적 지위 및 계약(exclusive contracts)
- 특허권(patents)

반면 마케터는 외부분석(external analysis)을 하여 기회(opportunity)와 위협(threat)을 찾아낸다. 일반적으로 기업은 외부분석을 수행하기 위해서 다음과 같은 요소들을 고려한다.

- 고객(customers)
- 경쟁자(competitors)
- 시장추세 및 변화(market trends)
- 공급업자(suppliers)
- 사회변화(social changes)
- 신기술 등장(new technology)
- 경제환경(economic environment)
- 정치환경(political environment)
- 제반 규제환경(regulatory environment)

종합해보면 SWOT 분석은 외부환경의 기회요인(O)과 위협요인(T)을 파악하고 기업 내부의 강점(S)과 약점(W)을 분석한 후 전략적 대안(strategic options)을 도출하는 분석방법이다. SWOT 분석을 통해서 기업의 강점을 최대로 활용하면서 새로운 사업 기회를 포착하고 기업의 약점을 최소화하면서 위협요인에 대처하는 전략을 다각적으로 모색할 수 있다(이승주, 1999).

1-4. 마케팅 유형

1) 관계 마케팅(relationship marketing)

관계마케팅은 고객과 유통채널 내 관련 조직, 즉 회사(organization)들과의 관계의 중요성에 중점을 둔 마케팅 원칙이자 방법(marketing principles)이다(Morrison, 2002). 관계마케팅에서 마케터(marketer)는 고객과 단 한 번의 거래(single transaction)보다 장기간 거래관계를 유지하는 초점을 둔다(Brey, So et al., 2007).

관계마케팅 프로그램은 크게 ① 사회적 관계마케팅 프로그램, ② 구조적 관계마케팅 프로그램, ③ 금전적 관계마케팅 프로그램으로 나누어질 수 있다(Palmatier, Scheer, et al., 2007). 위의 3가지는 기업-고객간의 관계마케팅 프로그램이다. 다음 〈표 8-3〉는 Palmatier (2007)가 제시한 관계마케팅의 유형과 고객이 누리는 구체적인 편익을 보여주고 있다.

〈표 8-3〉 관계마케팅 프로그램과 고객의 편익

프로그램 유형(construct)	고객의 편익(measures)
사회적 관계마케팅 프로그램 social relationship marketing program	고객특별대우 또는 특별 지위 누림
	선물, 식사, 엔터테인먼트 제공
	가치 있는 정보 제공받음
구조적 관계마케팅 프로그램 structural relationship marketing program	특별한 부가가치(value-added) 편익
	고객을 위한 구조적 변화
	고객에 부응하는 정책 및 절차 변경
	전담 직원 배치
금전적 관계마케팅 프로그램 financial relationship marketing program	무료 상품과 서비스제공
	할인혜택 누림
	특별한 금전적 편익(benefits)
	인센티브 제공

(출처: Palmatier, et al., 2007), pp.221-222. 참고 재구성)

관계마케팅이 판매자(seller)에 주는 편익은 많다. 학회와 업계(academics & practitioners)가 공통 인정하는 편익 혹은 장점은 다음과 같다(Skarmeas, Katsikeas, et al., 2007).

- 신뢰증진(enhanced trust)
- 몰입·헌신(commitment)
- 만족도 향상(satisfaction)
- 고객과 기업간 협력증진(cooperation)
- 장기적 거래유지(long-term orientation)

- 원활한 커뮤니케이션(communication)
- 장기간 친교(long-term adaptation)
- 의사결정 불확실성 줄임(reduced decision making uncertainty)
- 갈등해소(reduced conflict)
- 고객의 '기회주의' 줄임(reduced opportunism)

관계마케팅의 상대적 개념으로 거래마케팅(transaction marketing)이 대두되기도 한다. 거래마케팅은 고객(customer)과 회사(company)가 서로 분리된 채 양자간의 교환이 이루어지는 형태이다. 반면 관계마케팅은 고객과 회사가 서로 '공유'(共有)관계를 맺는 형태이다(Gilbert, 1996).

〈표 8-4〉 거래마케팅과 관계마케팅

거래마케팅 transaction marketing	• short-term orientation on the sale(단기지향 판매) • me-oriented(자기본위) • focus on achieving a specific sale(눈에 보이는 판매에 초점) • emphasis on persuasion to buy(고객설득에 중점) • need to win(고객을 이김) • stress of conflict achieving a transaction(거래를 성취하는데 스트레스 또는 갈등 수반) • anonymous customer won by conquest in a carefully planned event(익명의 고객)
관계마케팅 relationship marketing	• long-term orientation. The sale is only the beginning(장기지향 판매) • we-oriented(우리 함께 의식) • focus on retention and repeats sales(고객유지와 재구매 초점) • stress on creating positive relationships(긍정적 관계 형성에 중점) • providing trust and service(신뢰구축과 서비스제공) • partnership and cooperation(공존과 협력) • individual profile of customer known so that a continuing process can emerge(기존고객 유지관리)

(출처: Palmatier, et al., 2007), pp.221-222. 참고 재구성)

Gilbert(1996)는 거래마케팅과 관계마케팅을 다음 〈표 8-4〉와 같이 비교하여 설명하였다.

Lovelock과 Wirtz(2004)는 관계마케팅의 유형으로 ① 데이터베이스 마케팅(database marketing), ② 상호작용 마케팅(interaction marketing), ③ 네트워크 마케팅(network marketing)을 제시하였다.

첫째, 데이터베이스 마케팅(database marketing)이다. 데이터베이스 마케팅(database marketing)은 거래에 중점을 두면서도 정보교환(information exchange)을 포함시키는 마케팅기법이다. 관계마케팅을 채택하고 있는 마케터(marketer)는 표적고객(targeted customers)과 관계를 형성하고, 오랫동안 '단골고객'(patronage) 관계를 유지하기 위해서 IT(information technology)에 의존한다(Lovelock & Wirtz, 2004). 항공사의 경우 CRS(computer reservation system)가 전형적인 예이다. 국적항공사인 대한항공은 TOPAS[5]라는 CRS를 사용하는 있는데, 여행사용(travel agency), 일반인용(traveler) 그리고 아카데미용(academy) 토파스를 운용하고 있다(www.topas.net).

┃그림 8-3┃ 대한항공 CRS TOPAS

(출처: www.topasweb.com/topas/대한항공 전산예약 시스템 TOPAS, 예약, 발권, 카드결재, 그리고 E-TKT이 가능하다)

---

5) 대한항공 전산예약시스템(CRS)인 TOPAS는 'e-TRAVEL LEADER'란 마케팅슬로건 아래 성장 발전하고 있다. TOPAS는 대한항공 자회사(子會社)이며, 전산예약시스템을 개발한 AMADEUS와 공동 주주(stockholder)관계이다. 여행사 직원이 TOPAS에 접속하면 ① 예약, ② 발권, ③ E-Ticket, ④ fare & tax, ⑤ 부가기능 등을 수행할 수 있다.
(출처: www.topas.net/ TOPAS website 참고하여 저자 재구성)

둘째, 상호작용 마케팅(interaction marketing)이다. 상호작용 마케팅을 '일대일 마케팅'(one-to-one marketing)이라 일컫기도 한다. 상호작용 마케팅은 고객과 긴밀하고 개인적인 관계를 강조하는 고객관계관리(CRM; customer relationship management) 전략의 하나이다. 고객과 상호작용은 고객충성도(customer loyalty)를 증진시키는데 기여한다 (www.searchcrm.techtarget.com). 상호작용 마케팅의 핵심은 'win-win'과 '개인화(個人化; personalization/face-to-face)이다.

셋째, 네트워크 마케팅(network marketing)이다. 공통의 관심사가 있는 개인 혹은 집단 간 맺어지는 관계이며, 네트워크 마케팅은 주로 B2C(business-to-customer), B2B(business-to-business) 맥락에서 일어난다. 네트워크를 형성하는 대상은 유통 채널(distributors), 공급업자(suppliers), 미디어, 협회(trade association), 정부기관, 고객 그리고 경쟁자도 포함된다((Lovelock & Wirtz, 2004).

오늘날 전 세계 항공사에서 채택하고 있는 '상용고객우대제도'(FFP; frequent flyer program)는 관계마케팅(relationship marketing) 개념의 일환이다. FFP는 고객과 항공사간 '파트너십'(partnership)의 좋은 예이다. FFP는 항공사들이 널리 채택하여 사용하는 마케팅수단이며, 그 효과성이 입증되었다. FFP는 항공사 실적(financial performance)에 긍정적 영향을 줄 뿐 아니라 전략적 제휴항공사의 실적에도 영향을 준다(Yang & Liu, 2003). 전 세계 대부분의 항공사들은 FFP가 있고, 이를 활용하여 관계마케팅을 수행하고 있다.

다음은 세계 주요 항공사 FFP(frequent fliers program)이다(www.flyaow.com). 본서는 2008년 기준 한국에 취항하는 'on-line' 항공사를 중심으로 FFP를 소개했다.

- Air China Companion(중국)
- American Airlines AAdvantage(미국)
- Asiana Bonus Club(대한민국)
- British Airways Executive Club(영국)
- Cathay Pacific Marco Polo Club(홍콩, Hongkong China)
- China Airlines Dynasty Flyer(대만, Taipei China)
- China Southern Airlines Sky Pearl Club(중국)

- Continental Airlines OnePass(미국)

- JAL Mileage Bank(일본)

- KLM Flying Dutchman(네덜란드)

- Korean Air SkyPASS(대한민국)

- Lufthansa Miles and More(독일)

- Malaysia Airlines Enrich(말레이시아)

- Northwest Airlines WorldPerks(미국)

- Qantas Frequent Flyer(호주)

- Singapore Airlines KrisFlyer(싱가포르)

- Thai Airways Royal Orchid Plus(태국)

- United Airlines Mileage Plus(미국)

- Xiamen Airlines Frequent Flyer Program(중국)

2) 사회지향적 마케팅

사회지향적 마케팅 개념(concept)은 기업의 이익, 소비자 만족, 그리고 사회 전체의 장기적 복리증진을 모두 요구하는 철학이다(고경순, 2006). 사회적 마케팅(societal marketing)은 기업의 사회적 책임(corporate social responsibility)과 직접적인 관련이 있고 기업의 지속가능한 발전(sustainable development)과 연계(links)가 있다. 이러한 관점에서 기업의 마케팅전략은 고객의 만족과 사회의 복지(well-being)를 유지·증진시키는 데 가치(value)를 두어야 한다. 가끔 사회적 마케팅(social marketing)[6]과 유사한 개념으로 인식되기도 한다. 하지만 두 개념 간에는 차이가 있다.

'컴퓨터 업계 거인'(computer giant)이자 세계 최대 갑부인 빌게이츠(Bill Gates)는 2008년 1월 다보스(DAVOS, Switzerland)에서 열린 세계경제포럼(World Economic Forum)에서 기업의 '새로운 지향점'(new direction)을 발표하면서 극빈국의 농업을 살리는 목적으로 3억 6백만 달러($306 million) 기부를 결정했다. 빌게이츠는 사회적 약자를 위해 기부는 기업

---

[6] Social marketing: A process for influencing human behavior on a large scale, using marketing principles for the purpose of societal benefits rather than commercial profit.

의 사회적 책임(corporate responsibility)이자 이른바 '창조적 자본주의'(creative capitalism)
이라 규정하면서 더 많은 기업가들이 기근과 빈곤에 허덕이는 계층을 위한 시스템개발
필요성을 역설하였다(www.cnn.com/2008년 1월 25일). 빌게이츠는 빈민구제 프로젝트는
아름다운 사회적 마케팅 사례이다.

▌그림 8-4 ▌ 사회적 마케팅 선도하는 Bill Gates

(2008년 Davos 세계경제포럼에선 Bill Gates, 사회적 마케팅의 표상이다)

(240억 달러를 재단에 기부한 Bill & Melinda Gates, 빈민구제를 위해 사용한다 함)

기업이 공익(public interest)과 대중의 복지 및 웰빙(well-being)에 기여하는 사회적 마
케팅을 수행하면, 기업은 다음과 같은 편익(benefits)을 누린다(Hoeffer & Keller, 2002).

- 브랜드 명성 증대(building brand equity)
- 브랜드 인지도 높임(brand awareness)
- 브랜드 공감 자극(evoking brand feelings)
- 브랜드 신뢰도 구축(establishing brand credibility)
- 브랜드 커뮤니티 형성(creating a sense of brand community)

• 브랜드 구매 유도(eliciting brand engagement)

우리나라 항공사의 예를 들어보자. 국적항공사인 아시아나항공은 1988년 첫걸음을 내디뎠다. 아시아나항공은 2003년 15주년을 맞이하여 스타 얼라이언스(Star Alliances) 네트워크에 가입하였다. 아시아나항공은 "더불어 가는 아름다운 세상의 구현"을 위해 다양한 사회공헌(social contribution) 활동을 하고 있다. 최근 "아시아나의 아름다운 손길"이란 슬로건 아래 아름다운 세상을 만들기 위해서 노력하고 있다(www.flyasiana.com/ 참고 재작성).

구체적으로 교류사업, 환경보존, 장학교육사업, 문화예술지원, 사회복지(아동청소년, 노인, 장애인 등), 성금기탁 등이 있다. 아시아나항공이 1994년부터 지구촌 어린이 구호운동을 위한 기내모금운동인 '사랑의 기내 동전모으기운동'(Change for Good)[7]을 실시하였다. 이는 항공사의 대표적인 사회지향적 마케팅(societal marketing) 사례이다.

┃그림 8-5┃ 아시아나항공 사회적 마케팅 사례(societal marketing)

(출처: NEWSIS, 2008.01.04/아시아나항공의 미혼모보호시설 지원을 위한 '무자년 복돼지 '저금통 행사)

---

7) 사랑의 동전 모으기(Change for Good) 프로그램은 1987년부터 Unicef와 세계 항공사간 협력(partnership) 프로그램이며 가장 성공적이고 장기간 진행해오고 있는 사회지향적 마케팅 사례이다. Unicef는 항공사가 승객들로부터 쓰다 남은 동전(unused currency)을 모은 것을 세계 가난한 어린이에게 구호품(life-saving materials and services)으로 전달한다. 현재 이 프로그램(program)에 참여하고 있는 항공사는 Aer Lingus, Alitalia, All Nippon Airways, American Airlines, Asiana Airlines, British Airways, Cathay Pacific, Finnair, JAL, Qantas 총 10개이다.

3) 인터넷 마케팅(Internet marketing)

인터넷이란 "전 세계적으로 산재해 있는 컴퓨터 통신망을 상호 연결하는 컴퓨터 네트워크이며 호스트 컴퓨터(host computer)가 한 대만 설치되어 있는 것이 아니고, 전 세계 수많은 서버(server)의 결합체"이다(박석희, 1998). 인터넷 마케팅을 cyber marketing, e-marketing, 혹은 on-line 마케팅이라 부르기도 한다.

인터넷의 급속한 성장은 전통적인 매체수단에 지대한 영향을 주었고, 거래와 사업에 큰 변화를 가져왔다. 오늘날 많은 기업이 마케팅, 상품판매에서 인터넷을 채택하여 사용하고 있고, 웹(web)은 중요한 광고수단(advertizing medium)이 되었다. 인터넷기반광고(internet based advertising)는 관광산업에 영향을 미치는 것으로 나타났다.

〈표 8-5〉 전통적 마케팅과 인터넷 마케팅 특성 비교

구 분	전통적 마케팅 off-line marketing		인터넷 마케팅 on-line marketing
전략목표	고객만족, 경쟁력 확보		고객만족, 경쟁력 확보
전략원리	세분화-표적시장-포지셔닝		1:1 관계형성과 고객맞춤
전략요소	자본, 인력 등 물리적 요소		기술, 고객정보, 아이디어 등 지적 요소
전략제품	한정된 제품에 특화		다양성과 차별화 제품
마케팅 경로	대중 마케팅	다이렉트 마케팅	
	TV, 라디오, 신문, 잡지	우편	인터넷
마케팅 주체	광고대행사	광고대행사, 담당회사	회사와 고객
광고효과	측정이 어렵다	매우 낮다	높다
마케팅 정보의 수집	매우 어렵다	어렵다	쉽다
광고대상	불특정 다수	불특정/특정	특정(1:1)
광고 이용방법	단방향	의사소통	쌍방향 의사소통
공간적 범위	지역적 한계	지역적 한계	공간 제약 없음
표적고객 선정	비차별적	비차별적/차별적	차별적(DB 마케팅)

(출처: 고경순(2006), 마케팅: 통합적 접근, 436쪽 참고, 일부 수정 새구성)

특히 여행사 광고에서 고객의 상품관여정도(product involvement)와 인터넷광고에 대한 태도(internet advertising attitude)는 인터넷광고효과에 직접적인 영향을 미친다. 구체적으로 인터넷광고는 고객의 ① 클릭회수(click through), ② 회상효과(recall effect), ③ 브랜드 태도(attitude of brand), ④ 구매의도(purchase intention)에 영향을 준다(Wu, Wei & Chen, 2008). 〈표 8-5〉는 전통적 마케팅과 인터넷 마케팅 특성을 비교한 것이다.

관광기업이 촉진믹스(promotion mix)전략 중 광고전략에서 사용되는 매체(media)는 ① 신문, ② 텔레비전, ③ DM, ④ 라디오, ⑤ 잡지, ⑥ 옥외광고, ⑦ 성인잡지(yellow pages), ⑧ 뉴스레터(newsletters), ⑨ 브로슈어(brochure), ⑩ 전화, ⑪ 인터넷 등이다. 인터넷은 다른 매체에 비해 상대적 저비용(relatively low cost), 고객과 상호작용(interactive possibilities), 높은 선택성·선호도(high selectivity) 등의 장점이 있다(Kotler, 2003).

4) 내부마케팅(internal marketing)

내부마케팅(internal marketing)이란 조직의 모든 경영관리수준에서 고객에게 만족스런 서비스와 체험을 전달하려면 우선적으로 조직 내 우선순위를 종사원과 부합하고, 종사원을 동기화시키고 권한위임을 하는 변함없는 사업과정(ongoing process)에 둔다.

내부마케팅을 구성하고 있는 개념군(concepts)에는 조직목표와 종사원 행동의 일치, 기업의 핵심가치(core value)의 종사원 인식, 동기부여, 권한위임(empowerment), inside-out 경영방식(inside-out management approach), 긍정적 고객체험 유지 등이 포함된다. 내부마케팅의 편익과 성공적인 내부마케팅을 저해하는 요소는 다음과 같다(http://en.wikipedia.org/wiki/Internal_marketing).

- 종사원 업무능력 향상
- 종사원에 권한위임, 종사원 책임감
- 종사원간 기업 이해도 증진
- 최고 서비스제공 가능
- 마케팅부서 이외의 종사원도 마케팅(판매/영업)에 관심
- 고객유지 및 종사원 능력개발
- 기업문화, 기업구조, 인적자원관리, 비전, 전략이 종사원욕구와 통합됨

• 부서간 협력과 협조가 잘됨

반면에 기업의 내부마케팅을 저해하는 문제는 다음과 같다.

• 경영관리능력 부재

• 내부마케팅 개념에 대한 이해 부족

• 부서간 갈등

• 유연성이 부족한 조직구조(관리주의 리더십)

• 부하(subordinate staff)직원의 의견 무시 혹은 경청하지 않음

• 종사원의 중요성을 깨닫지 못한 경영인

• 종사원을 단순히 하나의 사업도구로 취급하는 풍토

• 기업내 정보공유 부재(불필요한 정보 독점)

• 변화 자체를 싫어하는 기업문화

┃그림 8-6┃ 내부마케팅 외부마케팅 그리고 상호작용 마케팅

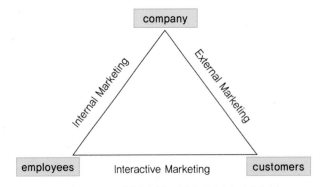

(출처: www.themanager.org/ 내부마케팅은 회사와 종사자간 마케팅이다)

종사원의 불만족은 고객의 체험, 만족도 그리고 충성도에 직접적 영향을 미친다. Mangold와 Miles(2007)는 종사원 브랜딩(employee branding)을 강조하면서, 효과적인 종사원 브랜드를 개발한 기업은 서비스 품질, 고객만족 수준을 높이고, 고객의 재매행동을 증대시키며, 종사원의 이직을 낮출 수 있는 편익을 누릴 수 있다는 연구결과를 제시했다 ((Mangold & Miles, 2007). 이는 내부마케팅(internal marketing)의 전형적인 예이다.

1-5. 항공사 마케팅과 경쟁우위

전 세계 항공사는 항공규제완화, 민영화, 고유가, 경쟁심화, 안전과 치안문제, 급속한 기술발전 등의 추세 및 환경(trends)에 직면해 있다. 이러한 환경에서 경쟁우위를 확보하기 위해서 '경쟁전략'(competitive strategy)이 필요하다. Horner와 Swarbrooke(1996)는 항공사의 세 가지 경쟁전략을 다음과 같이 제시하였다.

- 제품전략(포지셔닝전략; positioning strategy)
  - 글로벌 항공노선 전략(global route networks)
  - 신규시장 확대전략(new market expansion)
  - 허브·스포크 전략(hub and spoke)
  - 슬롯 확보전략(slot access)

- 마케팅·고객 지향전략(marketing/customer oriented strategy)
  - CRS 전략(computer reservation system)
  - 시장세분화전략(market segmentation)
  - 서비스지향전략(service orientation)
  - 브랜드전략(branding)

- 가격우위전략(cost control strategy)
  - 운영효율화전략(efficient operations)
  - 수익효율화전략(profitable operations)

본서는 항공사의 시장세분화 전략과 포지셔닝전략에 대해서 중점적으로 설명하였다. 물론 항공사 경영에서 마케팅믹스도 마케팅의 한 부분으로 다룰 수도 있으나, 다음 장의 주제인 항공사 전략(strategy)에서 차별화전략(differentiation), 집중화전략(focus), 가격우위 전략(cost leadership)과 묶어서 다루었다.

다음 〈그림 8-7〉은 사우스웨스트 항공의 광고이며, Nick Pudder란 고객이 초고속 승진을 한 이유는 생산성(productivity)이 높기 때문이며, 생산성이 높은 이유는 사우스웨스트 항공만을 탑승했기 때문이라고 비밀(secret)을 털어놓고 있는 장면이다. 구체적인 증거로 Southwest 항공이 제공하는 ① 장거리 직항(more nonstop Southwest long-distance flights), ② 정시성(overall ontime record), ③ 운항빈도(frequent departures), ④ 고객서비스 (outstanding customer service)를 '폭로'(revealed)하고 있다.

┃그림 8-7┃ Southwest 항공과 Nick Pudder 경쟁력

(출처: Southwestairlines.com/Nick Pudder, Nominee of Annual Productivity Awards)

2. 항공사 시장세분화전략

2-1. 시장세분화 개념

시장은 그 용어(term)가 어떻게 사용되든 구매자(buyer)와 판매자(seller) 사이의 교환이 이루어지는 장소이다. 교환(exchange)의 발생은 고객의 욕구와 이들 욕구에 부응하고자 하는 기업의 노력, 그리고 여러 가지 환경적 요소들에 의해서 결정된다(박충환·오세조, 1993). 시장(market)은 다양한 구매자로 이루어져 있다. 구매자는 동일하지 않고 각각 이질적인 욕망(wants), 자원(resources), 지역(locations), 구매태도(buying attitudes) 그리고 구매습관(buy practices)이 있다. 구매자는 독특한 욕구(needs)와 욕망(wants)을 지니고 있기 때문에 각각의 구매자는 동일한 시장이 아니다.

판매자는 각각의 이질시장(separate market)에 적합한 마케팅 프로그램을 개발해야 한다. 따라서 마케터(marketer)는 시장의 구조를 최적으로 파악하기 위해 다양한 변수를 이용하여 시장을 세분화할 필요가 있다(Kotler, Bowen & Makens, 2006). 이를 시장세분화(market segmentation)라 말한다.

시장세분화(市場細分化)란 한 개 이상의 공통 특성을 공유하는 집단 및 조직이다. 이들은 유사한 상품욕구(product needs)를 갖고 있다. 시장세분화는 전체시장을 유사한 행동을 취하거나 흡사(恰似)한 욕구를 갖고있는 식별 가능한(distinct) 소단위(subset)로 나누는 마케팅 과정이다. 왜냐하면 세분시장은 욕구와 태도(needs & attitude)에 있어서 동질성(homogeneous)을 띠며, 세분시장의 고객들은 마케팅전략(marketing strategy)에 유사하게 반응하는 특성도 보인다.

시장세분화(market segmentation)는 기업이 하나의 시장을 서로 다른 둘 또는 그 이상의 하위집단으로 분할시키는 것을 말한다. 이러한 분할은 고객들과 거래효과성과 효율성을 향상시키기 위해 이루어지는 것이다. 마케터(marketer)가 시장세분화를 할 때 우선적으로 고려해야 할 사항은 바로 ① 기업(company), ② 고객(customer), ③ 경쟁자(competitor)이다.

2-2. 시장세분화 편익

기업이 시장세분화를 하는 목적은 ① 추구해야 할 시장(who), ② 고객이 원하는 서비스(what), ③ 고객의 욕구와 욕망을 충족시킬 수 있는 마케팅 프로그램 개발방법(how), ④ 개발된 서비스와 제품을 어디에서 촉진(where), ⑤ 언제 고객에게 촉진(when)할 것인가에 초점을 두고 있다. 시장세분화는 기업에 다음과 같은 편익(benefits)을 가져온다(Morrison, 2002).

- 마케팅 예산의 효과적 이용
- 선택된 고객의 욕구와 욕망에 대한 명확한 이해
- 효과적 포지셔닝
- 촉진수단 선택에 유용함

또한 시장세분화는 기업에 많은 비용을 유발시키고, 세분시장 기준(bases)을 선택하는 데 어려움이 있으며, 시장을 세분화하는 방법에 대한 이해가 어렵고, 경제적 가치가 있거나, 지속가능한 세분시장을 찾아내기 힘든 한계(limitations)가 있다. 따라서 마케터(marketer)는 효과적인 세분화(effective segmentation)를 위해서 세분화 기준(criteria)을 마련해야 한다. Morrison(2002)은 8가지 시장세분화 기준을 제시하였다.

- 측정가능성(measurable)
- 시장규모의 적정성(substantial)
- 접근가능성(accessible)
- 방어가능성(defensible)
- 지속가능성(durable)
- 경쟁력(competitive)
- 동질성(homogeneous)
- 기존시장과 양립가능성(compatible)[8]

---

[8] Compatible: When an organization selects a target market it must be sure that this market does not conflict in any way with the market it already serves. Marketers would say that this means ensuring that a new target market is compatible with the exsiting customer mix.
(출처: Morrison(2002), Hospitality and Travel Marketing, p.176)

2-3. 시장세분화 변수

학계와 업계에서 널리 받아들여지는 시장세분화 변수로 지리적 변수(geographical variables), 인구통계적 변수(demographic variables), '사이코그래픽 변수'(psychographic variable), 행위 변수(behavioral variables)가 있다.

- ■ 지리적 변수(geographic variables)
  - 국가·지역(region/country)
  - 국가 규모(country size)
  - 인구밀도(density of area)
  - 기후(climate)

- ■ 인구통계적 변수(demographic variables)
  - 성별(gender)
  - 가족규모(family size)
  - 가족생애주기(family life cycle)
  - 교육수준(education)
  - 소득수준(income)
  - 직업(occupation)
  - 사회경제적 지위(socioeconomic status)
  - 종교(religion)
  - 국적·인종(national/race)[9]
  - 언어(language)

---

9) 인종과 국적은 이른바 '민족 마케팅'(ethnic marketing)과 관련이 있다. 미국의 경우 백인(AngloAmerican), 히스패닉(Hispanic), 아시아이민자(Asian American), 흑인(African American) 등으로 구성된 다민족(多民族) 국가다. 마케터들은 이 다민족의 행위특성에 부합하는 전략을 수행해야 하는데, 이를 위해서 인종(race)별 시장세분화가 이루어져야 한다. 가령, 히스패닉은 멕시코, 중미, 남미 그리고 카리브해 국가에서 이주해 온 집단(subset)인데, 이들은 스페인어를 공용어로 사용하고, 동질의 '라틴문화정체성'을 띠고 있다.

- 사이코그래픽 변수(psychographic variables)
  - 성격(personality)
  - 라이프 스타일(life style)
  - 가치관(value)
  - 태도(attitude)

- 행위 변수(behavioral variables)
  - 편익추구(benefit sought)
  - 상품이용빈도(product usage rate)
  - 브랜드 충성도(brand loyalty)
  - 상품이용목적(product end use)
  - 구매수용단계(readiness-to-buy stage)
  - 의사결정주체(decision making unit)
  - 수익성(profitability)

소비자행동은 관광상품과 서비스의 구매자로서 관광객이 구매하는 소비(spending), 태도(attitude), 가치(value) 등에 있어서 나타내주는 다양한 경로(way)로 해석될 수 있다. 연령(age), 성별(sex), 결혼유무(marital status), 교육수준(educational background), 가처분소득(disposable income), 거주지 그리고 관광에 대한 관심(interest) 등과 같은 요소들이 소비자행동에 직접적으로 영향을 준다. 관광상품과 서비스를 판매하고 촉진하는 마케터(marketer)에게 이러한 요소들은 중요한데, 그 이유는 소비자로서 관광객을 집단으로 나누어 각각의 집단에 소구(appeal)하는 특정 제품과 서비스를 제공하기 때문이다. 이러한 목표를 충족시키면서 관광마케터(tourism marketer)들이 즐겨 사용하는 방법이 바로 시장세분화(市場細分化)이다(Page, 2003).

시장을 세분화하면 개별시장의 특성에 맞는 차별적 가치를 제공할 수 있으며, 경영자원을 보다 효율적으로 활용할 수 있다. 시장세분화는 다음과 같은 기본과정을 통해 실시할 수 있다(이승주, 1999).

① 시장세분화의 기준을 정한다.

② 시장세분화 매트릭스를 작성한다.

③ 각 시장 segment별 매력도를 평가한다.

④ 매력적인 target segment를 선정한다.

2-4. 항공사 시장세분화 적용

사례: Gol 항공: 비즈니스 관광객(business traveler)시장

남미 브라질 국적의 Gol 항공은 남미에서 항공규제완화가 이루어진 이후 저가항공사를 표방하면서 출범하였다. Gol 항공은 Varig, Tam, VASP항공사를 이용해왔던 비즈니스 관광 객(business traveler)들이 가격민감도가 높다는 것을 파악했다. 특히 Gol 항공은 요금이 상대적으로 높은 기존 항공사를 이용했던 비즈니스관광객들은 마일리지(mileage programs), VIP라운지(lounge) 등과 같은 부가서비스에 큰 가치를 부여하지 않음을 알고 최소의 제한된 서비스를 제공하면서 항공요금을 낮추었다. 이 결과 Gol 항공은 2001년 8.1% 시장점유율을 차지했으나, 2003년 브라질 항공시장 점유율을 21.7%까지 높였다 (Evangelho, Huse & Linhares, 2004). Gol 항공이 채택한 세분화전략은 저가항공사 형태로 출범하여, 가격민감도가 높은 비즈니스관광객을 표적시장(target market)으로 하여 성공한 항공사 시장세분화 성공사례의 하나이다.

3. 항공사 포지셔닝전략

3-1. 포지셔닝 개념

포지셔닝(positioning; 자리매김)이란 소비자로 하여금 자사의 브랜드(brand)를 다른 경쟁사의 그것과 다르게 인식하도록 만드는 것을 말한다(고경순, 2006). 포지셔닝은 잠재고객의 마음에 어떤 행동을 취하는 것이다. 요컨대, 잠재고객의 머릿속에 상품의 위치를 잡아주는 것이다. 포지셔닝의 기본적인 접근방법은 새롭거나 다른 것을 만들어 내는 것이 아니라, 이미 머릿속에 들어 있는 내용을 조종하는 것, 즉 기존의 연결고리를 다시 엮는 데 있다(알리스·잭 트라우트, 1994).

포지셔닝(positioning)이란 기업의 제품과 이미지를 표적고객의 마음속에 차별적 위치를 점유할 수 있도록 시도하는 활동을 말한다. 이 용어는 '소비자의 기억 속에 심어진 이미지'라는 뜻을 지닌 명사 포지션(position)에서 유래되었고, 1957년 Alerson에 의해 처음 사용되었으나, 1969년 Ries & Trout가 Advertising Age에 3편의 논문으로 발표한 이후 가장 유명한 마케팅 개념 중 하나가 되었다. 초기의 포지셔닝 개념은 광고에 뿌리를 둔 개념으로 소비자에게 제품 정보를 잘 이해시키자는 목적으로 출발한 것이다(이성은, 2008).

3-2. 포지셔닝전략 유형

포지셔닝(positioning)은 기업이 시장에서 고유한 위치를 차지하고 유지하는 과정이다. 마케터는 포지셔닝전략을 채택하기 앞서 ① 고객분석(customer analysis), ② 기업목적 (corporate objectives), ③ 경쟁자분석(competitive analysis)을 해야 한다(Hsu & Powers, 2002).

Kotler(2003)는 차별화 유형으로 ① 제품차별화(product differentiation), ② 서비스차별화(service differentiation), ③ 서비스종사원 차별화(personnel differentiation), ④ 유통차별화(channel differentiation), ⑤ 이미지차별화(image differentiation) 등 5가지를 제시하였다.

제품차별화란 제품의 물리적인 속성, 가격, 디자인 등을 차별화하는 것을 일컫는다. 서비스차별화는 부가적인 서비스를 통한 차별화이다. 서비스종사원 차별화는 'people differentiation'이라 불려지기도 하며, 고객과 접촉(encounter)하는 종사원에 대한 차별화이다. 유통차별화는 자사 제품과 서비스를 고객에게 판매하는 매체인 유통체널의 차별화를 의미한다. 이미지 차별화는 동일한 물리적 제품이라도 소비자는 기업 또는 상표의 이미지에 따라 제품을 다르게 인식한다. 기업은 경쟁기업 또는 경쟁사 제품과 이미지를 차별화시키는 노력을 한다.

3-3. 포지셔닝 항공사 적용

최근 아시아나항공은 "5 Star 항공"으로 포지셔닝하고 있다. TV 광고를 보면 출발에서 도착까지 5 Star 서비스로 모십니다. 세계에서 5개[10] 뿐인 5 Star 항공사! 아시아나항공. 이런 광고전략은 아시아나항공이 최고의 서비스를 제공하는 항공사임을 알림과 동시에 경쟁항공사와의 서비스 차별화(service differentiation)를 시도하고 있다.

미국 저가항공사인 Southwest Airlines는 '종사원브랜딩'(employee branding) 전략을 채택하여 비교우위를 확보했다. 여기서 말하는 종사원브랜딩이란[11] 종사원들 자신들이 바라는 브랜드 이미지를 내적으로 형성화하여, 그 이미지를 고객과 조직구성원들(organizational constituents)에게 투영(投影)시키도록 동기화시키는 과정이다.

Southwest Airlines는 고객의 마음속에 기업의 포지션을 자리잡게 할 목적으로 종사원브랜딩을 이용했다. 종사원브랜딩과 포지셔닝은 직접적인 관련이 있다. 고객은 특정 기업의 종사원과 기업이 제공하는 서비스는 불가분의 관계가 있다고 믿고 있다. 따라서 종사원브랜딩은 기업, 서비스, 상품을 포지션하려는 기업목표를 성취시켜주는 효과적인 포지셔닝전략이라 할 수 있다. Southwest Airlines는 종사원을 이용하여 성공적인 포지셔닝을 한 대표적인 항공사이다(Miles & Mangold, 2005).

유럽에서 가장 성공한 저가항공사는 아일랜드에 기반을 둔 Ryanair이다. Ryanair가 등장하기 이전까지

▌그림 8-8 ▌ Singapore Airlines 포지셔닝

(출처: www.singporeairlines.com/ Airbus 380기종의 최고급 호텔 분위기를 강조한 SQ 광고)

---

10) Asiana Airlines(Korea), Malaysia Airlines(Malaysia), Qatar Airways(Qatar), Singapore Airlines(Singapore Airlines), Cathay Pacific Airways(Hongkong, China)

11) Employee branding: the process by which employees internalize the desired brand image and are motivated to project the image to the customers and other organizational constituents.

Ireland는 국영항공사인 Aer Lingus 독점체제(monopoly)였다.

Ryanir는 Aer Lingus와 경쟁을 하지 않으려고 노력했다. Ryanair는 노선을 확대하지 않으면서 Ireland-UK만 집중하는 지역집중화(regional focus)전략을 구사했다. 이 지역 집중화 전략은 Ryanair을 유럽에서 가장 성공한 저가항공사(low cost airlines)로 자리매김하게 한 포지셔닝전략이다(Lawton. 1999).

전 세계 항공사 중 브랜드 자산(brand asset)가치가 높은 항공사로 Singapore Airlines (SQ)를 꼽기도 한다. SQ가 높은 브랜드가치를 향유하는 것은 브랜드자산을 구성하는 요소인 ① 브랜드 인지도(brand awareness), ② 브랜드 정체성(brand identity), ③ 지각된 품질(perceived quality), ④ 브랜드 충성도(brand loyalty)와 항공사의 포지셔닝전략이 부합했기 때문이다. 싱가포르항공은 2007년 Airbus사로부터 Airbus 380기종을 세계 최초로 인도받고 싱가포르-시드니간 운항을 시작했다. '항공사의 대명사'(airline industry icon)를 표방하는 싱가포르항공 이미지와 잘 부합했고, 5 Star 항공의 '지각된 품질'을 잘 대변해주는 광고문구(slogan) "Class Beyond First"는 SQ를 세계최고의 항공사임을 알리고 있다.

참 | 고 | 문 | 헌

Alastair M. Morrison(2002), Hospitality and Travel Marketing, Delmar Thomson Learning.

Christopher Lovelock & Jochen Wirtz(2004), Service Marketing: People, Technology, Strategy, Pearson Prentice Hall.

Cathy H. Hsu & Tom Powers(2002), Marketing Hospitality, John Wiley & Sons, Inc.

D.C. Gilbert(1996), Relationship marketing and airline loyalty schemes, Tourism Management, Vol.17(8), pp.575-582.

Dionysis Skarmeas, Constantine S. Katsikeas, et al,. (2007), Market and supplier characteristic driving distributor relationship quality in international marketing channels of industrial products, Industrial Marketing Management(in press).

Eric T. Brey, Siu-lan So, Dae-Young Kim & Alastair M. Morrison(2007), Webbased permission marketing: Segmentation for the lodging industry, Tourism Management, Vol.28(6). pp.1408-1416.

Fabio Evangelho, Cristian Huse & Alexandre Linhares(2005), Maket entry of low cost airline and impacts on the Brazilian business travelers, Journal of Air Transport Management, Vol.11(2), pp.99-105.

G. Houben, K. Lenie & K. Vanhoof(1999), A knowledge-based SWOT analysis system as an instrument for strategic planning in small and medium sized enterprises, Decision Support Systems, Vol. 26.(2), pp.125-135.

Jyh-Yih Yang & Abby Liu(2003), Frequent Flyer Program: A case study of China airlines's marketing initiative-Dynasty Flyer Program, Tourism Management, Vol.24(5), pp.587-595.

Paul R. Dittmer(2002), Dimension of the Hospitality Industry, John Wiley & Sons, Inc.

Philip Kotler(2003), Marketing Management, Prentice Hall.

Philip Kotler, John Bowen & James Makens(2006), Marketing for Hospitality and Tourism, Prentice Hall.

Philip G. Davidoff & Doris S. Davidoff(1994), Sales and Marketing for Travel and Tourism, Prentice Hall career & Technology.

Robert W. Palmatier, Lisa K. Scheer, et al.,(2007), Use of relationship marketing programs in building customer-salesperson and customer-firm relationships: Differential influences on financial outcomes, International Journal of Research in Marketing, Vol.24(3), pp.210-223.

Sandra J. Miles & W. Glynn Mangold(2005), Positioning Southwest Airlines through employee branding, Business Horizons, Vol.48, pp.535-545.

Shwu-Ing Wu, Pao-Lien Wei & Jui-Ho Chen(2008), Influential factors and relational structure of Internet banner advertizing in the tourism industry, Tourism Management, Vol.29(2), pp.221-236.

Stephen J. Page(2003), Tourism Management: Managing for change, Butterworth Heinemann.

Steve Hoeffler & Kevin Lane Keller(2002), Building Brand Equity Through Corporate Societal Marketing, Journal of Public Policy & Marketing, Vol.21(1), pp.78-89.

Thomas Cc Lawton(1999), The limits of price leadership: needs-based positioning strategy and the long-term competitiveness of European's low fare airlines, Long Range Planning, Vol. 32(6), pp.573-586.

W. Glynn Mangold & Sandra J. Miles(2007), The employee brand: Is yours an all-star, Business Horizons, Vol.50, pp.423-433.

고경순(2006), 마케팅: 통합적 접근, 도서출판 대명.

박석희(1998), 인터넷을 이용한 호텔업의 인터넷 마케팅 전략에 관한 연구, 관광연구, 12권, 1-30.

박충환·오세조(1993), 시장지향적 마케팅관리, 박영사.

박시사(2003), 여행업경영, 대왕사.

이승주(1999), 경영전략 실천 매뉴얼, Sigma Insight Group.

이성은(2008), 제주관광의 포지셔닝에 관한 연구, 제주대학교 대학원, 박사학위 논문.

알리스·잭 트라우트(1994), 마케팅 포지셔닝(Positioning: The battle for your mind, 번역서), 십일월출판사.

항공사 전략과 마케팅믹스

1. 항공사 전략
2. 항공사 마케팅믹스

제9장 항공사 전략과 마케팅믹스

1. 항공사 전략

1-1. 전략의 개념

전략이란 시장(market place)에서 기업의 위치를 파악하고 영향을 미치는 '분석적 기술'(a set of analytic techniques)이다. 기업전략은 기업의 내부역량(internal capability)과 외부환경(external environment)을 통합 또는 조화시키는 데 목적을 둔다. 전략은 크게 3가지 위계체계(hierarchical levels)로 이루어졌다(www.1000ventures.com/design_elements/selfmade/strategy).

┃그림 9-1┃ 전략(strategy)

(출처: www.startupstudents.com/전쟁에서 승리하기 위해 전략은 필수적임)

- 기능전략(functional strategy)
- 사업전략(business strategy)
- 기업전략(corporate strategy)

기업의 목표가 기업이 달성하고자 하는 것이라면 전략은 목표에 도달하는 방법을 제시하는 것이다. 모든 기업은 목표를 달성하기 위해서 전략을 세워야 한다(Kotler, Bowen & Makens, 2003).

다음 〈그림 9-2〉은 기업의 비전, 가치관, 역량, 자원, 혁신, 마케팅, 서비스 등과 전략 간의 관계를 보여주는 'the tree of business'이다. 그림에서 보는 바와 같이 전략(strategy)은 기업의 다른 요소와 유기적 관계가 있음을 알 수 있다. 기업의 영속적 지속가능한 수익창출은 기업의 근본을 튼튼하게 하고(strengthen your root), 불변의 기업 비전(live your vision)을 구축해서 고객에게 최고의 가치를 제공(deliver superior value)할 때 비로소 이루어진다.

▮그림 9-2▮ The Tree of Business

(출처: www.1000ventures.com/design_elements)

기업은 전략선택(strategy selection)을 하기 위해서 사전에 전략대안(strategic options)을 검토한다. Tribe(1997)이 제시한 검토사항은 다음과 같다(Tribe, 1997).

- 적합성(suitability)
  - 환경적합성(environmental fit)
  - 자원적합성(resource fit)[1]
  - 문화적합성(cultural fit)

- 수용가능성(acceptability)
  - 수익성(profitability)
  - 위험(risk)
  - 이해관계자 만족(skakeholder satisfaction)

- 타당성(feasibility)
  - 자산·재원조달(resources)
  - 시간·물류(timing/logistics)
  - 경쟁자 대응(reaction)

1-2. SWOT와 전략

SWOT는 기업 내부의 강점(S: strengths)·약점(W: weaknesses), 기업이 직면한 기회(O: opportunities)·위협(T: threats)이다. SWOT 분석(analysis)은 경영관리자가 기업의 전략적 위치(strategic position)를 파악하기 위해서 활용하는 하나의 기법이다. 강점(S)은 경쟁자에 비해서 상대적 우위를 점하고 있는 자원, 기술이다. 장점이 있는 기업은 시장에서 경쟁우위(competitive advantage)를 누린다. 반면 약점(W)은 특정 기업이 경쟁자에 비해 자원, 기술, 역량 등에 있어서 제한적이거나 부족함이다.

약점은 기업의 효과적인 업무수행이나 실적에 부정적 영향을 미치게 한다. 기회(O)란

---

1) 자원적합성을 평가하는 요소로는 ① resource audit, ② portfolio analysis, ③ product life cycle analysis, ④ value chain analysis이다.

기업이 외부환경에서 유리한 상황에 있는 경우이며, 위협(T)이란 기업이 현 위치를 유지하거나 지향 목표를 성취하는데 외부환경 요인이 자사(自社)에 부정적인 상황이다(Hsu & Powers, 2002).

 SWOT분석의 두 축은 바로 내부역량(internal force)과 외부환경(external environment) 이다. 내부역량 분석을 통해서 기업은 강ㆍ약점을 파악하고, 외부환경을 분석하여 기회ㆍ위협을 찾아낸다(박시사, 2003).

- 내부역량(internal force)
  - 강점(strength)
  - 좋은 기업 이미지(good image)
  - 탁월한 마케팅 수행 능력(excellent marketing)
  - 훌륭한 인적자원(good staff)
  - 브랜드 포트폴리오(strong portfolio of brands)
  - 인터넷 네트워크(good internet network)
  - 약점(weakness)
  - 낮은 수익(low profit margin)
  - 건강하지 못한 노사관계(poor labour relations)
  - 높은 운영비용(high cost operation)
  - 관료주의 기업문화(bureaucratic organization culture)
  - IT 역량 부족함(poor IT competency)

- 외부환경(external environment)
  - 기회(opportunity)
  - 성장추세 시장ㆍ성장산업(growing market)
  - 규제완화(deregulation)
  - 정책변화(change of policy)
  - 대중관심증대(growth of public interest)
  - 시장진입 용이성(easy market entry)

- 위협(threat)

- 대중관심저하(loss of public interest)

- 정치적 불확실성(unpredictable political environment)

- 테러리즘(terrorism)

- 치안·안전문제(safety matters)

- 경기침체(sluggish economy)

관광기업과 마케터는 SWOT분석을 한 후 자사의 강·약점, 외부환경요인들의 분석을 바탕으로 구체적인 전략을 세우게 된다. 아래 〈그림 9-3〉에서 보는 바와 같이 크게 공격전략(OS=++/cell 1), 우회전략(OW=+-/cell 2), 다각화전략(TW=--/cell 4), 방어전략(TS=-+/cell 3)이 채택될 수 있다.

▌그림 9-3 ▌ SWOT분석과 전략

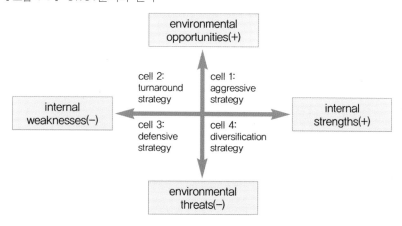

(출처: Hsu & Powers(2002), Marketing Hospitality, p.133 재인용)

첫째, 공격전략(aggressive strategy/ cell 1)이다. 기업의 외부환경이 자사(自社)에 유리하게 작용하고. 내부역량이 경쟁사에 비해 우위를 점할 때 채택될 수 있는 전략이다. 공격전략은 성장(growth)을 추구하는 전략이다. 여기서 말하는 성장이란 판매, 수익, 제품믹스(product mix), 시장점유율(market share), 시장범위(market coverage)의 확대를 뜻한다. 성장전략의 유형으로 ① 집중화전략(concentration strategy), ② 통합전략(integration strategy), ③ 기업다각화전략(conglomerate diversification strategy)이 있다.

항공사 전략의 예: M&A, 노선확대, 항공제휴(airline alliance)

둘째, 우회전략(turnaround strategy/cell 2)이다. 우회전략(迂廻戰略)이란 방향을 바꾸거나 회피하는 전략이다. 외부환경은 전반적으로 좋지만 자사의 역량이 구비되어 있지 않은 경우에 채택하는 전략이다. 경쟁자와 비교해서 자사의 내부역량이 부족하여 위기(crisis)를 초래하는 원인(causes)[2]들이 기업내에 산재한다. 기업이 우회전략으로 활용할 수 있는 대안은 ① 리더십교체(changing the leadership), ② 전략초점 재정립(redefining strategic focus), ③ 불필요한 자산 양도(selling unnecessary assets), ④ 수익성 증대노력(improving profitability)이다.

셋째, 방어전략(defensive strategy)이다. 방어전략(防禦戰略)이란 자사의 역량이 불충분하고 외부환경이 부정적일 때 채택하는 기업전략이다. 방어전략은 크게 4가지 유형으로 ① '합작투자'전략(joint venture strategy), ② 자산 축소전략(retrenchment strategy), ③ 기업분할 매각전략(divestiture strategy), ④ 유동성 확보 전략(liquidation strategy)이 있다.

아시아나항공이 catering(기내식사업부) 사업부를 외국기업에 넘긴데 이어 지상조업을 담당하는 자회사인 아시아나 공항서비스(주)도 매각하여 구조조정을 마무리하였다. 이는 아시아나항공의 전형적인 방어전략이다.

넷째, 다각화전략이다. 다각화(diversification)란 기업이 과거에 관여하지 않았던 새로운 활동영역으로 경영범위를 확대하는 것이다. 쉽게 표현하면 한 기업이 다른 여러 산업에 참여하는 것이 다각화(多角化)이다. 다각화전략은 내부역량이 우수하나 외부환경이 좋지 않을 때 채택하는 전략이다(박시사 C, 2003).

---

2) 기업의 위기(crisis)를 초래하는 요소

　　1. revenue downturn caused by a weak economy 2. overly optimistic sales projections 3. poor strategic choices 4. poor execution of good strategy 5. high operation costs 6. high fixed costs that decreases flexibility 7. insufficient resources 8. unsuccessful R&D projects 9. highly successful competitors 10. excessive debt burden 11. inadequate financial control

　　(출처: http://www.netmba.com/strategy/turnaround)

기업의 방어전략 유형(defensive strategy)

1. Joint venture strategy(합작투자전략)

Joint venture is a popular strategy that occurs when two or more companies form a temporary partnership or consortium for the purpose of capitalizing on some opportunity. This strategy can be considered defensively only because the firm is not undertaking the project alone. This strategy allows companies to improve communication and networking, to globalize operation and minimize risk.

2. Retrenchment strategy(자산축소전략)

Retrenchment occurs when an organization regroups through cost and asset reduction to reverse declining sales and profits. This strategy is design to fortify an organization's basic distinctive competence. In some case, bankruptcy can be an effective type of retrenchment strategy. Bankruptcy can allow a firm to avoid major debt obligations and to avoid union contracts.

3. Divestiture strategy(기업분할 매각전략)

Selling a division or part of an organization is called divestiture. Divestiture is often used to rise capital for further strategic acquisitions or investment. This strategy is also useful to rid unprofitable activities in a firm.

4. Liquidation strategy(유동성 확보전략)

Selling all of company's assets, in parts, for their tangible worth is called liquidation. Liquidation is a recognition of defeat and consequently can be an emotionally difficult strategy. However, it may be better to cease operating than to continue losing large sum of money.

(출처: http://www.bizcovering.com/Management/Business-Strategies)

다각화의 유형은 ① 관련다각화(related diversification), ② 비관련다각화(unrelated diver-sification)로 나눈다. 일반적으로 다각화의 목적은 다음과 같다.
- 성장추구
- 위험분산
- 범위의 경제성 추구
- 시장지배력의 활용
- 내부시장의 활용

한국의 국적항공사인 대한항공(Korean Air)의 다각화 사례를 들어보자. 대한항공은 한진해운, 한국공항, 한진중공업, 한진관광, 한진택배, 메리츠화재 등 기업을 거느리고 있는 기업 다각화의 전형적인 예이다.

1-3. Michael Porter의 전략과 경쟁우위

기업수익성(profitability)에 결정적 영향을 미치는 요소는 '산업매력도'(the attractiveness of industry)이며, 두 번째로 중요한 요소는 바로 산업내 '지위'(position)이다. Porter(1980)

┃그림 9-4┃ Michael Porter 전략

Strategic Target		Competitive Advantage	
		uniqueness	low cost
	industrywide	differentiation (Singapore /Southwest/BA)	cost leadership (Southwest/ easyJet)
	particular segment	differentiation focus (Fed EX/DHL)	cost focus (Ryanair/Jeju Air)

(출처: Hsu & Powers(2002), Marketing Hospitality, p.134 재인용)

는 기업의 강점(strength)은 크게 비용우위(cost advantage)와 차별화(differentiation)로 나눌 수 있으며, 이 강점을 미시·거시적 범위로 적용하여 3가지 전략인 비용우위(cost leadership), 차별화(differentiation), 그리고 집중화(focus)를 제시하였다(Kotler, Bowen & Makens, 2003). 이 3가지는 기업의 경쟁우위의 원천이 되는 전략이다. 앞의 〈그림 9-4〉는 Porter의 전략(generic strategies)이다.

1) 항공사 차별화전략

차별화란 고객이 느끼고 판단하기에 가치(value)가 있는 편익(benefits)을 창조하는 것이다. 차별화전략(differentiation strategy)은 기업이 독특한 특성이 있는 제품과 서비스의 개발을 필요로 하며, 개발된 제품과 서비스는 고객에 의해서 높게 평가받고, 경쟁사의 제품에 비해서 우수하다고 인지되어야 한다.

기업의 차별화(differentiation)의 유형은 크게 4가지 ① 가격차별화(price differentiation), ② 집중차별화(focus differentiation), ③ 제품·서비스 차별화(product/service differentiation), ④ 고객서비스 차별화(customer service differentiation)로 나눌 수 있다.

기업은 자사와 유사한 제품을 제공하는 경쟁사와 차별화를 시도하고 있으며, 차별화는 다음과 같은 항목을 중심으로 이루어지고 있다(Kotler, Bowen & Makens, 2003).
- 물리적 속성 차별화(physical attribute differentiation)
- 서비스 차별화(service differentiation)
- 서비스종사원 차별화(personnel differentiation)
- 유통 차별화(location/channel differentiation)
- 이미지 차별화(image differentiation)[3]

영국의 British Airways는 일등석 고객(first class passenger)을 대상으로 제품차별화(product differentiation)를 시행하였다. British Airways가 일등석 승객에게 제공한 차별화

---

[3] 이미지 차별화를 시키는 요소로 ① 심벌(symbols), ② 미디어(media), ③ 분위기(atmosphere), ④ 이벤트 연출(events) 등을 들 수 있다. 가령, 제주항공(Jeju Air)은 제주 특산물인 귤(orange)을 연상하는 'orange color'로 디자인하여 제주항공의 이미지 차별화를 시도하고 있다. 유럽의 대표적인 저가항공사인 EasyJet도 orange color이다. 우연의 일치인가, 아니면 제주항공이 EasyJet을 벤치마크?

된 제품은 다음과 같다(Tribe, 1997).

- 100% 환급가능(fully refundable/changeable tickets)
- 주차서비스(valet parking)
- 체크인 우선순위 부여(express check-in)
- VIP 라운지(internet access, free drinks, entertainment, showers)
- 신속한 보안검열 서비스(fast-track security clearance)
- 넓고 편안한 일등석 공간 디자인(spacious cabin)
- 고객의 리듬에 맞는 식사제공(flexible meal times)
- 최고의 기내식(gourmet food)
- 무제한 샴페인 제공(limitless champagne)
- 최고급 와인 제공(vintage wine)
- 고급 도자기 사용(fine china)
- 넓은 좌석(spacious seating)
- 무료 리무진 혹은 헬리콥터 서비스(limousine/helicopter transfer)

항공사는 채용(hiring)과 훈련(training)을 통해서 경쟁항공사를 앞서는 경쟁우위(competitive advantage)를 점할 수 있다. Singapore 항공사가 전세계적으로 좋은 평판을 누리는 것은 바로 서비스종사원 차별화(personnel differentiation)[4]가 있었기에 가능했다. Southwest 항공사 CEO인 Herb Kelleher는 "경쟁항공사가 저가항공 시스템을 모방할 수는 있어도 〈사우스웨스트 종사원 정신, the spirit of Southwest employee〉은 창조할 수 없다"고 하면서 종사원의 중요성을 강조하였다(Kotler, Bowen & Makens, 2003).

---

4) 항공사의 경우 종사원 차별화를 위한 종사원 특히 고객접촉종사원(customer-contact people)의 구비조건은 ① 역량(competent), ② 기술과 지식(the required skills and knowledge), ③ 예의·매너(courteous), ④ 친절·상냥함(friendly), ⑤ 고객존중(respectful), ⑥ 일관성·정확성(consistency & accuracy), ⑦ 커뮤니케이션 (communication), ⑧ 고객에 대한 신속 대응(respond to quickly to customer requests and problems)이다. (출처: Kotler et al,.(2003), Marketing for Hospitality and Tourism, p.287)

▌그림 9-5 ▌ 항공기 일등석 Cabin

(출처: KLM/ 일등석 승객(first class)들이 여유로운 공간에서 즐거운 항공여행중)

(출처: www.airliners.net/ 호텔인지, 아니면 대형 레스토랑인지 구분이 가지 않은 Emirates 항공 First Class/ First Class
타고 가족과 함께 여행을 하는 희망을 갖고 공부하자)

　　오늘날 기업들은 환경변화에 적응하기 위해 전략의 변화를 추구하며, 이를 위한 조직
구조의 변화, 내부요소들 간의 결합을 통한 다양한 노력과 투자를 하고 있다. 비용우위
전략을 추구하는 기업은 상대적으로 안정적인 환경에 있으므로 환경적응의 필요성이 상
대적으로 적다. 반면에 차별화전략(differentiation)은 소비자에게 독특한 혜택을 제공하
기 위해 추가적인 비용이 필요하고 차별화된 이미지(image)를 유지하기 위해서는 상대
적인 시장점유율(market share)이 낮아지는 것도 감수할 수밖에 없다. 또한 차별화전략

을 추구하는 기업의 과업은 정형화되기보다는 불확실성(uncertainty)이 높은 상황에 처할 가능성이 높다(정재진, 2007).

차별화 방식은 여러 가지가 있는데, 그 방식이 무엇이든 성공적인 차별화전략은 ① 고객가치 창출, ② 지각된 가치의 제공, ③ 모방의 어려움 이 세 가지 조건을 충족시켜야 한다(전인수, 1996). 전 세계 항공사들과 경쟁우위를 확보하기 위해 차별화 전략을 채택하고 있는데, 경쟁에서 살아남기 위해서 적어도 이 3가지 조건에 부합하는 차별화전략의 수행이 요구된다.

2) 항공사 집중화전략

집중화전략은 차별화나 비용우위 혹은 둘 다를 바탕으로 한 전략이지만, 기본적인 전략적 방향은 시장(market)이나 제품계열(product)의 일부에 집중(集中)한다는 것이다(전인수, 1996). 집중화전략(focus strategy)은 범위가 좁은 세분시장(segment)에서 차별화 혹은 비용우위전략을 채택하는 것이다. 집중화전략은 전체 시장(whole market)을 표적으로 하지 않고 세분시장에 목표를 둔다. 가령, 세분시장은 연령(age), 소득, 라이프스타일, 성별, 편익추구, 기타 인구통계적 요소에 의해서 나누어진다. 이러한 기준에 의해서 나누어진 세분시장 내에서 비용우위(cost leadership) 혹은 차별화(differentiation)전략이 이용된다(Evans, Campbell & Stonehouse, 2005).

일반적으로 집중화전략의 편익은 다음과 같다.

- 전체시장을 접근하는 것에 비해 적은 투자비용 필요함.
- 전문화가능
- 적은 비용으로 새로운 시장진입
- 특정 세분시장에 대한 지식축적 및 정보획득

우리나라 항공사 예를 들어보자. 제주항공(Jeju Air)은 국내선만 취항하면서 저가항공사로 출범하였다. 제주항공의 주력 노선은 서울-제주 국내선이며, 대한항공과 아시아나항공에 비해서 30% 저렴한 항공서비스를 제공하는 항공사이다. 현재 제주항공이 채택하고 있는 국내선 저가항공사는 전형적인 비용우위를 활용한 집중화전략이다.

전 세계 항공사들이 채택하고 있는 노선전략인 허브-스포크 시스템은 전형적인 집중화전략이다. 허브-스포크전략은 항공사에게 ① 시장범위 확장, ② 환승시간 최소화, ③ 비용절감, ④ 운항횟수 줄임, ⑤ 요금과 공급량 통제, ⑥ 신규항공사의 진입장벽 높임 등의 편익을 제공한다(류광의, 1996).

3) 항공사 비용우위전략

기업의 낮은 비용은 경쟁우위의 중요한 원천이다. 비용우위(cost leadership)전략은 경쟁회사에 비해 낮은 비용을 실현하는 것이 대전제이다. 기업은 물론 낮은 비용이라고 해서 품질(quality)과 서비스가 평범한 제품을 제공해서는 안되지만 기본적으로 비용을 중심으로 경쟁우위(競爭優位)를 점하는 전략이다.

기업은 비용우위(cost leadership)를 누리기 위해서는 다음과 같은 내부요인의 강점이 있어야 한다(www.quickmba.com/strategy/generic).

▌그림 9-6▌ EasyJet 항공사 point-to-point 노선구조

(London Luton 공항에 허브를 둔 EasyJet항공사의 선형노선(A-B) 노선도)

- 자본조달능력(access to the capital)
- 상품기획능력(skill in designing products)
- 상품생산 전문가(high level of expertise in manufacturing process)
- 효율적인 유통채널(efficient distribution channels)

미국의 Southwest, 영국 EasyJet항공사는 상품특성(product features), 유통채널(distribution), 기내서비스(in-flight), 운항빈도(frequency) 등5)에서 경쟁항공사에 비해 비용우위를 누리고 있는 저가항공사(low cost airline)이다(Evans, Campbell & Stonehouse, 2005).

2. 항공사 마케팅믹스

2-1. 마케팅믹스

마케터는 마케팅 프로그램을 짜고 기업의 목표를 달성시킬 계획을 수립하는 임무를 수행한다. 마케팅 프로그램(marketing program)은 가용할 마케팅 도구에 대한 다양한 의사결정(decisions)으로 구성되어 있다. 마케팅믹스는 기업이 표적시장(target market)에서

---

5) Cost leadership at Southwest Airlines and EasyJet
  Product features(상품특성)
   - low fare(저가)
   - simple, unrestricted(항공권 제한규정 없음)
   - point to point service(선형노선/A-B노선)
  Distribution(유통채널)
   - direct sale(직접판매 위주)
   - ticketless(무발권 항공권)
  In-flight(기내서비스)
   - single class, high density(좌석등급 구분 없음/ 고밀도 좌석 배치)
   - no seat assignment(사전좌석배정 없음)
   - no meals(기내식 제공 안함)
   - snacks and light beverage only(무알코올 음료만 제공)
  Frequency & Punctuality(운항빈도 · 정시성)
   - high(운항빈도 높음)
   - very good(높은 정시 출발 · 도착률)
  (출처: Evans et al.,(2005), Strategic Management for Travel and Tourism, pp.213-214)

마케팅목표를 추구하기 위해 사용하는 '마케팅 도구들의 모음'(set of marketing tools)이다. McCarthy는 이러한 도구를 크게 4가지 범주로 분류하여 제시하였다. 이를 마케팅 4P(product, price, place, promotion)라 칭한다. 마케팅믹스를 구성하는 도구(tool)와 각각의 구성요소는 다음과 같다(Kotler, 2003).

▌그림 9-7 ▌ 마케팅믹스 구성요소

(출처: Kotler(2003), Marketing Management, p.16)

위의 〈그림 9-7〉에서 보는 바와 같이 마케팅믹스는 ① 제품·상품믹스(product mix), ② 가격믹스(price mix), ③ 유통믹스(place mix), ④ 촉진믹스(promotion mix)로 구성되어 있고, 각각의 하부요소(sub-factors)로 이루어졌다.

전 세계 항공사들은 급변하는 환경변화에 대처하기 위해서 통제 가능한 변수(controllable variables)인 4P's(product, price, place, promotion)로 알려진 마케팅믹스(marketing mix)를 효과적이고 효율적으로 활용하느냐에 따라 치열한 경쟁에서 살아남을 수도 있고 경쟁에서 도태될 수도 있다(박시사 a, 1994).

2-2. 항공사 제품 · 상품믹스 전략

1) 항공사 제품 · 상품믹스

상품이란 특정 용도와 외형을 갖춘 물리적 실체로 인식되지만, 마케팅 관점에서 상품은 보다 포괄적인 의미를 지닌다. 항공사의 운송상품은 소비자들이 서비스의 효용을 위해 구매하는 무형의 상품이다. 혹자는 항공사의 상품은 안전성, 정시성, 공항접근성, 좌석확보의 용이성, 출발 빈도, 기내서비스, 발권과 예약, 탑승수속과 수하물처리, 공항서비스, 항공사 이미지 등이 다양한 요소라고 한다(허희영, 2002). 본서는 위의 〈그림 9-6〉을 바탕으로 해서 상품믹스의 구성요소(components)를 중심으로 항공사 상품믹스를 설명하였다.

- 상품믹스(product mix)
  - 상품다양성(product variety)
  - 품질(quality)
  - 디자인(design)
  - 물리적 특성(features)
  - 브랜드(brand name)
  - 패키징(packaging)
  - 규모(sizes)
  - 제반 서비스(services)
  - 보장(warranties)
  - 편익 · 혜택(returns)

첫째, 상품다양성이다. 상품다양성은 유형(types), 등급(class), 상품의 결합(mixture) 등으로 해석될 수 있다. 항공사의 경우 표적시장(target market), 상품 포트폴리오, 일반석 · 비즈니스석 · 일등석(economy/business/first class), 항공 plus 상품(air+hotel/air+cruise/air+golf) 등의 예를 들 수 있다. 가령 아시아나항공의 김포-제주항공 plus 제주라마다 golf package는 전형적인 상품다양성을 표출해주는 예이다.

둘째, 품질(quality)이다. 전 세계 모든 항공사는 최고의 서비스(quality service)를 제공하기 위한 노력을 한다. 품질이란 '최고'(excellence)로 해석될 수 있다. 대한항공의 마케팅 슬로건 'excellence in flight', 싱가포르항공 'class beyond first'는 최고의 품질을 강조하는 마케팅 믹스요소의 예이다.

셋째, 디자인(design)이다. 디자인은 항공사에서 개발하여 승객에게 제공하는 항공노선(airline route/network)으로 해석될 수 있다. 항공사의 노선은 크게 ① 선형노선(line network), ② 개량된 선형노선(developed line network), ③ 격자노선(grid network), 허브-스포크노선(hub & spoke network)으로 나누어진다(박시사, 2003).

넷째, 물리적 특성(features)이다. 특성이란 항공사가 제공하는 유형적 속성(tangible attributes)이며, 이는 편익(benefit)과 구분된다. 항공사의 물리적 특성은 환급불가(non-refundable), 양도불가(non-edorsable), 유효기간(validity), 수하물 용량(allowance) 등이다.

다섯째, 브랜드이다. 브랜드(brand)는 회사의 명성, 인지도, 평판 등이 결합물이다. 최근에 브랜드=명품 의미로 해석되기도 한다. 즉 브랜드란 상품 자체가 부여하는 가치가 높으며 품질(quality)을 보장하는 것이다. 종종 희소성(稀少性)이 있고, 시간이 지나도 그 가치가 희석되지 않는 상품이다. 항공사의 경우 항공사 이미지, 항공사 명판, 항공사의 높은 인지도 등이 브랜드에 포함된다. 최근에 Singapore Airlines가 운항하기 시작한 Air Bus 380(A380)은 그 자체로서 브랜드이다. 1976년 최초 비행을 시작했고 2003년 역사 속으로 사라진 초음속 항공기(supersonic airliner)인 콩코드기(Concorde)는 그 자체가 브랜드(brand)였다. Concorde는 그 자체가 항공사 '아이콘'(icon)이었다. Air France와 British Airways가 대서양 운항을 하였으나 속도(speed)면에 있어서 장점이 있었으나, 100명의 승객밖에 수용할 수 없어서 Boeing, Airbus에 비해 경제성이 뒤떨어졌다. Concorde는 2003년 10월 24일 아쉽게 사라진 항공기 브랜드(airline brand)이다.

여섯째, 패키징(packaging)이다. 마케터(marketer)는 잠재고객이 관련 상품을 구매하는 것을 자극시키기 위한 수단으로 패키징을 활용한다. 마케터가 패키징할 때 고려할 사항은 식별(識別), 보관(保管), 소비자 소구(消費者 訴求), 경제성(經濟性)이다. 패키징의 유형은 ① 운송패키지(transport package), ② 유통패키지(distribution package)로 나눈다. 항공사+호텔(Air-Hotel), 항공사+유람선(Air-Sea), 항공사+렌터카+호텔(Air+Rent-a-Car+Hotel) 등의 상품결합은 전형적인 패키징의 예다.

일곱째, 규모(size)이다. 규모란 회사의 크고 작음을 나타내주기도 하고, 특정 기업에서 제공할 수 있는 상품의 영역(range)을 뜻한다. 항공사의 경우 보유 항공기(fleet), 노선(route), 빈도(frequency), 제공가능 항공좌석(seat available)이 이에 해당한다.

여덟째, 제반 서비스(service)이다. 서비스의 개념은 광의적이다. 항공사의 경우 FFP, 리무진 부가서비스, 라운지 서비스, UM 등의 서비스이다.

아홉째, 보장이다. 보장(warranty)이란 소비자와 거래가 이루어질 때 판매자가 판매된 상품이나 서비스에 대한 일종의 의무(obligation)이다. 항공사의 경우 항공약관이 여기에 해당한다. 항공사의 보장은 항공약관(航空約款)에 명시되어 있다.

열 번째, 편익·혜택(returns)이다. 즉 상품과 서비스를 구매한 고객이 향유할 수 있는 편익과 혜택이다. 가령 일등석(first class passenger)은 신속한 탑승수속, 공항라운지 이용, 넓고 편안한 좌석, 최고급 기내식, 기내 컴퓨터 이용 등의 편익을 누린다.

▌그림 9-8 ▌ 역사속으로 사라진 Concorde기 비행모습

(출처: www.solarnavigator.net/Concorde 마지막 비행을 호위(escort)하며 경의를 표하는 영국공군비행단)

일등석 승객은 prestige(특별한 대우), exclusivity(개인 서비스)를 누린다.

항공사 상품믹스 예: routes, frequency, aircraft type, seat size, seat space, meals, decor, staff numbers, uniforms, Singapore Airlines, Korea Air...

다음 〈표 9-1〉은 항공사 상품을 3가지 차원 ① 핵심상품(core product), ② 실제 상품(tangible product), ③ 부가상품(augmented product)으로 나누어 제시하였다(박시사, 2000).

〈표 9-1〉 항공사 상품의 3가지 차원

The Procuct Features for an Airlnes

Core Product	Tangible Product	Augmented Product
Transport	• Airline name • Fast check-in/out • Executive lounge • Food & Drink quality • Movie	• Computer terminals • Frequent flyer club • Chauffeur to airport • Teleconferencing • Hotel add-on to flight • Mileage offer

(출처: 박시사(2000), 관광소비자행동론, 89-90쪽)

첫째, 핵심상품(core product)이다. 핵심상품은 상품이 제공하는 가장 기본적인 목적 또는 효용(utility)과 관련이 있다. 항공사의 핵심상품은 바로 운항(transport)이다. 승객이 항공기를 타는 목적은 바로 이동을 하기 위해서다. 항공기는 승객의 목적을 실현시켜준다.

둘째, 실제상품(tangible product)이다. 실제상품은 핵심상품의 효용과 관련이 있고 고객의 구매행동에 영향을 미치는 요소로 구성되어 있다. 승객이 항공사가 제공하는 서비스를 체험하거나 인지(perception)할 수 있는 대상이 실제상품이다. 이를 유형상품이라 말하기도 한다. 실제상품의 유형으로 ① 항공기명, ② 체크인, ③ VIP 라운지, ④ 기내식, ⑤ 기내엔터테인먼트 등의 예를 들 수 있다.

셋째, 부가상품(augmented product)이다. 부가상품은 고객들에게 상품의 매력을 증가시켜주고 확신을 갖게 하는 요소로 구성되어 있다. 관광기업은 부가상품 또는 부가서비스를 통해서 고객들의 관심을 끌고 재구매로 유도하려는 마케팅 노력을 하고 있다. 항공사의 경우 CRS, FFP, 리무진서비스, 무선전화 및 화상회의, 호텔+항공서비스, 추가 마일리지 서비스 등이 부가서비스이자 부가상품 요소에 해당된다.

┃그림 9-9┃ Elements of the Scheduled Airline Products

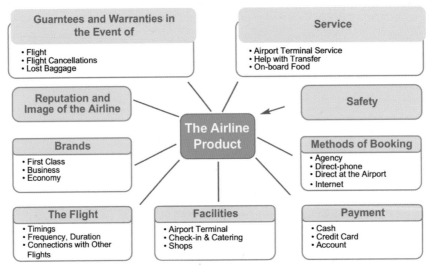

(출처: 박시사(2001), 관광소비자행동론, 91쪽)

2) 항공사 노선전략

현행 「항공안전법」(제정: 2016.3.29.)은 제2조 제13호에서 '항공로'(air route)라 함은 국토교통부장관이 항공기, 경량항공기 또는 초경량비행장치의 항행에 적합하다고 지정한 지구의 표면상에 표시한 공간의 길을 말한다. 항공산업(airline industry)은 '글로벌화'(global)가 진행되고 있으며, 항공규제완화(deregulation)와 항공산업 민영화(privatization)는 항공노선(route networks)의 글로벌화를 촉진시켰다(Horner & Swarbrooke, 1996).

항공규제완화 초기에 항공사들은 다양한 노선전략(route strategies)을 채택하였다. 항공사들이 선택할 수 있었던 전략은 다음과 같다(Meyer, Oster & Strong, 1987).

- 허브공항 강화전략(hub strengthening).
- 장거리 및 경쟁력노선 개설(establishing longer and stronger route).
- 내적성장 통한 네트워크 확대(network extension thru internal growth).
- 합병을 통한 네트워크 확대(network extension thru merger).
- '지역 중심화'(regional rationalization).
- 계절별 공급 조정(seasonality reduction).

┃그림 9-10┃ 항공규제완화 전후(前後) 노선구조 비교

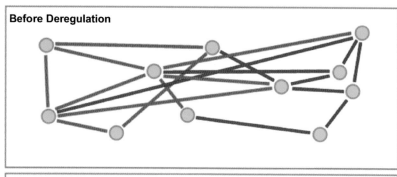

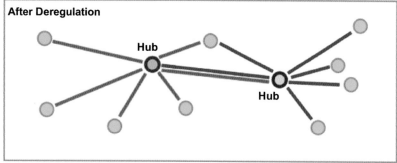

(출처: www.people.hofstra.edu/ 항공규제완화 이후 hub-spoke 노선구조로 탈바꿈하고 있음을 알 수 있다)

3) 허브·스포크 노선전략

허브(hub)라는 개념은 항공운송, 육상운송, 해상운송에서 모두 사용되고 있다. 허브의 사전적 의미는 수레바퀴 또는 프로펠러의 중심부(中心部, central part of the wheel)를 뜻

하며, '활동 중심지'로 해석될 수 있다(박시사 b, 2003).

항공규제완화 이후 항공사가 제품믹스전략으로 가장 많이 사용하는 것이 바로 허브·스포크(hub & spoke)전략이다. 기내서비스를 차별화하는 제품차별화(product differentiation) 전략을 고객을 중심으로 한 전략인 반면 허브·스포크 제품전략을 항공사가 자사(自社)의 항공루트를 한 지점(destination/hub)에 집중시킴으로써 경쟁 항공사의 진입을 억제하고 독과점 지위를 확보하는 능동적 전략이라 할 수 있다(박시사 a, 1994).

▌그림 9-11 ▌ Hub & Spoke System

□ Hub ○ Spoke

(출처: 박시사(1944), 항공사 Hub, Spoke)

위의 〈그림 9-11〉에서 보는 바와 같이 여러 개의 스포크(spoke)공항으로부터 특정 허브공항(hub airport)으로 항공기가 집중된다. 항공사는 특정 시간대에 항공기 빈도(frequency)를 높임과 동시에 다양한 노선(routes)을 개발하여 승객에게 제공할 수 있다. 특정 항공사가 지배하는 허브공항은 선점(先占)한 항공사의 지배권이 강화되고 후발 항공사에게는 진입장벽(entrance barriers)으로 작용한다.

반면 허브·스포크 노선의 단점은 승객(passenger)들이 특정 출발지(origin)에서 목적지(destination)까지 직항(direct flight, point to point)이 있음에도 불구하고 허브공항을 경유해서 돌아서(detour) 가야 하는 불편함이 있다(Rietveld & Brons, 2001). 항공사가 특정 공항을 지배하면 경쟁체제에서 벗어나 독과점(monopoly) 지위를 확보하면 언제든지 항공료(airfares)를 인상시킬 수 있다(Vowles, 2006).

1978년 미국에서 시작된 항공규제완화(deregulation) 이후 항공노선(air carrier networks)은 점차 특정 소수의 지역에 초점을 두었다. 이러한 허브 스포크(hub and spoke/HS) 노선구조는 대형 항공사뿐만 아니라 소형 지역항공사(regional carrier) 그리고 통근항공사(commuter carriers)까지도 채택한 노선전략이다. HS(hub & spoke)항공 노선구조는 공간(space)과 시간(time)측면에 있어서 교통량(traffic)의 집중을 필요로 한다(Feighan, 2001).

항공규제완화 환경하에서 항공사들은 HS 항공노선을 개발하였다. HS노선구조는 항공수요를 증대시키고, 항공기운항 빈도(frequency)를 높이며, 항공요금(air fares)을 낮추는 장점이 있다(Adler, 2001). 다음은 전 세계 주요 항공사의 허브공항(hub airport)이다.

〈표 9-2〉 세계 주요 항공사 공항

지역	국가	항공사	허브공항
북미 North America	미국	American Airlines	• Dallas Forte Worth International Airport • Miami International Airport(MIA)
		Delta Airlines	• Hartsfield Jackson Atlanta International Airport • Salt Lake City International Airport
		United Airline	• O'Hare International Airport • San Francisco International Airport
	캐나다	Canadian Airlines	• Montreal Dorvan Int'l Airport • Vancouver Int'l Airport
유럽 Europe	영국	British Airways	• London Heathrow Airport • London Gatwick Airport
	프랑스	Air France	• Charles de Gaulle Airport
	독일	Lufthansa	• Frankfurt International Airport • Munich Airport
아시아 Asia	네덜란드	KLM	• Amsterdam Schiphol Airport
	대한민국	Korean Air	• Incheon Internaltional Airport
	중국	Air China	• Bejing Capital International Airport • Chengdu Shuangliu International Airport
중동 Middle East	카타르	Qatar Airways	• Doha International Airport
	아랍에미레이트	Emirates Airline	• Dubai International Airport
남미	브라질	Varig	• Guarulhos Int'l Airport

(출처: http://en.wikipedia.org/wiki/Airline_hub)

미국의 대표적인 저가항공사 Southwest 항공은 주로 선형노선(point-to-point)서비스를 하고 있다. 대형항공사와 같은 허브공항은 아니지만 ① Chicago Midway Airport/MDX, ② Dallas Love Field Airport/DAL, ③ Houston Hobby Airport/HOU, ④ Phoenix Sky Harbor International Airport/PHX 등의 허브공항을 두고 있다.

2-3. 항공사 가격믹스전략

1) 항공사 가격믹스

가격이란 판매되는 제품 또는 서비스의 대가로 구매자가 판매자에게 지급하는 금전적 가치다. 가격은 여러 가지 용어(term)로 사용된다. 항공사의 경우 요금(fare) 또는 운임이라는 용어로 통상 상용(常用)되고 있다. 승객이 항공사나 여행사에 지급하는 항공료를 영어로 Price, Fare, Rate 등으로 표기한다. 항공사에서 말하는 '가격'이라 함은 항공운송에 있어서 항공사가 대리점을 포함한 항공사에 의해서 부과되는 여객(수화물) 및 화물이 수송에 대한 운임·요금 또는 부과금 및 그러한 운임과 요금 또는 부과금의 이용가능성을 규율하는 조건을 말한다(박시사 b, 2003).

가격은 수익(revenue)를 창출하는 유일한 마케팅믹스 요소이다. 제품믹스, 유통믹스, 그리고 촉진믹스는 비용(cost)에 해당한다. 마케터와 메니저들이 기업의 가격전략에 대한 이해는 필수적이다. 일반적으로 가격결정에 영향을 미치는 요소는 크게 ① 내적요인(internal factors), ② 외적요인(external factors)으로 나눈다(Kotler, Bowen & Makens, 2003).

(1) 내적요인(internal factors)
- 마케팅 목표(marketing objectives)
  - 기업의 생존(survival)
  - 수익극대화(current profit maximization)
  - 시장점유율우위(market-share leadership)
  - 제품품질우위(product-quality leadership)
- 마케팅믹스 전략(marketing mix strategy)
  - 제품믹스(product mix)

- 유통믹스(distribution mix or place mix)
- 촉진믹스(promotion mix)
  - 소요 비용(costs)
  - 조직의 상황(organizational considerations)

(2) 외적요인(external factors)
  - 시장과 수요(market and demand)
  - 경쟁상황(competition)
  - 제반 환경요소(other environmental factors)

항공사 가격믹스를 구성하는 요소는 ① 목록가격(list price), ② 할인가격(discounts), ③ 커미션(allowances), ④ 지급기간(payment period), ⑤ 신용지급조건(credit terms)이 있다.

첫째, 목록가격이다. 목록가격이란 tariff에 명시되어 있는 할인되지 않는 요금(fare)을 말한다. 이는 승객이 구입한 항공권에 명시된 요금이다. 이를 정상요금(normal fare)이라 부르기도 한다.

▌그림 9-12▐ 인천–마닐라 왕복 항공권

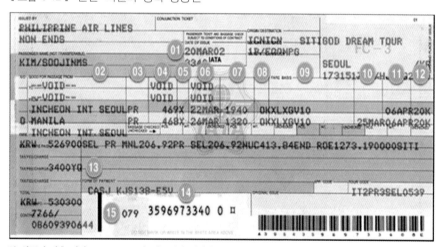

(본 항공권 좌측 하단 KRW 530,300은 항공권에 명시된 목록가격임)

둘째, 할인가격이다. 항공사는 다양한 할인요금을 개인과 여행사에 제공한다. 특히 비수기(low season)인 경우 항공사들이 탑승률(load factor)을 높이기 위해서 할인 프로그램을 다양하게 적용하고 있다. 대한항공의 경우 일반항공권, 경로항공권, 장애인 항공권, 학생 항공권 등의 할인가격이 있다.

셋째, 커미션이다. 커미션(allowances)이란 항공권 공급업자인 항공사가 항공권을 대행해서 판매하는 여행사(agent)에게 지급하는 일정액의 수수료를 말한다. 업계(trade)나 학계에서 커미션(commission)이란 용어로 사용된다. 국제선(inter-line)인 경우 정상요금(normal fare)의 7~9%를 판매대행사에 지급하고, 국내선인 경우 5% 정도의 커미션을 지급한다. 물론 커미션의 퍼센트(%)가 고정된 것은 아니다.

최근 항공사는 인터넷을 통해서 고객에게 항공권을 직접 판매하는 추세로 변하고 있다. 예전에 항공사-여행사는 협력(cooperation) 관계였으나, 요즈음 항공사-여행사 관계는 인터넷을 이용하여 승객(passenger)을 서로 유치해야 하는 경쟁자(competitor)로 발전했기 때문에 일종의 갈등관계(conflict)로 진화하고 있다.

다섯째, 지급기간이다. 개별여행자(individual tourist)는 항공료를 신용카드나 현금으로 지급한다. 승객은 항공사에 현금(cash)나 신용결재를 하기 때문에 지급기간이 중요하지 않다. 하지만 항공사-여행사간 거래(transaction)에 있어서 지급기간은 중요한 의미를 지닌다. 통상적으로 관광객이 여행사를 통해서 항공권을 구입하면 승객은 항공료를 여행사에 지급한다. BSP(bank settlement plan)에 가입한 대형여행사는 승객이 지급한 항공료를 통상 2주 후에 BSP지정 은행에 항공료를 결재한다. 다시 말해서 항공사는 승객이 지급한 항공료를 여행사-BSP은행을 거처 일정 기간이 지난 후에 받는다. 또한 기업, 정부기관과 거래를 하는 항공사도 기업으로부터 일정 기간이 지난 후 항공료를 받기도 한다. 이러한 결제관행은 항공사의 '현금흐름'(cash float)에 부정적인 영향을 주기도 한다.

여섯째, 신용지급조건이다. 항공사는 지급조건에 따라 항공료를 다르게 책정한다. 가령, 항공사는 성수기(peak season)에 대비하여 여행사에 사전에 항공권 사전 판매를 한다.

항공사는 여행사에 일정액의 '예치금'(deposit)을 요구하기도 한다. 항공사6)는 지급조건에 따라 항공료를 할인해주는 제도이다.

〈표 9-3〉 APEX 요금 사례

LONDON United Kingdom		
LON		GB

Bogota BOG mpm 5275			2745 APEX UK − Mid Atlantic
Fare Basis	**Rule Number**	**Return Fare in GBP**	Children: Child 67% Infant 10%
F		4160.00	Dates: Low Season: 15 Jan−14 Jun, 16 Sep−12
C/J		2848.00	Dec, High Season 15 Jun−15
BHE6M	2352	1383.00	Sep, :13 Dec−14 Jan
BLE6M	2352	1177.00	Minimum Stay: 10 days
YHPX3M	2842	1093.00	Maximum Stay: 45 days
YLPX3M	2842	936.00	Stopovers: None
YHAP45	2745	1036.00	Routing: Available on designated flights
YLAP45	2745	869.00	Reservations/Payment/Ticketing: Must be completed at the same time. Deadline 21 days.

(APEX fare 사례를 보여 주는 Mid Atlantic 항공)

2) 항공사 가격결정

(1) 가격결정인자(determinants)

Vowles(2006)는 항공사의 가격(airfares)에 영향을 결정인자(determinants)로 경쟁자(competitors), 승객(passengers), 출발지와 목적지 거리(distance) 항공사 운영시스템(operational systems), 저가항공사 취항유무(low cost carrier)7)를 제시하였다.

---

6) Apex fare Apex or advance purchase fares are special fares valid on economy class on specified sectors. They are much lower than the normal fares. Passengers must purchase their tickets at least 15 days prior to the departure of the flight to qualify for the apex fares.
   (출처: http://indian-airlines.nic.in/scripts/faqschemes)
7) 저가항공사의 대명사인 Southwest Airlines가 특정 목적지에 취항을 시작하면 그 지역의 항공수요는 증가하고 항공료(airfare)는 낮아지는 현상이 발생한다. 이를 이른바 '사우스웨스트 효과'(Southwest Effect)라 부른다.

▌그림 9-13 ▌ 항공료 전쟁의 승리자 Southwest 항공

(출처: 저가 항공사의 대명사인 미국 Southwest 항공사)

항공관광(air travel)은 다양한 결정인자(determinants)에 의해서 수요(demand)가 결정된다. 가령, 항공관광은 소득수준(income level), 인구통계적 요인(demographics) 그리고 비용(cost) 등과 같은 요소에 의해서 결정되는데, 항공관광을 비용관점에서 보면 항공요금(price)이 항공사의 수익성(profitability)에 영향을 미치는 중요한 요소임에 틀림없다(Abeyrantine, 2001).

(2) 가격책정방법(general pricing approaches)

Kotler(2003)는 가격을 책정하는 방법으로 ① 비용기준 가격책정(cost-based pricing), ② 가치기준 가격책정(value-based pricing), ③ 경쟁자기준 가격책정(competition-based pricing), ④ 심리적 요인고려 가격책정(psychological pricing), ⑤ 촉진목적 가격책정(promotional pricing) 5가지를 제시하였다.

반면에 Weaver와 Lawton(2002)은 다음과 같이 4가지 가격책정 방법을 제시하였다.

- 이익지향가격책정(profit-oriented pricing)
- 판매지향가격책정(sales-oriented pricing)
- 경쟁자지향가격책정(competition-oriented pricing)
- 비용지향가격책정(cost-oriented pricing)

The "Southwest Effect" is a well-known phenomenon within the airline industry where markets that Southwest Airlines enter see an increase in traffic and a decrease in average airfares.
(출처: Timothy M. Vowles(2001), Journal of Air Transport Management, p.251.)

(3) 가격책정 전략(pricing strategies)

- 신상품가격책정 전략(new product pricing strategy)
  - 품위·위광고려 가격책정(prestige pricing)
  - 초기고가 가격책정(market-skimming pricing)[8]
  - 시장침투 가격책정(market-penetration pricing)

- 기존상품가격책정 전략(existing -product pricing strategy)
  - 일괄구매 가격책정 전략(product-bundle pricing)
  - 상황적응 가격책정 전략(price-adjustment strategy)

3) 항공권 요금체계

국제선 항공요금은 가격등급(fare basis)에 따라 퍼스트 클래스(first class, F로 표시), 비즈니스 클래스(business class, C로 표시), 이코노미 클래스(economy class, Y로 표시) 3종류의 요금체계가 있다. 같은 등급이자만 항공사가 수요관리를 위해 가격과 조건을 달리하여 다양한 예약등급으로 구분한다. 퍼스트 클래스는 R/P/F/A, 비즈니스 클래스는 J/C/D/Z, 이코노미 클래스는 W/S/Y/B/H/K/L/M/Q/V/X 등의 예약 등급이 있다. 요금체계는 여행조건에 따라 정상요금(normal fare), 할인요금(discounted fare), 특별요금(special fare) 혹은 판촉요금(promotional fare)의 3가지로 분류된다.

---

[8] Price skimming is a pricing strategy in which a marketer sets a relatively high price for a product or service at first, then lowers the price over time. It is a temporal version of price discrimination/yield management. It allows the firm to recover its sunk costs quickly before competition steps in and lowers the market price. This strategy is commonly used when business introduce new products that are unique in the market. At this point, if this was your product, you have the power to charge high prices for a period of time until competitors enter the market with the similar products. This idea is to gain as much as revenue as possible while it remains unique.

(출처: en.wikipedia.org/wiki/Price_skimming/ bizhelp24.com/marketing)

┃그림 9-14┃ 여행사 직원 특별할인(AD) 항공권 광고

(출처: http://images.google.co.kr/여행사직원 할인(AD: agent discount) 항공권 판매광고/Travel Agent Only)

(1) **정상요금** : 항공권 정상요금은 국제항공운임협정(IATA)에서 규정한 요금체계다. 정상요금의 왕복항공권은 유효기간이 여행개시일로부터 1년이며, 여권과 비자에 이상이 없다면 여행도중에 아무 도시에서나 내릴 수 있고, 다른 항공사의 비행기로 갈아타는 것도 가능하다.

(2) **할인요금** : 항공권 연령이나 신분(학생/이민/선원) 등에 따라 할인을 해주는 요금이다. 만 2세에서 12세에 이르는 아동(child)은 대개 성인(adult) 요금의 67%를 적용한다. 유아(infant)는 만 14일 이상 2세 미만으로 대개 정상요금(IATA fare)의 10%를 적용한다. 그 외 국제학생증을 소지한 학생은 국제학생증 연맹에서 학생을 위해 할인된 가격으로 판매하는 SATA(Student Air Travel Association) 티켓을 구입할 수 있다. SATA 티켓을 구입할 수 있는 자격은 ① 전일제학생, ② 26세 미만이면서 SATA에 가입한 자이다.

(3) **특별요금** : 항공권 이코노미 클래스에만 적용되는데, 주로 항공사가 지정한 여행사나 호텔 매표소에서 판매하고 있다. 여행사에서 모집하는 단체관광이 가격이 싼 이유는 이런 할인요금이 적용되기 때문이다. 특별할인 요금은 정상요금이 항공권에 비해 대폭 할인되지만, 여행기간, 여행조건 등에 일정한 제한이 있다. 제한이 많은 대신에 가격

은 저렴하다.

① 여행기간에 대한 제한이 있다. 정상요금은 유효기간 1년까지 오픈이 되지만 할인운임은 30~60일 정도로 유효기간이 짧아지며, 귀국편도 결정되어 있는 경우가 많다. 따라서 구입할 때에는 여행기간에 대한 제한(maximum stay & minimum stay)을 먼저 확인한다.

② 예약변경, 여정변경이 어렵다. 다른 항공사의 비행기로 갈아타거나 예약변경, 중간기착지 변경 등이 어렵다. 예를 들어 원래 예약된 항공기를 놓친 경우 정상요금 항공권으로는 동일노선을 운항하는 타항공사의 항공기를 이용할 수 있지만 할인항공권의 경우는 정상운임에 해당하는 추가요금을 지급하거나 다른 항공사의 새항공권을 구입해야 한다.

③ 예약초과(overbooking)일 경우에는 정상항공권에 우선순위가 있다. 72시간 전에 예약확인을 하고 되도록 빨리 공항에 나가 체크인을 해 자리를 배정받는다.

④ 그 외 제약조건이 많이 따른다. 그 외 구입조건, 요금 반환과 환급, 분실시 재발급, 사고보상금 한도, 귀국편 예약 등이 금지되거나 여러 가지 조건이 덧붙여져 까다로워지므로 구입 전에 반드시 제한사항을 체크해 자신의 여행일정과 조건에 맞는지 확인해야 한다.

특별요금의 전형적인 예가 "관광객 요금"(tourist class fare)이다. 다시 말해서 할인된 단체요금의 개념이다. 관광객요금이 처음 도입된 것은 1945년이다. 미국 Pan Am 항공의 CEO였던 Tripple이 미국-유럽간 항공요금에 처음 적용하였다. 1940년 항공산업은 거의 독과점 체제였고 주로 '고급시장'(luxury market)에 의존하고 있었다.

그 당시만 해도 IATA(international air transport association)에 의해서 항공요금이 엄격하게 규제된 환경에서 tourist class fare의 등장은 획기적이며 대단히 도전적인 시도였다. 하지만 오늘날 전 세계 모든 항공사들이 채택하여 사용하는 일종의 표준(standard)이 되었다(Nykiel, 2005).

4) 항공사 가격믹스 사례

사례: Ryanair, 제주항공

항공사 case: Ryanair

유럽의 작은 국가 아일랜드(Ireland) 더블린에 본사를 둔 Ryanair는 대표적인 저가항공사이다. 1985년 설립하여 Waterford-London간 단거리 노선만 취항하였으나. 현재 유럽 130여개 노선(destination)에 취항하는 지역항공(regional airline)이자 저가항공사(low cost airline)로 포지셔닝했다. 아래 〈도표〉에서 보는 바와 같이 Ryanair가 운송했던 승객(passenger)은 매년 계속 증가하였음을 알 수 있다.

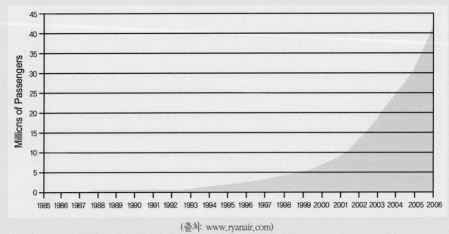

(출처: www.ryanair.com)

Ryanair passenger numbers

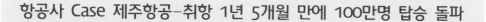

항공사 Case 제주항공-취항 1년 5개월 만에 100만명 탑승 돌파

애경그룹 계열사인 제주항공은 저렴한 운임과 즐거운 서비스로 국내 항공시장에 새로운 바람을 일으키고 있다. 제주항공은 대한항공과 아시아나항공에 이어 18년만에 3번째 정기항공사업면허를 획득, 2006년 6월 5일부터 서울↔제주노선을 비행하기 시작했다. 제주항공은 각종 비용발생 요인을 최소화해 기존 항공사 운임의 평균 70% 수준으로 기본운임을 책정하는 등 기존 항공사들과 차별화된 마케팅 전략을 펼치고 있다. 이같은 노력에 힘입어 제주항공은 지난 11월 19일 취항 1년 5개월 만에 탑승객 100만명을 돌파했다. 2007년 11월 현재 제주항공은 서울↔제주, 부산↔제주 2개 노선에서 1일 34편을 운항하고 있다. 제주항 공은 최근 안전성과 서비스를 강화한 '프리미엄 저가항공사'로 제2의 도약을 위한 중기계 획을 발표했다. 중기계획의 일환으로 전 세계 선진항공사에서 안전성과 경제성이 입증된 B737-800을 주력 항공기로 선정하고 2013년까지 15대를 도입, 국제선 진출의 발판을 마련할 계획이다. 취항 3년차를 맞는 내년 하반기부터 일본과 중국 등 기존 항공사가 취항하지 않는 근거리 노선을 개발 한/일, 한/중 노선 전세기 (Charter) 운항을 추진할 방침이다.

(출처: '돈이 보이는 리얼타임 뉴스' 머니투데이, 인터넷 기사)

2-4. 항공사 유통믹스전략

1) 항공사 유통믹스 구성요소

유통믹스를 구성하는 요소로 (1) 채널(channel), (2) 유통확보(coverage), (3) 상품진열(商品陳列; assortments), (4) 판매처(販賣處; locations), (5) 재고관리(inventory), (6) 운송·배달(transport)을 들 수 있다.

(1) 채널(channel)

유통채널의 유형은 크게 ① 직접 채널(direct channel), ② 간접 채널(indirect channel)로 나눈다. 직접 채널은 상품과 서비스를 제공하는 기업(항공사)이 고객에게 촉진, 예약, 서비스 제공하는 데 있어서 전적인 책임을 지는 유형이다. 항공사가 여행사를 거치지 않고 직접 항공권을 승객에게 판매하는 형태가 직접 채널 유형이다. 반면 간접 채널은 일부의 책임이 한 개 이상의 관련 관광기업에 돌아가는 형태이다. 일반적으로 이와 같은 조직 (기업)을 '중개인'(travel trade intermediary)이다(Morrison, 2002). 대표적인 간접 유통채널은 다음과 같다.

- 소매여행사(retail travel agents)
- 도매·올세일여행사(tour wholesalers and operators)
- 기업 여행사업부(corporate travel managers and agencies)
- 인센티브여행기획자(incentive travel planners)
- 컨벤션 기획자(convention and meeting planners)

(2) 유통확보(coverage)

'유통확보'는 시장확보(market coverage)를 의미한다. 유통확보란 특정 지역(시장)에서 상품이나 서비스를 판매할 수 있는 소매업자(retail) 혹은 도매업자(wholesale trade) 수를 일컫는다. 자사의 상품이나 서비스의 판매를 대행하는 형태는 ① 독점형(exclusive distribution), ② 집중형(intensive distribution), ③ 선택형(selective distribution)이 있다. 일반적으로 시장확보전략(market coverage strategy)은 다음과 같은 5가지가 제시될 수 있다(www.marketingpower.com).

- 단일시장집중전략(single market concentration)
- 상품전문화전략(product specialization)
- 시장전문화전략(market specification)
- 틈새시장전략(selective specialization/niche)
- 전시장확보전략(full coverage)

(3) 상품진열(assortments)

유통전략 중 상품진열은 중요하다. 상품진열전략(assortment strategy)이란 관련 상품을 판매자(reseller)가 구비하여 진열하는 것이다. 쉽게 표현하면 고객이 필요한 상품을 준비하는 전략이다. 상품진열전략은 크게 4가지로 대별된다(en.mimi.hu/ marketingweb).

- 다품종전략(broad assortment)
- 전문화전략(exclusive assortment)

- 유사상품모음전략(deep assortment)
- 무차별전략(scrambled assortment)

▮그림 9-15▮ 여행상품, 상품 Brochure 그리고 고객

(여행사 진열대에 있는 상품 브로슈어(brochure)를 살펴보고 있는 고객)

　세계 최대 인터넷 여행·관광 portal인 travelocity.com의 예를 들어보자. travelocity.com
의 초기화면 상단에 Vacations Packages-Flights-Hotels, Cars/Rail-Cruises-Last Minute Packages-
Activities 순으로 진열(display)되어 있다. Flights와 Last Minute Packages 항목(item)에서
주로 항공권을 예약, 판매하고 있다. 고객이 Flights를 click하면 ① Search Flights, ② Top
Deals, ③ Web Fares, ④ Low Fare Alert, ⑤ Last Minute Packages 순으로 나온다. 고객은
자신의 선호도(preferences)와 취향(tastes)에 맞추어 접속(access)하면 된다.

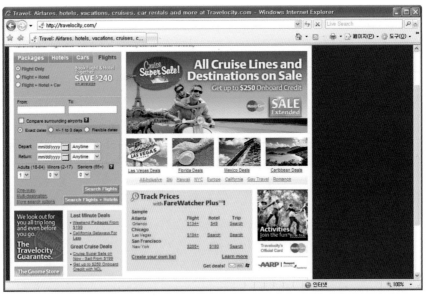

┃그림 9-16 ┃ Travelocity 초기화면

(출처: www.travelocity.com/ 세계 최대 관광 portal)

(4) 판매처(locations)

판매처는 항공권을 판매하는 장소를 뜻한다. 판매처(location)는 생산지(place of production), 판매지점(point of sale), 판매사무실(front office)로 구성된다(Middleton, 1993). 항공사의 경우 시내 판매처(city office), 공항(airport desk), 지점(branch), 총판(GSA), 여행사(intermediary) 등이 있다. 최근에는 항공사는 인터넷을 활용하여 B2B, B2C, Portal site 등의 새로운 채널을 이용하고 있다.

(5) 재고관리(inventory)

항공사는 탑승률(load factor)을 높이고, 수익관리(yield management)를 할 목적으로 재고관리를 한다. 항공사의 탑승률은 호텔 객실점유율(occupancy)과 같은 개념이다. 반면 수익관리는 이용 가능한 좌석으로 최대의 '생산성'을 달성하는 기법이다. 항공사 탑승률 관리는 양적인 접근(quantity approach)이라면, 수익관리(YM)는 질적인 방법(quality approach)으로 설명될 수 있다. 항공사의 재고관리는 매우 중요하다. 왜냐하면 항공상품

(좌석)은 '소멸성'(perishability) 특성이 있기 때문에 저장이 불가능하여, 판매되지 않으면 그 가치가 사라지기 때문이다.

항공사는 좌석재고관리(inventory control)목적으로 초과예약(over-booking)을 할 때가 있으며, 초과예약으로 인한 '탑승거절'(denied boarding)은 고객의 불만족을 불러일으키기도 한다. 초과예약을 이용한 항공사의 수익관리는 고객과의 갈등(customer conflicts)의 원인이 되기도 한다(Lindenmeier & Tscheulin, 2008). 최근 인터넷의 발달로 항공사는 출발 하루 이틀 전에 항공권을 아주 낮은 가격으로 판매하기도 한다. 이를 'last minute deal'이라 한다. 대표적인 portal은 다음과 같다.

- www.lowestfare.com
- www.travelocity.com
- www. orbitz.com
- www.priceline.com
- www.cheaptickets.com
- www.skyauction.com
- www.findbestairline.com
- www.farecast.com
- www.o72air.com(땡처리항공권/대한민국)
- www.tour.interpark.com(인터파크투어/대한민국)
- www.ttangcheori.com(땡처리닷컴/대한민국)

(6) 운송·배달(transport)

항공사의 운송·배달(transport)이란 승객이 예약(book)하여 발권(issue)한 항공권을 최종 소비자(end user)에게 전달하는 것을 말한다. 최근에는 배송(配送)이란 용어가 널리 사용되고 있다. 화물항공(cargo airline)은 운송 그 자체가 서비스이다. 물론 화물항공은 승객 서비스를 하지 않고 물건(freight)만 취급한다. 예전에 여행사에서 발권한 항공권은 여행사 직원이 고객에게 배송하였으나, 최근에는 택배서비스, '퀵서비스'를 하는 사업체가 늘어나, 항공권과 여권(passport) 등이 고객에게 신속하고 안전하게 배송되고 있다.

아시아나항공은 '항공권 타지역 송부 서비스(PTA)를 실시하고 있다. PTA는 항공운임을 지급하고자 하는 사람(의뢰인)과 실제 항공권을 가지고 탑승할 고객이 서로 다른 지역에 있더라도 항공운임 지급과 항공권 발급을 편리하게 받을 수 있는 서비스이다. 한국의 경우 PTA 서비스 수수료는 30,000원(2008년 1월 기준)이다. PTA 수수료는 지역별로 다를 수 있다.

최근 항공사들은 전자항공권(E-티켓)을 사용하기 시작하여서, 전자발권된 항공권은 '이메일'(e-mail)로 발송하고 있다. 승객은 메일로 받은 전자항공권을 프린트로 출력하여 항공권 대신 사용할 할 수 있다. 이제 옛날 형태의 Paper 항공권의 사용은 줄어들 전망이다. 대한항공은 2003년부터 e-티켓 서비스를 도입하였다. 국내선의 경우 e-티켓 사용은 활성화 단계에 접어들었다. 해외 발 항공권을 전자항공권(e-ticket)으로 발송할 경우 PTA와 달리 별도의 수수료가 없다. 최근 e-ticket은 안전하고, 고객이 언제든지 편리하게 이용할 수 있고, 별도의 비용지급이 없기 때문에 이용비율(利用 比率)이 증가하고 있다.

▌그림 9-17 ▌ 대한항공 Kiosk

(출처: www.koreanair.com/ 대한항공 e-티켓 소지자가 '키오스크'(kiosk)에서 탑승수속을 하고 있다.)

독자 서비스: 선불 항공권 조언(PTA; prepaid ticket advice)

항공요금의 선불제도로서 요금지급인이 멀리 떨어져 있는 승객을 위해 요금을 납입하고 실제로 탑승한 승객이 있는 곳에서 발권하여 탑승객에게 항공권을 전해 주도록 통지하는 것. 승객은 신분증을 가지고 해당 항공사(지점)에 방문하여 항공권을 발급받는다. 국적 항공사인 OZ와 KE는 이 서비스를 'PTA'(항공권 타지역 송부)서비스라 말한다.
(한국항공진흥협회/www.airportal.com/ 용어사전 참고 재작성)

2) 항공사 유통믹스 사례: CRS/GDS

'전산예약시스템'(CRS; computer reservation system)이란 컴퓨터를 이용한 좌석 및 화물실 공간의 예약판매 및 관리 시스템으로서, 컴퓨터 내에 저장되어 있는 각 운항편의 예약상황을 각 지점의 단말기로부터 수시로 조회하여 예약에 필요한 조치를 취할 수 있는 항공사 시스템이다. CRS의 발달로 고객의 예약이나 발권서비스의 지역적 한계를 넘어서서 다국간 통합마케팅(integrated marketing)을 가능하게 하였다.

▌그림 9-18 ▌ CRS와 항공사 경쟁우위

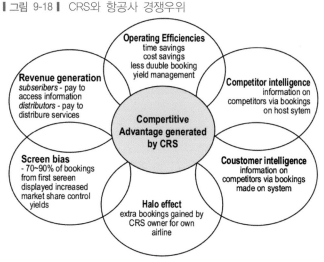

(출처: Pemberton(2001), The Journal of Strategic Information Systems, p.61)

항공사는 정보기술(IT)을 가장 먼저 이용한 산업이다. CRS가 한 단계 발전한 GDS는 물리적으로 멀리 떨어져 있는 여행사들에게 on-line예약, 실시간예약(real-time booking)을 가능하게 했고, 개인이 인터넷과 디지털 매체를 통해서 직접예약을 할 수 있도록 했다. CRS를 소유하고 있는 항공사는 다음 〈그림 9-18〉과 같은 6가지 기능을 할 수 있어서 경쟁우위를 누릴 수 있다(Pemberton et al., 2001).

위의 〈그림 9-18〉에서 보는 바와 같이 CRS에 의해서 창출되는 항공사의 경쟁우위 요소는 6가지이다.

- 운영효율성 확보(operational efficiencies)
- 경쟁자정보 획득(competitor intelligence)
- 고객정보 획득(customer intelligence)
- 수익창출(revenue generation)
- 예약통제 · 예약우선권 확보(screen bias)
- 후광효과 누림(halo effect)[9]

2-5. 항공사 촉진믹스전략

1) 촉진믹스

촉진(promotion)이란 판매자(seller)가 상품을 판매할 목적으로 구매자(purchaser) 혹은 잠재구매자(prospective purchaser)를 설득하는 모든 커뮤니케이션 수단(method of communication)이라 정의된다. 촉진이 관광산업에서 특히 중요한 이유로 6가지를 들 수 있다(Coltman, 1989).

첫째, 관광상품은 계절적 수요(demand) 차가 크기 때문에 비수기(off-season)에 수요를 촉진시키는 마케팅 노력이 필요하다. 둘째, 관광상품은 가격 민감도(price sensitive)가 높아서 경제환경의 좋고 나쁨에 따라 수요의 차가 심하다. 셋째, 관광상품을 구매하는

---

[9] In brand marketing, a halo effect is one where the perceived positive features of a particular item extend to a broader brand. It has been used to describe how the iPod has had positive effects on perceptions of Apple's other products.

(출처: en.wikipedia.org/wiki/Halo_effect)

고객은 상품을 직접 접하지 않으면서도 구매욕구가 생긴다. 넷째, 관광상품의 브랜드 충성도는 별로 강하지 않다. 다섯째, 대부분의 관광상품은 치열한 경쟁에 노출되어 있다. 여섯째, 대분분의 관광상품은 다른 상품과 용이하게 대체(substituted)될 수 있다.

촉진의 궁극적인 목적은 커뮤니케이션을 통해서 고객의 행동을 변화시키는 데 있다. 일반적으로 소비자의 구매과정과 촉진의 목표는 다음과 같다(Morrison, 2002).

- 소비자 구매과정(customers; buying process stages)
  • 욕구인식 : need awareness
  • 정보탐색 : information search
  • 대안평가 : evaluation of alternatives
  • 구매 : purchase
  • 구매후 평가 : postpurchase evaluation
  • 선택 · 받아들임 : adoption

- 촉진목표(goals of promotion)
  • 정보전달 : inform
  • 고객설득 : persuade
  • 고객회상 : remind

촉진은 비용지출(expense)라기보다 투자행위(investment)이다. 기업은 전체적 마케팅 계획에 입각하여 촉진계획을 수립한다. 일반적으로 촉진단계(promotion steps)는 ① 표적시장 규명(defining target markets), ② 촉진목적 · 목표수립(establish promotion objectives), ③ 분석, 검토 후 대안촉진수단 강구(reviewing and selecting promotion alternatives), ④ 촉진시기결정 순으로 진행된다(Coltman, 1989). 아래의 〈그림 9-19〉는 촉진믹스(promotion mix)의 세부 유형을 보여주고 있다.

▌그림 9-19▌ 촉진믹스 전략

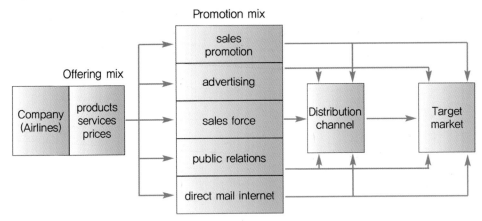

(출처: Kotler(2003), Marketing Management, p.16)

2) 항공사 촉진믹스 유형

항공사를 포함한 관광기업은 다양한 촉진믹스를 활용하고 있다. 일반제조업, 서비스 업은 위의 〈그림 9-19〉에서 제시된 ① 판매촉진(sales promotion), ② 광고(advertising), ③ 인적판매(sales forces/personal selling), ④ PR(public relations), ⑤ DM(direct mail), ⑥ 인터넷(internet) 등을 촉진믹스로 사용한다.

(1) 판매촉진(sales promotion)

판매촉진은 단기간 내에 중개인(대리점)이나 고객을 상대로 행하는 광고, 인적판매, PR 이외의 모든 촉진활동이다. 판매촉진은 비인적 수단이며, 할인권, 경품, 프리미엄 (premium), 상금, 리베이트(rebate), 환급(refund), 무료사용권 등이다. 판매촉진활동은 대 상에 따라 ① 소비자판매촉진, ② 업계판매촉진(trade sales promotion)으로 대별된다.

판매촉진은 직접적인 촉진수단으로 단기적으로 구매를 유도할 수 있지만, 장기적인 상품충성도(product loyalty)를 증진시키는데 제한점이 있다. 판매촉진의 구체적인 효과 는 다음과 같다(박시사, 2003).

- 상품의 교체(brand swish)
- 반복구매(repeat purchasing)

- 구매의 가속화(purchase acceleration)10)
- 실재 구매(actual purchase)

판매촉진은 항공산업에서 다양한 형태로 적용되고 있다. 항공사가 주관한 문화·스포츠 이벤트에 여행사 직원을 초대해서 무료항공권(free ticket) 증정, 항공사의 로고(logo)가 새겨진 기념품(give-aways) 제공은 대표적인 항공사 판매촉진의 예이다(Shaw, 1990).

(2) 광고(advertising)

미국 마케팅학회(American Marketing Association)는 "광고는 명시된 광고주에 의해서 아이디어, 상품 또는 서비스가 비인적으로 제시되고 촉진되는 유료형태이다"라고 정의 내리고 있다. 여기서 강조하는 것은 바로 ① 유료형태(paid form), ② 비인적 제시(non-personal presentation), ③ 아이디어, 상품 및 서비스(ideas, goods & services), ④ 명시된 광고주(an identified sponsor) 4가지 기본요소이다(박효식·양영종, 2001).

Shimp(2003)에 의하면 소비자가 광고에 노출되면서 다음과 같은 단계를 거치면서 구매행동으로 이어진다.

- 브랜드 인식·회상(brand recognition/recall)
- 제시된 메시지 및 요소 회상(recall of message arguments and elements)
- 비이성적 반응(affective/emotional reactions)
- 브랜드에 대한 태도 및 선호도 변화(brand attitude and preference shift)
- 구매행동(purchase behavior)

항공사는 TV, 인터넷, 신문, 잡지 등 다양한 매체를 활용하여 광고를 하고 있다. 국적항공사인 대한항공은 최근 CNN을 통해서 광고를 하고 있는데, 'Excellence in Flight'라는 마케팅 슬로건으로 고급스런 이미지 광고를 시도하고 있다. 반면 아시아나항공은 5Star 항공사11)를 부각시키면서 최고급 서비스 항공사를 강조하는 광고전략을 하고 있다.

---

10) 소비자들이 판매촉진활동의 영향을 받아 자신의 계획보다 앞서서 상품을 구매하기도 하고, 구매량도 예상보다 많이 구매하는 경향이 있다. 이러한 현상을 '구매의 가속화'라고 한다. 소비자가 판매촉진활동에 익숙해질 경우 판매촉진을 기다려 구매시기가 늦추어지는 역효과도 있다.
11) 세계 최고 권위의 항공서비스 품질기관인 영국의 SKYTRAX가 선정한 '파이브스타항공사'(5Star airline)는 다음과 같다.
- 아시아나항공(Asiana Airlines)
- 싱가포르항공(Singapore Airlines)

┃그림 9-20┃ 5Star 항공서비스 광고

(세계 최고 수준의 서비스를 자랑하는 항공사 이미지 전달에 중점은 둔 광고)

┃그림 9-21┃ 대한항공 광고

(유니폼 교체와 더불어 역동성, 화려함, 글로벌 항공사를 강조한 대한항공 광고)

- 캐세이퍼시픽항공(Cathay Pacific Airways)
- 말레이시아항공(Malaysia Airlines)
- 카타르항공(Qatar Airways)

(3) 인적판매 · 판매원(personal selling/sales forces)

인적판매란 판매를 달성할 목적으로 현재 또는 잠재고객과 직접 접촉 및 커뮤니케이션을 통해서 제품 또는 서비스를 제시하는 활동을 말한다. 여기에는 판매원이 개입되는데, 이들은 잠재고객(prospects)들과 접촉을 통해서 제품에 대한 이해를 높이고 궁극적으로 구매를 유도하고자하는 역할을 수행한다(박효식 · 양영종, 2001).

인적판매는 쌍방커뮤니케이션(two-way communication)이 가능하기 때문에 다른 촉진수단에서 찾아볼 수 없는 특성을 갖는다(박시사, 2003).

• 정확하게 예상고객을 찾을 수 있다.

• 고객의 구매저항을 무마시키고 욕구를 만족시킨다.

• 상품과 서비스를 고객에게 직접 설명할 수 있고, 구매하도록 설득이 가능하다.

• 판매를 완결시키고 판매계약을 효과적으로 체결할 수 있다.

• 고객과 우호관계를 유지시킬 수 있다.

• 각종 부가서비스 활동을 광범위하게 전개시킬 수 있다.

• 기업체가 필요로 하는 정보를 고객으로부터 직접 수집하여 활용할 수 있다.

┃ 그림 9-22 ┃ 항공권판매 agent

(출처: www.firedairlineagent.com/ 아마 저가 항공권을 대량으로 판매하는 여행사(agent)처럼 보인다. Agent 이름이 'Fired Airline Agent'이 재미있다)

인적판매는 단순한 판매(selling)가 아니라 고객에게 집적 행해지는 '마케팅'이자 '토탈마케팅'(total marketing) 성격이 강하기 때문에 환대산업, 관광산업과 같은 서비스산업에 유용한 마케팅 촉진수단이다. 오늘날 인적판매는 항공사 촉진수단으로 중요한 위치를 차지한다.

관광산업이 구체적으로 항공사 항공권판매를 담당자(sales force)가 구비해야 할 자질과 조건은 지식 및 정보(knowledge & information), 분석능력(analysis), 자신감(confidence), 전문가다운 외모(professional appearance), 판매경력(sales track), 열정(enthusiasm)이 필요하다(박시사 c, 2003).

(4) PR(public relations)

PR의 유형은 크게 ① 대내 PR(internal public relations), ② 대외 PR(external public relations)로 나누어진다. 대내 PR의 대상은 종사원과 고객이다. 고객과 종사원은 기업의 '친선대사'(goodwill ambassador) 역할을 수행하기 때문에 만족스럽게 대우해 주어야 한다. 기업으로부터 만족스런 서비스를 받은 고객은 재고객(再顧客)이 되며, 기업의 훌륭한 점을 다른 사람에게 알리는 구전광고(mouth to mouth ads.) 역할이 기대된다. 기업의 종사원 PR 형태는 능력 있는 직원을 모집, 훈련, 능력개발, 적절한 임금 등이다. 또한 종사원 대상 PR은 기업 중요사항에 대한 지속적인 정보를 제공하는 것도 포함한다. 대외 PR의 대상은 바로 지역사회(community)와 관련업계(trade)이다.

┃그림 9-23┃ 대한항공 기업 PR

(출처: www.koreanair.com/가족사랑과 대한항공을 잘 접목시킨 대한항공 기업 PR, 하늘 가득히 사랑을과 베트남 하롱베이의 조화)

여기서 말하는 지역사회란 이전 고객, 지역주민(local citizens), 경쟁자, 정부부서뿐만 아니라, 현재 고객과 종사원이 아니면서, 향후 고객·종사원이 될 가능성이 없는 사람들까지도 포함한다. 또한 대외 PR 활동은 대중에게 기업과 관련산업의 좋은 이미지를 창출하기 위해 적극적으로 협회 회원(trade association member)으로 참여하는 것도 포함된다(Coltman, 1989).

(5) DM(direct mail)

1970년대 저렴한 '워드프로세스'(word process)가 등장하면서 DM(direct mail)이 마케팅 수단으로 본격적으로 활용되었다. 후원(sponsorship)과 더불어 항공사들이 즐겨 사용하는 마케팅 커뮤니케이션 형태이다. DM은 다른 촉진수단에 비해 오랜 역사가 있다(Shaw, 1990).

오늘날 항공사들은 인터넷을 통해서 e-mail 마케팅을 시도하고 있는데, 기술발전을 적용한 변형된 DM이다. 최근 대부분의 항공사는 상용고객(FFP)들에게 정기적으로 DM을 발송하고 있으며, 여기에 신규노선, 특선상품, 특별할인항공권을 알리고 무료쿠폰(coupon)을 동봉하여 발송하기도 한다. 아울러 FFP 회사원들의 누적마일리지, 무료항공권 탑승가능, 부가서비스 등을 알려 수요를 촉진시킨다.

(6) 인터넷(internet)

오늘날 인터넷은 관광목적지, 관광산업의 모든 영역에서 촉진수단(promotional tool)으로 사용되고 있다. 인터넷은 주류매체(mainstream media outlet)로 부각되고 있고, 텔레비전, 신문, 그리고 잡지와 상대하는 수단으로 발전하였다. 촉진수단과 유통 채널로 사용되는 인터넷은 webcasting[12]과 같은 기술발전의 뒷받침이 없이는 불가능했다. 인터넷의 급속한 발전은 고유의 특성인 저비용(low cost), 단순기술(technical simplicity)만으로도 누구나 web site를 만들고 업데이트할 수 있기 때문이다(Weaver & Lawton, 2002). 인터넷 매체는 다음과 같은 특성을 갖고 있다(강재정, 2000). 이러한 인터넷이 주는 편익으로

---

[12] A webcast is a media file distributed over the Internet using streaming media technology.
  The webcasting is "broadcasting" over the Internet. The generally accepted use of the term webcast is the "transmission of linear audio or video content over the Internet".
  (출처: http://en.wikipedia.org/wiki/Webcas)

인해 항공사를 포함한 관광산업에서 촉진매체로 널리 활용되고 있다.

- 저렴성
  - 저렴한 거래, 저비용으로 정보전달이 가능
  - 거래비용 절감

- 양방향성(interactivity)
  - 고객정보 파악이 가능
  - 고객간 정보유통이 용이

- 대상성(addressability)
  - 특정 고객을 대상으로 한 서비스 가능
  - 개인화된 서비스제공이 가능

- 접속성(connectivity)
  - 시공간의 장애가 적음(언제/어디/누구)
  - 누구든지 사업수행이 가능

- 즉시성(real time)
  - 최신 데이터 즉시 제공 가능
  - 높은 가치의 제공

- 비대면성(indirect contact)
  - 물리적(신체적) 접촉이 없이 거래 가능
  - 실물의 직접적 확인 없이 거래 가능

- 사용 편의성(convenience)
  - 쉽고 간편하게 사용 가능
  - 누구든지 사업수행이 쉬움

- 풍부성(richness)
  - 다양한 형태의 정보나 거래가 가능
  - 다양한 사업 모델을 가능하게 함

- 수동적 매체특성(passive media)
  - 고객의 적극적인 참여가 필요
  - 고객확보의 어려움

- 정보처리능력(processing capability)
  - 정보처리기능
  - 많은 정보의 탐색, 수집, 처리 및 제공

1990년대 개발된 인터넷과 e-commerce가 관광산업에서 B2B 또는 B2C 형태로 이용되기 시작하면서 관광산업 유통방법에 변화가 일어났다. 특히 소비자들이 인터넷을 이용(on-line)하여 직접 상품을 검색·예약할 수 있기 때문에 중개인의 역할(role)에 변화가 일어났다. 또한 인터넷 유통(internet distribution)은 관광기업에 다음과 같은 편익을 제공하므로 인터넷은 보편적인 통신수단이자 고객과 상호작용(interactive) 통신수단으로 자리를 잡고 있다(Buhalis & Licata, 2002).

(1) 융통성, 편의성 확대(greater flexibility & convenience)

(2) 시장진입, 고객기반확대(increased penetration & reach of customer base)

(3) 유통비용 줄임(lower distribution costs)

(4) 고객과 상호작용 강화(increased customer interaction)

(5) 고객식별, 표적시장 찾기 용이함(easier to identify & target customer base)

(6) 상품의 세계화 가능(globalization of product)

(7) 다양한 매체이용 가능(use of multimedia)

인터넷의 등장은 관광유통 체계와 구조에 변화를 가져왔다. 인터넷이 관광유통환경에 불러온 큰 변화는 바로 '탈중개인'(disintermediation) 즉 여행사가 공급업자를 대신해서 여객을 위해 항공권을 예약·판매하는 역할을 축소시켰다. 여행사는 항공사와 같은 공급업자(supplier)와 소비자 사이의 중개인이다. 여행사는 고객에게 상품과 서비스를 판매하고, 공급업자로부터 서비스 대가로 수수료(commission)를 받는다(Inkpen, 1998).

3) 항공사 촉진믹스 예: FFP(frequent fliers program)

(1) FFP의 개념

FFP(frequent flyer program)는 항공사들이 채택하고 있는 촉진전략 중의 하나이며 승객이 탑승하여 축적한 마일리지(mileage)에 준해서 승객에게 '무료항공권'(free tickets)과 같은 편익을 주는 제도이다. 오늘날 FFP는 승객이 항공사를 선택(choice)하는 중요한 요소가 되었다. 항공사는 이러한 추세를 인식하고 승객을 유치하는 마케팅 수단(marketing tool)으로 FFP를 활용하고 있다. 따라서 경쟁항공사에 보다 더 매력적인 FFP의 편익을 제공하는 것은 이제 항공사 마케팅의 중요한 이슈(issue)이다(Suzuki, 2003).

(2) FFP 전략

FFP(frequent flyer program)개념은 고객 충성도(customer loyalty)를 구축하는 관계마케팅(relationship marketing)을 활용한 가장 성공적인 촉진믹스 예(example) 이다. 충성심이 강한 고객을 계속 유지하고 발전시키는 기업은 수익(profits)을 증대시킨다는 것은 잘 알려진 사실이다. FFP가 항공사(carriers)에 주는 긍정적인 영향인 편익(benefits)은 다음과 같다(Yang & Lie, 2003).

- 항공권 판매증대(increasing purchase)
- 비용절감(lower costs)
- 무료 구전광고 효과(free advertising through word of mouth)
- 종사원이직 줄임(employee retention)
- 평생고객확보(lifetime value of a customer)

(3) 전 세계 항공사 FFP의 예(www.flyaow.com/frequentflyer).

- Aer Lingus TAB
- Aero Costa Rica Aero Pass
- Aerolineas Argentinas Plus
- Air Austral Capricornne
- Air Canada Aeroplan
- Air China Companion

- Air Europe Qualifier
- Air India Flying Returns
- Air Mauritius MK Plus
- Air New Zealand Air Points
- Air Tran A-Plus Rewards
- Alaska Airlines Mileage Plan
- Alitalia Club Mille Miglia
- Aloha Airlines Aloha Pass
- America West Flightfund
- American Airlines AAdvantage
- American Airlines AAdvantage Unofficial Guide
- American Express Membership Rewards
- ANA Mileage Club
- Ansett Australia Global Rewards
- Asiana Bonus Club
- Austrian Airlines Qualiflyer
- British Airways Executive Club
- BWIA Frequent Flyer
- Canadian Airlines Canadian Plus
- Cathay Pacific Asia Miles
- Cathay Pacific Marco Polo Club
- China Airlines Dynasty Flyer
- China Southern Airlines Sky Pearl Club
- Continental Airlines One Pass
- Croatia Airlines Frequent Flyer Club
- Delta Skymiles
- El Al Frequent Flyer
- Eurowings Flying Dutchman
- EVA Evergreen Club

- Finnair Plus

- GMG Golden Deer Club

- Gulfair Falcon

- Hawaiian Airlines Hawaiian Miles

- Iberia Plus

- Inside Flyer(Frequent Flyer Magazine)

- JAL Mileage Bank

- KLM Flying Dutchman

- Korean Air Sky PASS

- LOT Polish Airlines Voyager

- Lufthansa Miles and More

- Malaysia Airlines Enrich

- Malev Duna Club

- Mexicana Frecuenta

- Midwest Express Frequent Flyer

- National Airlines Frequent Flyer

- Northwest Airlines World Perks

- Olympic Airways Icarus

- Philippine Airlines Mabuhay Club and PAL Smiles

- Qantas Frequent Flyer

- Qantas Frequent Flyer

- Qualiflyer Group − Alliance of 10 European carriers

- Royal Air Maroc Safar Flyer

- Sahara Airlines Frequent Flier Programme

- SAS Euro Bonus

- Saudi Arabian Airlines Alfursan

- Singapore Airlines Kris Flyer

- Skywards − Emirates and SriLankan Airlines joint program

- South African Airways Voyager

- Southwest Airlines Rapid Rewards
- Star Alliance
- Sunair AIRewards
- Swissair Qualiflyer
- Thai Airways Royal Orchid Plus
- Tunisair Carte Fidelys
- TWA Aviators
- UK Flyer − Frequent flyer information for those in the UK.
- Ukraine International Panorama
- United Airlines Mileage Plus
- US Airways Dividend Miles
- Vanguard Vantage Points
- Varig Smiles
- Virgin Atlantic Freeway
- Xiamen Airlines Frequent Flyer Program

┃그림 9-24┃ 세계 최초 FFP 도입 항공사 American Airlines

(출처: www.members.shaw.ca/ www.digitalpodcast.com/ 세계 최초(1982) FFP도입 항공사 AA)

참 | 고 | 문 | 헌

Aisling Reynolds-Feighan(2001), Traffic distribution in low-cost and fullservice carrier networks in the US air transportation market, Journal of Transport Management, Vol.7(5), pp.265-275.

Alastair M. Morrison(2002), Hospitality and Travel Marketing, Delmar Thomson Learning.

Cathay H.C. Hsu & Tom Powers(2002), Marketing Hospitality, John Wiley & Sons, Inc.

David Weaver & Laura Lawton(2002), Tourism Management, John Wiley & Sons.

Dimitrios Buhalis & Maria Cristina Licata(2002), The future e Tourism intermediaries, Tourism Management, Vol.23(3), pp.207-220.

Gary Inkpen(1998), Information Technology for Travel and Tourism, Longman.

J.D. Pemberton, G.H. Stonehouse & C.E. Barber(2001), Competing with CRSgenerated information in the airline industry, The Journal of Strategic Information System, Vol.10(1), pp.59-76.

John Tribe(1997), Corporate Strategy For Tourism, International Thomson Business Press.

Jon R. Meyer, Clinton V. Oster & John S. Strong et.(1987), Deregulation and the Future of Intercity Passenger Travel. The MIT Press.

Jorg Lindenmeier & Dieter K. Tscheulin(2008), The effects of inventory control and denied boarding on customer satisfaction: The case of capacity based airline revenue management, Tourism Management, Vol.29(1), pp.32-43.

Jyh-Yih Yang & Abby LiU(2003), Frequent Flyer Program: a case study of China airline's marketing initiative-Dynasty Flyer Program, Tourism Management, Vol.24(5), pp.587-595.

Michael M. Coltman(1989), Tourism Marketing, Van Nostrand Reinhold.

Nicole Adler(2001), Competition in a deregulated air transportation market, European Journal of Operational Research, Vol. 129(2), pp.337-345.

Nigel Evans, david Campbell & George Stonehouse(2005), Strategic Management for Travel and Tourism, Elsevier Butterworth Heinemann.

Philip Kotler(2003), Marketing Management, Prentice Hall.

Philip Kotler, John Bowen & James Makens(2003), Marketing for Hospitality and Tourism, Prentice Hall.

Piet Rietveld & Martijn Brons(2001), Quality of hub—and—spoke networks; the effects of timetable co—ordination on waiting time and rescheduling time, Journal of Air Transport Management, Vol. 7, pp.241—249.

Ronald A. Nykiel(2005), Hospitality Management Strategies, Pearson Prentice Hall.

Ruwantissa I. R. Abeyratne(2001), Revenue and investment management of privatized airports and air navigation services?a regulatory perspective, Journal of Air Transport Management, Vol.7(4), pp.217—230.

Stephen Shaw(1990), Airline Marketing and Management, Pitman.

Susan Horner & John Swarbrooke(1996), Marketing Tourism, Hospitality and Leisure in Europe, International Thomson Business Press.

Terence A. Shimp(2003), Advertising, Promotion & Supplement Aspects of Integrated Communications, Thomson South—Western.

Timoth M. Vowles(2001), The "Southwest Effect" in multi—airport regions, Journal of Air Transport Management, Vol.7, pp.251—258.

Timothy M. Vowles(2006), Airfare pricing determinants in hub—and—spoke markets, Journal of Transport Geography, Vol. 14, pp.15—22.

Victor T.C. Middleton(1993), Marketing in Travel & Tourism, Butterworth Heinemann.

Yoshinori Suzuki(2003), Airline frequent flyer programs: equity and attractiveness, Transport Research park E, Vol.39, pp.289—304.

강재정(2000), 인터넷 벤처기업 성공요인, 경영경제연구(제주대학교), 제2권.

김인주(2006), 항공사 스케줄링과 네트워크에 관한 연구, 산업과 경영, 21—43.

박시사 a(1994), 항공사의 환경변화와 마케팅믹스전략에 관한 연구, 관광연구논총, 제6집, 225—243.

박시사 b(2003), 항공관광론, 백산출판사.

박시사 c(2003), 여행업경영, 백산출판사.

유광의(1996), 항공사경영론, 백산출판사.

전인수(1996), 마케팅전략: 전략적 시장관리, 도서출판 석정.

정재진(2007). 차별화전략, 경영혁신, 관리회계정보특성간의 적합성이 조직성과에 미치는 영향, 산업경제연구, 20권(4), 1579—1606.

허희영(2002), 항공경영학, 명경사.

제10장

항공사와 IT, 인터넷
그리고 수익관리

1. 항공사와 IT, 인터넷
2. 항공사 수익관리

항공사와 IT, 인터넷 그리고 수익관리

1. 항공사와 IT, 인터넷

1-1. 정보의 개념

정보는 연구하는 관점(perspective)과 맥락(context)에 따라 다양하게 정의되는 복합적 개념(complex concept)이다. 정보란 "사용자에게 의미 있게 가공된 데이터로 현재 또는 미래의 행동이나 의사결정에 영향을 미치는 축적된 지식의 체계"라는 정의, 또는 정보란 "수신자에게 의미를 주는 형태로 처리되고, 현재와 미래의 활동이나 결정에 있어서 실제나 인식에서 가치를 주는 자료"라 정의되기도 한다(박시사, 2003).

정보(情報; information)는 연구하는 시각과 맥락에 따라 다양하게 정의될 수 있고 해석될 수 있는 다의적(多義的) 개념이다. 사전적 의미의 정보란 "관찰이나 측정을 통해서 수집한 자료를 실제 문제에 도움이 될 수 있도록 정리한 지식, 또는 자료"이다. 정보란 "수신자에게 의미를 부여하는 외부 자극(stimuli)이며, 가공된(processed) 출력 데이터"이다. 정보가 패키지로 묶여서 무언가를 위해 사용되거나 이해되면 지식(knowledge)이라 일컬어진다. 다시 말해서 데이터(data) →

┃그림 10-1 ┃ 정보, 정보화 사회

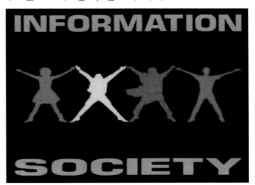

(출처: www.cisnenegro.blogger.com.br/ 우리는 어떤 선택을 해야 하는지, 이 그림은 무언가를 암시해주는 듯하다.)

정보(information) → 지식(knowledge)의 관계가 성립된다.

인간은 정보의 도움을 받아 최적의 선택을 할 수 있고, 효과적인 커뮤니케이션을 할 수 있으며, 특정 결론(conclusion)에 쉽게 도달하기도 한다(www.sdst.org/ shs/library). 2000년에 접어들면서 정보화시대, 정보기술시대에 적합한 경영자 CIO(chief information officer)란 직책이 등장하였다. CIO은 기업에서 IT를 총괄하는 직책의 수장(head)이다. 최근에 CIO의 개념은 종전 기업최고경영자(CEO; chief executive officer) 개념과 동일시(同一視)되기도 한다.

1-2. 정보화시대의 인적자원 자격요건

기업은 정보를 자원(resource), 자산(asset) 그리고 상품(commodity)으로 여기고 있다. 즉 정보는 자원(information as a resource), 자산(information as an asset), 상품(information as a commodity)으로 가치와 효용이 있다는 것이다. 현재, 미래의 관광기업은 정보의 활용능력의 여하에 따라 성패가 결정될 수 있다(박시사, 2003). Lidtke와 Stokes(1999)는 정보화시대에 부응하는 인적자원개발의 중요성을 역설하면서, 학생들의 정보능력을 형상시키기 위해서 산학협력을 바탕으로 교과과정(curriculum) 개발이 필요함을 강조하였다. 특히 대학은 산업체(business & industry)가 요구하는 기술(skills)과 지식(knowledge)을 구비한 졸업생(graduate)을 양성해야 한다. 산업체가 필요로 하는 기술은 크게 3가지로 다음과 같이 요약된다(Lidtke & Stokes, 1999).

1) 기본·필수능력(personal skills)

- 체계적 사고(systemic thinking)
- 문제해결(problem solving)
- 현명한 판단력·분석능력(critical thinking)
- 모험수용(risk taking)
- 자기통제·자기규제(personal discipline)
- 끈질김, 집요함(persistence)
- 호기심(curiosity)

2) 대인관계능력(interpersonal skills)

- 상호협력(collaboration)
- 커뮤니케이션(oral, written, listening and group communication)
- 갈등해결(conflict resolution)

3) 기술지식 · 기술능력(technical knowledge and skills)

- 정보능력(information abstraction, representation and organization)[1]
- 기업컴퓨터시스템(enterprise computing architecture)
- 정보시스템유통 개념(concepts of information and system distribution)
- 인간행동과 컴퓨터상호작용(human behavior and computer interaction)
- '변화동력'(dynamics of change)
- 지식적용 컴퓨터이용능력(use of computing tools to apply knowledge)

기술과 시장상황이 급속히 변화하는 환경에서 고용수명(employment longevity)은 종사원의 다양한 능력에 의해서 크게 영향을 받는다. IT관련 기술은 물론 문제해결능력(problem solving skill), 협력능력, 갈등과 차이를 인정하고 해결하는 능력이 있는 종사원이 높게 평가받는다. 정보화사회 기업은 채용(recruitment & selection)과정에서 융통성(flexibility), 학습능력(learning ability) 그리고 정보를 수용하는 '적응력'(personality fit)이 있는 인적자원에 관심이 많다. 기술능력(technical qualification)만으로 기업의 욕구를 충족시킬 수 없다(Othman & Teh, 2003).

1-3. IT와 관광산업

정보기술(IT; information technology)은 산업과 교역을 급속하게 변화시켰고, IT는 점차 기업과 기업, 기업 부서간, 기업과 고객간 다양한 활동영역에 적용 · 이용되고 있다. 지식기반정보기술(knowledge-based IT)의 상업적 이용은 효율적 조직관리와 기업경영

---

1) 일반적으로 정보능력을 구성하는 요소로 ① 정보 획득(searching & gathering), ② 정보 분류(classifying or sorting out), ③ 정보 저장(storing), ④ 정보 되찾아 쓰기(retrieving), ⑤ 정보 전달 · 공유(communication)를 들 수 있다. (출처: 박시사(2003), 여행업경영, 254쪽)

에 긍정적 영향을 미쳤다(Martinsons, 1997).

기술환경(technological environment)은 관광기업에 기회와 위협을 제공해왔고, 기술발달의 결과 기업은 가격인하, 서비스향상 그리고 마케팅 효용을 증대시키는 계기를 마련하였다. 반대로 기술발달(technology)은 기존의 제품과 서비스를 가치 없게 만들거나 새로운 형태의 경쟁을 출현하게 한다(Tribe, 1997). 1980년 후반까지 활용되었던 텔렉스(Telex)는 이제 박물관에서나 볼 수 있는 통신매체가 되었다.

관광산업 영업활동과 방법은 정보기술의 발달로 인해 큰 변화를 겪고 있다. 이른바 e-travel 서비스를 비즈니스의 급속한 성장은 이를 입증해주고 있다. 이제 인터넷은 서비스제공하고 표적고객(target customers)에게 정보를 전달하는 수단으로써 관광산업 창업자와 마케터들이 반드시 고려해야 하는 사항(platform)이 되었다(Ho & Lee, 2007).

Ho & Lee(2007)는 e-travel 품질을 결정하는 구성요소(components)로 정보의 질(information quality), 안전성(security), 이용 편의성(ease of use), 이용가능성(availability), 고객지향성(customization), 커뮤니티(community), 반응성(responsiveness), 상품과 서비스 연출(delivery fulfillment)을 제시했다.

급속도로 발전하는 정보기술(IT: information technology)을 활용하여 규모의 경제를 달성하는 것이 항공사 경쟁의 주요 변수로 대두되었다. 항공사 마케팅전략으로 각광 받게 된 인터넷 예약(internet booking)과 거래(transaction)는 항공사의 직접유통을 확대시키고 시장지배력을 확보하는데 기여하고 있다(김기홍·이주원, 2005).

1-4. IT와 항공사

IT는 전 세계 모든 산업을 크게 변화시켜 왔다. 특히 항공사는 운영하고 전략경영을 위해 기술에 의존해오면서 발전하였다. 항공사는 IT의 '얼리어답터'(early adopter)이며, 다른 관광사업과 비교해보면 상대적으로 오랜 기술혁신(technological innovation) 역사를 갖고 있다. 항공사의 IT활용 목적은 유통전략을 증진시키고 비용을 절감하기 위해서이다. 여러 학자들의 연구결과 IT는 항공사의 경쟁력(competitiveness)에 긍정적으로 영향을 미치고 있다(Buhalis, 2004).

▌그림 10-2 ▌ ICT와 항공사경영

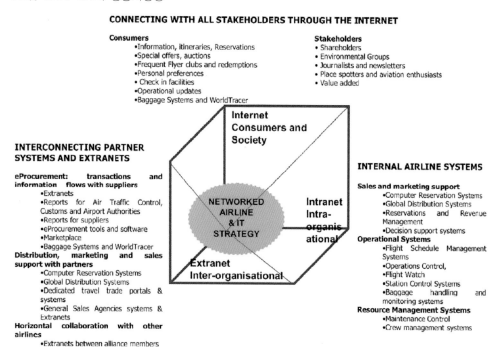

(출처: Buhalis(2004), Information & Management, Vol.41(7), p.821)

Buhalis(2004)에 의하면 IT, 구체적으로 ICT(information communication technologies)가 항공사 경영에 이용되는 영역은 크게 3가지이다. 위의 〈그림 10-2〉는 항공사 경영에서 활용되는 ICT영역이다.

위의 〈그림 10-2〉에서 보는 바와 같이 항공사는 ① 고객·주주와 연결, ② 협력업자 시스템과 상호연결 및 엑스트라넷, ③ 항공사 내부시스템을 위해서 IT를 활용하고 있음을 알 수 있다.

오늘날 항공사(airline), 호텔(hotels), 유람선(cruise)은 인터넷을 이용하여 상품을 고객에게 직접 유통시킨다. 인터넷의 판매채널(sales channel)로서의 가장 중요한 이점은 바로 고객이 직접 관여한다는 것이다. 전형적인 고객의 인터넷 이용의 장점은 고객 자신이 '셀프서비스'(self-service)의 기회를 확대시킨다. 예를 들어 잘 갖추어진 웹사이트는 고객이 직접 항공사를 선택하고 좌석을 고르며 자신의 취향에 맞는 특별 메뉴(special meal)를 요청하게끔 할 수 있다.

　인터넷은 항공예약을 하는 가장 효과적이고 효율적인 방법이다. 또한 인터넷 기술(internet technology)은 고객이 원할 때 언제든지 서비스에 접근가능하게 할 수 있기 때문에 고객만족(customer satisfaction)을 증진시킨다. 인터넷은 출발이 임박한 시점에 판매되지 않은 항공권을 염가로 판매하는데 사용될 수 있는 수단이다. 가령, 미국의 컨티넨탈항공사(Continental Airlines)는 상용고객(frequent travelers)에게 염가의 특별상품을 제공한다는 메시지를 web상에 올린다. 항공사는 공개적으로 광고를 하여 경쟁자들과 가격전쟁을 하기보다 인터넷을 통해서 염가의 항공권을 유통시킬 수 있다. 인터넷 판매는 가격민감도(price-sensitive)가 높은 고객에게 효과적이다(Kotler, Bowen & Makens, 2003).

▮그림 10-3▮ IT와 항공기 기내환경 변화

(출처: http://www.rockwellcollins.com/ IT의 도움으로 기내 엔터테인먼트, 통신 환경에 큰 변화가 일고 있다)

1-5. 항공사와 인터넷 유통

"정보가 관광산업의 혈액(lifeblood)이라면, 인터넷은 그 혈액을 순환시키는 심장"(Lee, Cai & O'Leary, 2006)[2]이라 하면서 정보와 인터넷의 관계를 강조하였다. Buhalis & Licata(2002)는 관광산업 유통시스템(distribution)에서 인터넷이 주는 장점(advantages)을 다음과 같이 제시했다.

(1) 융통성과 편리성(greater flexibility & convenience)

(2) 시장침투(increased penetration)

(3) 고객데이터베이스 구축(reach customer base)

(4) 유통비용 낮춤(lower distribution costs)

(5) 고객과 상호작용 증대(increased customer interaction)

(6) 고객식별 및 표적고객 찾기 쉬움(easier to identify and target customer base)

(7) 상품의 세계화(globalization of product)

(8) 다양한 멀티미디어 이용(use of multimedia)

반면 인터넷 유통의 단점으로 ① 인적접촉 결여(lack of human contact), ② 판매 시 대면접촉 결여(lack of face-to-face up sell), ③ 고객데이터베이스 구축의 어려움(volatile customer base), ④ 보안문제 대두(security issues), ⑤ 잠재고객이 떠나는 위험성(alienation of potential customers), ⑥ 거래의 효과성 문제(difficult to market effectively), ⑦ 최신 정보유지의 곤란성(difficulty of keeping records upto-date)을 들 수 있다.

인터넷은 소비자가 휴가여행상품을 검색하고 예약하는 방법에 지대한 영향을 미쳤다. 오늘날 저가항공사 대부분의 예약은 인터넷을 통해서만 이루어지고 있고, 이러한 추세는 유통채널의 변화를 가져오게 했다. 또한 인터넷은 고객들이 항공요금을 보다 쉽게 비교할 수 있도록 해주었기 때문에 전반적인 항공료 인하에 기여하는 요소로 작용하고 있다. 이러한 인터넷을 통해서 판매되는 염가항공권은 관광목적의 여행(leisure travel)시장 성장의 기폭제가 되고 있다(Mason & Alamdai, 2007).

항공사들은 유통비용 절감목적으로 IT(information technology)를 수용하고 있다. 항공

---

2) If information is the lifeblood of the tourism industry, the Internet is the heart that circulates that lifeblood.

사 IT시스템은 보다 효과적인 인터넷 기반의 유통시스템(distribution system)을 구축시키는데 도움을 준다. 또한 항공사의 IT시스템은 전자티켓(e-ticket), 자동체크 인(automated check-in), '항공권자판기'(self-service kiosk) 등을 도입하여 단순화된 승객서비스를 촉진시킨다(Doganis, 2006). 웹사이트를 이용한 유통(distribution)은 항공사의 가장 비용효율성(cost effective)이 높은 도구로 인식되고 있다. 항공사들은 전통적인 유통채널에서 온라인 유통으로 전환시키는 시도를 하고 있다(Lubbe, 2007).

1-6. 인터넷, e-commerce 그리고 항공사

항공산업이 e-business를 채택하면 아래 〈그림 10-4〉와 같이 4가지 영역 ① 고객관계, ② 상품·서비스 ③ 유통정책과 기업과 고객간 거래, ④ 공급체인에 대한 재정립이 필요하고, 변화가 일어난다(Jarach, 2002).

▌그림 10-4 ▌ 항공사와 E-Business

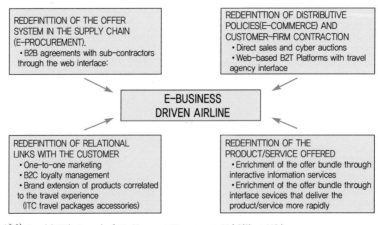

(출처: Jarach(2002), Journal of Air Transport Management, Vol.8(2), p.118.)

첫째, 고객관계 재정립이다. 항공사가 인터넷을 광범위하게 이용하면 구매, 경영관리, 고객충성도를 유지하는데 큰 도움을 받는다. 우선 항공사는 인터넷 환경을 CRM(customer relationship management)에 적용할 수 있다. 항공사가 ebusiness를 활용하면 구체적으로

① 일대일 마케팅, ② B2C 충성도관리, ③ 브랜드 확대 등의 편익을 누린다.

둘째, 상품·서비스 재정립이다. e-business를 잘 활용하는 항공사는 단순히 항공권(ticket)만을 판매하는 것이 아니라, 다양한 상품을 결합시킨 패키지상품(air+hotel, air=rent a car)을 판매할 수 있다.

셋째, 유통정책과 기업과 고객간 거래에 대한 재정립이다. 최근 e-business 도입과 더불어 웹사이트(web site), 웹 경매(web auctions) 등 새로운 유형의 항공권 유통형태가 출현하게 된다. 종전에 항공사는 여행사를 통해서 항공권을 판매하는 비율이 높았으나, 인터넷을 포함한 직접판매(direct sales) 비율이 늘어나고 있다.

넷째, 공급체인의 재정립이다. 구체적으로 조달시스템의 대변화가 일어난다. 항공사는 web interface를 통해서 공급업자와 B2B협약을 맺고, 거래를 할 수 있다. 항공사의 B2B 조달(procurement) 거래는 비용을 상당 수준으로 낮추는 효과가 있다는 연구결과도 있다.

초창기 항공산업에서 인터넷과 e-business 활동은 웹사이트를 이용하여 고객에게 항공스케줄정보(flight schedule information)를 제공하는 영역에 제한적으로 이용되었다. 그러나 시간이 지나면서 많은 항공사들이 저렴한 유통체널을 활용하여 항공권을 판매하는 웹사이트 기능과 범위를 확대하였다(G.Yoon, Y. Yoon & Yang, 2006).

최근 항공사들이 이용하는 유통체널은 크게 ① 항공사 콜센터(airline call center), ② 항공사 웹사이트(airline website), ③ 인터넷 여행사(internet travel agent), ④ 전통적 여행사(traditional travel agent)로 나눌 수 있다. 공급업자(supplier)인 항공사 관점에서 보면, 항공사 유통은 항공사 콜센터와 항공사 웹사이트를 통해서 항공권을 판매하는 직접유통(direct channel), 인터넷 여행사와 전통적인 여행사가 항공권판매를 대행해 주는 간접유통(indirect channel)으로 분류된다(G.Yoon, Y. Yoon & Yang, 2006).

미래(현재) 여행·관광 유통체계는 다음 〈그림 10-5〉와 같이 진화, 발전할 것이다. 특히 주목할 만한 변화는 저비용여행(low cost travel)과 e-tailer, B2C의 등장이다. 이는 종전의 전통적 여행업의 역할을 축소시키고, 항공사와 같은 공급업자와 여행사간 관계가 협력이 아닌 갈등 혹은 경쟁관계로 발전하게 된다(Page, 2003).

┃그림 10-5┃ 여행·관광 유통체계

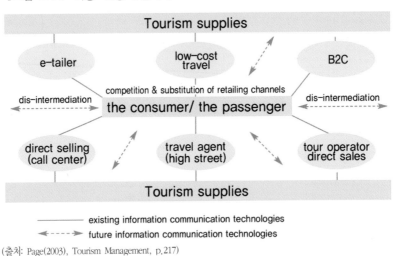

(출처: Page(2003), Tourism Management, p.217)

위의 〈그림 10-5〉에서 주목할 만한 것은 바로 여행·관광산업 유통구조에서 '탈중개인화'(脫仲介人化; dis-intermediation)이다. 미래의 소비자들은 관광공급업자(tourist supplies)로부터 직접 관광상품과 서비스를 구매한다. 이를 가능하게 만든 주체가 바로 인터넷을 포함한 IT(information technology)이다.

1-7. CRS, GDS와 항공사

CRS는 항공사의 수익관리(YM)에 긍정적 영향을 주고, 운영효율을 증진시키기 때문에 항공사의 귀중한 자산(assets)이다. 초기에 CRS개발 항공사들은 독점적 이용을 하려 하였으나, American Airlines가 최초로 시장점유율을 높일 목적으로 이 기술을 여행사, 호텔, 유람선, 기차, 렌터카 등과 공유(판매)하기 시작했다. 그 후 CRS는 관광산업에서 광범위하게 이용되는 중요한 수단이 되었다(Dougan & Bronson, 2003). 기술 발전(technological development)은 지식창조(knowledge creation)로 이어지고 항공사 경쟁우위(competitive advantage)로 발전한다(Stonehouse, Pemberton & Barber, 2001). 이를 입증해주는 예가 바로 CRS[3]이다. 아래 〈그림 10-6〉은 CRS 개발단계, 운용, 경쟁우위에 관한 관계를 보여주고 있다.

┃그림 10-6┃ CRS 발전 3단계

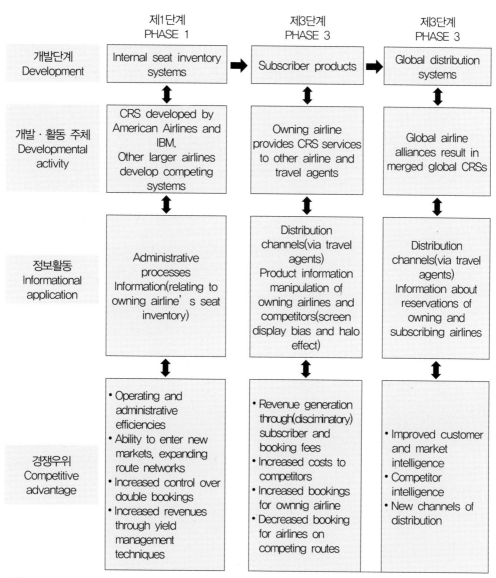

(출처: Stonehouse(2001), Long Range Planning, Vol.34(2), p.120)

---

3) 전산예약시스템 혹은 컴퓨터예약시스템으로 번역되는 CRS(computer reservation system)은 여행·관광 공급 업자의 예약시스템이다. 일반적으로 CRS란 항공사의 자체 전산예약시스템을 일컫는다.

위의 〈그림 10-6〉에서 보는 바와 같이 CRS는 ① 좌석재고관리(internal inventory system/ 1958-1960s), ② 여행사 CRS가입·사용(subscriber products/1970s-1980s), ③ GDS(global distribution system/1990s)로 발전하였다. 결국 CRS를 개발한 항공사는 고객과 시장에 대한 폭넓은 이해를 할 수 있고, 경쟁자 정보를 확보할 수 있다. CRS는 새로운 유통채널로 자리잡으면서 항공사는 경쟁우위를 확보하게 한다.

독자 서비스: e-티켓(e-ticket)

항공사 e-티켓(e-ticket, electronic ticketing)이란 항공권 세부내역을 항공사의 최신 e-티켓 시스템에 보관하여 필요시 자유롭게 조회, 처리할 수 있는 편리한 전자항공권(電子航空券)이다. e-티켓은 항공사 매표소나 여행사는 물론, 인터넷이나 전화상으로도 손쉽게 예약하고 구매할 수 있으며, 종전처럼 항공권 보관에 따른 분실이나 훼손에 대한 염려가 없다.

▎그림 10-7 ▎ GALILEO 주요 기능

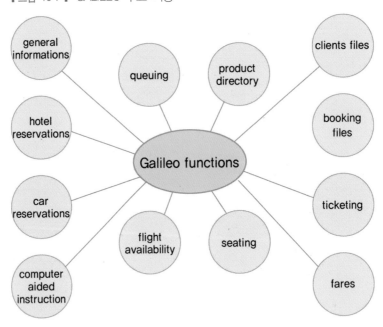

(출처: Inkpen(1998), Information Technology for Travel and Tourism, p.121)

GDS(global distribution system)란 여행사가 고객을 위해서 항공권을 예약하는 시스템을 말한다. 세계 대부분 GDS는 항공사가 개발하여 소유하고 있으며, 여행사는 세계 4대 GDS인 ① AMADEUS, ② GALILEO, ③ SABRE, ④ WORLDSPAN에 가입하여 접속료를 지급하면서 사용하고 있다. 항공사는 주요 상품인 항공권을 GDS를 통해서 고객에게 유통시키고 있다(Inkpen, 1998). 세계 GDS 중 점유율 20% 이상을 차지하고 있는 GALILEO의 주요 기능은 다음과 같다.

2. 항공사 수익관리

2-1. 수익관리(YM: yield management/RM: revenue management)

미국 항공규제완화는 항공산업의 수익관리(yield management)의 발전에 큰 계기(impetus)가 되었다. 1978년 항공규제완화 이전까지 주요 항공사들은 도시간 '단일가격체제'(one-price service)를 유지했다. 다시 말해서 항공료는 예측 가능했고, 고정(fixed)되어 있었다. 항공규제완화 직후 새로운 항공사들이 출범했고, 그 중 People's Express는 공격적인 저가항공전략을 채택했다. 이에 대응하여 Delta, American Airlines, United Airlines 등의 항공사들은 CRS를 활용하여 고객에 맞은 요금을 제시할 수 있었다. 대형항공사의 할인요금은 저가항공으로 전환(switch)한 비용민감도(cost-consciousness)가 높은 승객을 다시 확보할 수 있었다. 항공규제완화 이후 대형 항공사들은 가격차별화의 편익(benefits)을 누리기 시작했고, 대부분의 항공사들은 수익관리(yield management)를 도입했다(Lovelock & Wirtz, 2004).

항공운송산업의 시장진입이 완화되면서 심화된 경쟁과 요금자율화로 인한 요금인하 경쟁은 항공사 경영에 커다란 압박요인으로 작용하게 되었다. 이같은 상황에서 항공사들은 경쟁에서 살아남기 위한 전략적 도구의 하나로 매출의 극대화를 위한 수익관리(YM) 개념을 도입하였다. 항공사에서 활용되고 있는 수익관리 체계는 항공기 출발시점에서 최대한의 매출이 되도록, 치밀한 사전계획으로 판매관리를 수행하는 제반 활동으로 볼 수 있다. 가령, 동일한 객실(cabin) 등급에 대하여 이용조건에 따른 다양한 요금수준을 설계하고, 각 요금 수준별 시장수요와 예약부도(no-show), 해지, 초과예약(over-booking)에 따른 비용 등을 고려하여 요급수준별 판매가능량 및 초과예약 수준 설정과 예약통제를 실시하는 일련의 활동을 수익관리(收益管理; yield management)라 할 수 있다(윤문길·이휘영, 2003).

수익관리란 매 비행편에서 총수입을 극대화하기 위해서 등급별 좌석판매를 관찰·분석·통제하는 행위를 말한다. 수익관리의 주요 목적은 등급별 좌석수 조절을 효과적으로 하여 고운임 지급의사가 있는 여객이 저운임 항공권을 구매하는 것을 막거나, 저운임 이용자의 다량구매로 고운임 항공권판매가 불가능해지는 사태를 막아 수입을 극대화하는 데 있다(신동춘, 2001).

수익관리란 운임수준과 좌석이 재고를 동시에 효과적으로 통제하여 기업의 이윤(profit)을 극대화시키기 위한 의사결정체계이다. 수익관리는 매출관리 또는 수입관리라고도 하며, 서비스가 제공되는 시점에서 총수익을 극대화하기 위한 수익의 최적화기 법이다. 최적화의 본질은 시장의 수요변화를 끊임없이 관찰하고 수요가 발생하는 현상을 시간흐름에 따라 분석하여 기능한 한 출발 전까지 운임수준을 조정하여 궁극적으로 남는 좌석을 최소함으로써 총수익을 극대화시키는 의사결정이다(허희영, 2002). 미국 항공사 중 수익관리를 잘하여 연속 흑자경영을 하고있는 항공사는 저가항공사의 대명사인 Southwest Airlines이다.

수익관리 혹은 '생산경영'(生産經營; yield management)전략의 활용은 70년 후반으로 거슬러 올라가며, 1980년대 중반부터 미국의 주요 항공사들이 저가항공사의 시장 진입에 대응하기 위해서 본격적으로 도입한 접근법(approach)이다. 항공사들은 이윤(profit)을 실현하기 위해서 이 전략을 도입·활용하였다. 수익관리는 항공사뿐만 아니라 호텔(hotel), 유람선(cruise lines)과 같은 다른 관광산업 분야에도

┃그림 10-8┃ Southwest 항공의 두 주역

(Southwest 항공 President, Colleen C. Barret/CEO Gary Kelly)

적용되었다(Lindenmeier & Tscheulin, 2008).

항공사의 수익관리는 1978년 미국 카터 행정부의 항공규제완화법(The Airline Deregulation Act) 이후 전 세계 항공사에 도입되었다. 항공규제완화는 시장참여 자유화와 운임경쟁을 불러 왔으며, 이 여파로 기존 항공사들은 도산사태에 직면하게 되었다. 항공사들은 주어진 환경하에서 최대의 수익(revenue)을 달성하기 위한 효율적인 경영방안을 다각도로 모색하기 시작했다(이휘영 · 송윤숙, 2004). 수익관리는 생산물의 총매출액을 최대화함으로써 이윤(profit)을 최대화하는 매출관리기법이다.

2-2. 항공사의 수익관리활용

수익관리는 미시적 시장수준(micro-market level)에서 소비자행동을 예측하여 제품이용도 최적화, 이윤을 최대화시키는 전략적 수단이다. 수익관리기법은 항공산업에서 가장 주목을 끌었다. 1980년대 초 수익관리는 사업성공을 보장하는 주요한 도구로 자리 잡았다. 오늘날 타 분야에도 광범위하게 적용되고 있는데, 가령 매출과 이윤(profitability)의 증대에 초점을 두고 있는 환대산업(hospitality), 렌터카(car rental), 유람선(cruise line), 철도(railroad) 등이 수익관리 도구를 활용하고 있다(Lai, Wang & Liang, 2007).

항공사는 수익관리기법을 이용하는데 그 목적은 바로 승객에게 정해진 운임(요금)으로 판매될 수 있는 좌석을 결정하는 데 있다. 항공좌석을 요청한 모든 승객이 여행을 하는 것은 아니다. 일부는 예약취소(cancellation)를 한다. 항공사는 이와 같은 상황에 대처하기 위해서 '초과예약(over-booking)'을 한다. 항공사 측면에서 보면 초과예약도 일종의 수익관리의 일환이다(Iliescu, Garrow & Parker, 2007).

수익관리는 재화 또는 상품의 재고가 자산으로서의 가치를 지속하지 못하는 경우 효과적으로 적용될 수 있다. 즉 재고로서의 가치가 없는 경우에는 최소의 비용이 보장되는 한계가격 내에서 동일 상품을 여러 가지 가격수준으로 판매함으로써, 재고로 남기지 않고 매출로 연길시키도록 하는 것이다. 수익관리는 재고로서 가치를 가질 수 없는 항공권좌석(airline seats) 같은 소멸성 자산(perishable asset)에 적합하다(윤문길 · 이휘영, 2003).

항공사는 좌석등급(class)에 따라 승객에게 차별적으로 요금을 부과한다. 일반적으로 일반석(economy class), 비즈니스석(business class),[4] 일등석(first class)으로 나누어 요금

(운임)을 결정한다. 이는 수익관리(YM)에 기초를 둔 가격결정체계이다.

대한항공은 국내선에서 비즈니스석과 일반석을 두어 수익관리를 하고 있다. 반면 아시아나항공 국내선은 일반석(economy class)만 운영하는 이른바 'mono-class'시스템이다. 대한항공은 수익관리(YM)를 하고 있고, 아시아나항공은 YM을 하지 않는 것처럼 보일 수 있으나, 이는 사실과 다르다. 아시아나항공은 일반석을 단체(group), 개인(individual), 할인요금(fare discounted), 정상요금(normal fare), 학생요금(student fare), 특별 할인요금(promotional fare) 등등으로 세분화하여 승객에게 요금을 차별적으로 부과하고 있다. 아시아나항공의 국내선 요금체계도 역시 수익관리에 기초를 두고 있다.

┃ 그림 10-9 ┃ 항공사 YM과 Business Class

(출처: www.viewimages.com/ 항공사 수익관리(YM; yield management)에 지대한 영향을 미치는 business class passengers, Airbus 380 기내 모습)

---

4) 비즈니스석(business class)을 '2등석'이라 부르기도 한다. 하지만 2등이라는 단어의 뉘앙스가 별로 좋지 않기 때문에 일반석, 일등석과 달리 영어로 business class로 불리는 경우가 많다. 항공사에 따라 business class를 달리 표현하기도 한다. 가령 prestige class, executive class 등이 있다. 항공사의 business class codes는 C, J, D, I, Z로 표기된다(C, J, D: full-fare business class, I, Z: business class discounted).

항공사 수익관리의 목적은 단순한 수익의 관리 또는 판매가격의 극대화가 아니라, 운송단위당 수입 또는 매출액 규모를 극대화하는 것이다. 구체적으로 판매하는 좌석을 대상으로 단체별로 할인되는 고객수와 할인되지 않은 정상운임의 고객수를 균형 있게 조정함으로써 운항에 의한 총좌석의 판매수익이 최대가 되도록 하는 것을 수익관리라 한다(허희영, 2002).

한편, 항공사의 수익관리가 고객관계(customer relations)에 부정적 영향을 미치는 경우도 있다. 가령, 항공사는 항공좌석 재고관리(inventory control)목적으로 초과예약(over-booking)을 하는데, 초과예약으로 인한 '탑승거절'(denied boarding)은 고객의 불만족을 불러일으키기도 한다. 이러한 맥락에서 보면, 항공사의 수익관리는 고객과의 갈등(customer conflicts)의 원인이 되기도 한다(Lindenmeier & Tscheulin, 2008).

참｜고｜문｜헌

Berendien Lubbe(2007), The effect of Internet apprehension and website satisfaction on air travellers' adoption of an airline's website, Journal of Air Transport Management, Vol.13(2), pp.75-80.

Chaang-Luan Ho & Yi-Ling Lee(2007), The development of an e-travel service quality scale, Tourism Management, Vol.28(6), 1434-1449.

Christopher Lovelock & Jochen Wirtz(2004), Service Marketing: People, technology, Strategy, Pearson Prentice Hall.

Dan C. Iliescu, Laurie A. Garrow & Roger A. Parker(2007), A hazard model of US airline passengers' refund and exchange behavior(in press), Transportation Research Part B.

David Jarach(2002), The digitalisation of market relationships in the airline business: the impact and prospects of e-business, Journal of Air Transport Management, Vol.8(2), pp.115-120.

Dimitrios Buhalis & Maria Cristina Licata(2002), The future eTourism intermediaries, Tourism Management, Vol. 23, pp.203-220.

Dimitrios Buhalis(2004), eAirlines: strategy and tactical use of ICTs in the airline industry, Information & Management, Vol.41(7), pp.805-825.

Doris K. Lidtke & Gorden Stokes(1999), An information system-centric curriculum, ISCC' 99, Journal of System and Software, Vol.49(2/3), pp.171-175.

Gary Inkpen(1998), Information Technology for Travel and Tourism, Longman.

George H. Stonehouse, Jonathan D. Pemberton & Claire E. Barber(2001), The Role of Knowledge Facilitators and Inhibitors: Lesson from Airlines Reservation Systems, Long Range Planning, Vol.34(2), pp.115-138.

Gyehee Lee, Liping A. Cai & Josep T. O'Leary(2006), WWW. Branding .States. US: An analysis of brand-building elements in the US state tourism slogans, Tourism Management, Vol.27, pp.815-828.

John Tribe(1997), Corporate Strategy for Tourism, Thomson Business Press.

Jorg Lindenmeier & Dieter K. Tscheulin(2008), The effects of inventory control and denied boarding on customer satisfaction: The case of capacity based airline revenue management, Tourism Management, Vol.29(1), pp.32-43.

K.K. Lai, Ming Wang & L. Liang(2007), A stochastic approach to professional service firms' revenue optimization, European Journal of Operational Research, Vol. 182, pp.971-982.

Keith J. Mason & F. Alamdari(2007), EU network carriers, low cost carriers and consumer behavior: A Delphi study of future trends, Journal of Air Transport Management, Vol.13, pp.299-310.

M.G Martinsons(1997), Human Resource Management Applications of Knowledge-based System, International Journal of Information Management, Vol.17(1), pp.35-53.

Markus Franke(2007), Innovation: The winning formula to regain profitability in aviation?, Journal of Air Transport Management, Vol.13(1), pp.23-30.

Moon Gil Yoon, Duk Young Yoon & Tae Won Yang(2006), Impact of e-business on air travel market: Distribution of airline tickets in Korea, Journal of Air Transport Management, Vol.12(5), pp.253-260.

Nigel Deniss(2007), End of the free lunch? The responses of traditional European airlines to low-cost carrier threat, Journal of Air Transport Management, Vol.13(5), pp.311-321.

Philip Kotler, John Bowen & James Makens(2003), Marketing for Hospitality and Tourism, Prentice Hall.

Philip Shearman(1992), Air Transport: Strategic issues in Planning and Development, Pitman Publishing.

Rigas Doganis(2004), The Airline Business, Routeledge.

Rozhan Othman & Cony Teh(2003), On developing the informated work place: HRM issues in Malaysia, Human Resource Management Review, Vo.13(3), pp.393-406.

Stephen J. Page(2003), Tourism Management: Managing for Change, Butterworth Heinemann.

Thomas Gorin & Peter Belobana(2004), Impact of entry in airline market: effects of revenue management on traditional measures of airline performance, Journal of Air Transport Management, Vol.10(4), pp.257-268.

William L. Dougan & James W. Bronson(2003), Suboptional technology adoption: The case of computer reservation systems in the travel industry, The Journal of High Technology Management Research, Vol.14(2), pp.289-305.

김기홍·이주원(2005), 항공사의 e-Business 전략에 대한 탐색적 연구, e-비즈니스 연구, 제6권 제3호, 153-178쪽.

박시사(2003), 여행업경영, 대왕사.

신동춘(2001), 항공운송정책, 선학사.

윤문길·이휘영(2003), 요금수준간 수요의 이동을 고려한 항공사 수익경영 모형, 한국항공경영학회지 제1권(1), 27-38쪽.

이휘영·송윤숙(2004), 항공사 수익증대를 위한 개인수요 관리방안: PROS P5-RMS 중심으로, 한국항공경영학회지 제2권(2), 3-17쪽.

허희영(2002), 항공경영학, 명경사.

항공산업과 직업기회

1. 항공산업, 항공사 직업
2. 항공사 직업유형별 접근

제11장 | 항공산업과 직업기회

1. 항공산업, 항공사 직업

관광산업(tourism)은 가변성(可變性)이 높은 산업(fickle industry)이다. 즉 예측하기 힘들고 관광수요는 정치·기후·환경과 같은 외적 변수(external variables)에 의해서 쉽게 영향을 받는 산업이란 의미이다. 이를 관광산업의 전형적인 특성인 계절성(seasonality)이 높다는 뜻으로 해석할 수 있다. 이러한 산업적 특성은 투자와 고용환경에 다양한 함의(implications)를 제공할 뿐만 아니라 고용형태에도 영향을 미친다. 관광산업 고용(tourism employment)의 특성으로 ① 높은 비숙련 비율(low-skilled), ② 낮은 임금(poorly paid), ③ 낮은 사회적 지위(low status), ④ 안정성 결여(lacking longterm stability)를 들 수 있다(Page, 2003).

전 세계 항공산업(aviation industry)은 항공규제 완화 이후 급속한 성장을 하였고, 이 성장을 뒷받침하는 종사원이 필요하게 되었다. 항공산업 초기 발전단계에서는 항공기를 운항하는 데 필요한, 다시 말해서 직접적인 관련이 있는 종사원만 필요했지만, 이제는 다양한 기능을 수행하는 종사원이 요구되고 있고, 그에 상응하는 만큼의 많은 직업·직무(jobs/tasks)가 있다(박시사, 2003). 항공사에서 창출하는 직업영역은 다음과 같이 4가지로 나눌 수 있다.

① 항공기운항영역(flight operation)
② 예약·판매·지상서비스영역(sales, reservation & ground operation)
③ 항공기정비영역(mechanics, technicians & maintenance)
④ 식음료영역(catering)

다음은 관광산업·항공사의 직업적 특성이다(박시사, 2003).

┃그림 11-1┃ 관광산업·항공사 직업적 특성

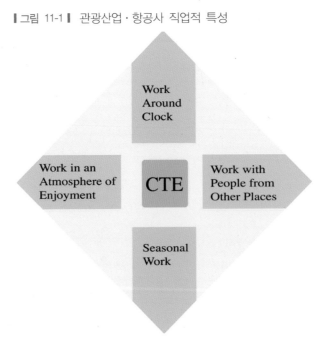

(출처: 박시사(2001), 관광소비자 행동론, 64쪽)

2. 항공사 직업유형별 접근

일본항공협회(日本航空協會)에서 발행한 항공운송개관(航空運送槪觀)에 의하면 항공운송사업 관련 직업을 항공기 조종사, 객실승무원, 정비사, 운항관리자, 항공관제관, 관제통신관 등으로 분류하여 제시하였다(伊藤 良平, 1980). 본 장에서는 이를 참조하여 ① 항공기 조종사, ② 객실승무원, ③ 지상근무자, ④ 항공교통관제사, ⑤ 항공정비사에 대해서 구체적으로 설명하였다.

2-1. 항공기 조종사(기장)[1]

항공기 조종사(기장)는 모든 승무원(flight crews)을 관리하고, 운항관련 모든 사항[2]을 통제한다. 조종사는 승객(passenger), 승무원(crew) 그리고 화물(cargo)의 안전에 대한 책임을 진다. 항공기 조종사는 역할에 따라 크게 2가지 유형으로 나눌 수 있다(Hawks, 1995).

첫째, 기장(captain)이다. 기장(機長)은 단어가 의미하는 바와 같이 운항중 항공관련 모든 결정을 하는 사람이며, 책임을 진다.

둘째, 부기장(first officer or copilot)이다. 부기장은 기장과 함께 항공기를 운항하는 업무를 수행한다. 부기장은 대체로 장비(instrument)를 관리하고 지상의 관제관(air traffic controlers)과 교신을 하는 역할을 돕는다. 최근에 항공기 '네비게이트'(navigate)를 돕거나 첨단 컴퓨터장비를 운용하는데 도움을 주는 '항공사'(flight engineer or third pilot)의 역할도 대두되고 있다. 항공사(航空士)를 영어로 navigator라 부르기도 한다.

---

1) An airline pilot is responsible for the safe, efficient operation of an aircraft. The captain has full responsibility for the safety of the aircraft and its occupants. Pilots exercise command over the crew, including the co-pilots(first officers) and cabin crew. Aircraft are usually operated by two, three or four pilots, depending on the type of aircraft and length of journey
(출처: www.prospects.ac.uk/links/AirlinePilot)

2) Taking responsibility for the safe and economic operation and management of the aircraft from take-off to touch-down is the primary function of an airline pilot. In order to achieve this, the pilot carries out a number of tasks, including:
- getting information about the route, weather, passengers and aircraft;
- working out a flight plan, including the route and flying altitude;
- calculating take off and landing weights and working out how much fuel to take;
- supervising the loading and fuelling of the aircraft;
- briefing the cabin crew before the flight;
- carrying out pre-flight checks on the navigation and operating systems;
- communicating with air traffic control prior to take-off and during flight and landing;
- making sure noise regulations are followed during take off and landing;
- understanding and interpreting data from instruments and controls;
- making regular checks on the aircraft's technical performance and position, and on weather conditions and air traffic during flight;
- communicating with passengers using the public address system;
- liaising with cabin staff through the cabin services manager;
- reacting quickly and appropriately to environmental changes and emergencies;
- updating the aircraft logbook and/or writing a report at the end of the flight noting any incidents or problemswith the aircraft
(출처: www.prospects.ac.uk/links/AirlinePilot)

┃그림 11-2┃ 항공사 조종사의 멋있는 모습

(출처: www.nytimes.com/ 미국 Delta Airline의 조종사…. 선망의 직업일까? 아니면 스트레스 받는 직업일까?)

조종사가 되기 위해서는 기계조작능력, 수리능력, 항공법규, 기상학 및 항법학, 운송 등에 대한 풍부한 지식이 있어야 한다. 또한 외국어 능력은 필수적이며 승객의 안전을 책임지고 있는 장(長; captain)이므로 빠르고 정확한 판단력이 필요하다. 아울러 오랫동안 정신집중을 하며 운항할 수 있는 체력(體力)이 필요하며, 다양한 압력(pressure)과 스트레스(stress)를 이겨낼 수 있는 정신적 능력과 소양이 요구된다.

조종사에 대한 직업기회는 확대될 것으로 예상된다. 대한항공, 아시아나항공, 제주항공, 한성항공 그리고 국외 여러 항공사의 조종사 인력수요는 증가하고 있는 추세이다. 현재 조종사를 양성할 목적으로 교육·훈련(education & training)하는 국내 교육기관과 관련학과는 다음과 같다(http://blog.naver.com/suk0462).

조종사의 급료는 상당히 높은 것으로 나타났다. 일반적으로 조종사의 급료는 시간단위로 계산되는데, 탑승구(airport gate)에 들어간 후 운항을 마치고 조종실(cockpit)을 떠나는 시간까지 계산된다. 이를 'block hour'가 칭한다. 다음은 뉴욕 타임즈(The New York Times)에 소개된 미국 주요 항공사 조종사들의 급료이다.

〈표 11-1〉 조종사 관련 교육·훈련 및 직업기회

교육·훈련	• 한국항공대학교, 한서대학교, 공군사관학교. • 일반 대학출신자를 대상으로 조종 훈련생을 선발 후 교육·훈련.
관련학과	• 항공운항과, 항공조종학과, 항공우주학과.
자격증·면허	• 사업용, 운송용, 자가용 조종사 필기·실기시험. • 필기시험 과목은 항공법규, 공중항법, 항공기상, 비행이론 등이 있음. • 사업용 조종사: 200시간 비행 • 운송용 조종사: 1,500시간 비행 • 자가용 조종사: 40시간 이상 비행 필요함.
진출분야	• 대한항공, 아시아나항공, 제주항공 외 외국항공사.
경력개발	• 부조종사, 조종사로 승진되며, 경력이 쌓인 조종사는 타항공사로 이직 가능함.

(출처: http://blog.naver.com/suk0462/ 퍼옴)

▌그림 11-3▐ 조종사 급료 비교

Comparing Pilot Pay

Pilots at network airlines are now paid less than Southwest pilots, because of wage concessions.

AIRLINE	PILOTS' TOP HOURLY PAY	AIRPLANE	CONTRACT AMENDABLE
Southwest	$198	737	Aug. 2006 †
American	157	MD-80	May 2008
Continental	144	737	Dec. 2008
Delta	140	MD-88	Jan. 2010
United	131	737/A-320	Dec. 2009
US Airways*	$125-142	737/A320	Dec. 2009 †
Northwest	124	DC-9	Dec. 2011

TOP HOURLY PAY Hours spent actually flying, taxiing or in the cockpit away from the airport gate, known as block hours. Maximum annual under F.A.A. rules is 1,000 block hours a year, and most pilots work substantially less.

AIRPLANES Roughly comparable narrow-body planes that are workhorses of each airline's fleet.

* US Airways formed by a merger in 2005 with America West. US Airways pilots are paid $125 and those from America West are paid $142. The America West contract is amendable now and the US Airways contract will be in Dec. 2009. But negotiations are under way to replace both with a joint contract.

† In negotiations.

(출처: http://www.nytimes.com/2007/01/30/business)

2-2. 객실승무원(fligh attendant)

1) 승무원(flight attendant/cabin crew)

현행 「항공안전법」(제정: 2016.3.29.)은 제2조 제17호에서 '객실승무원'이라 함은 항공기에 탑승하여 비상시 승객을 탈출시키는 등 승객의 안전을 위한 업무를 수행하는 사람을 말한다. 여기서 승무원(flight attendant)은 항공사의 이미지를 형성하고 승객과 우의(goodwill)를 다지는 책임을 맡고 있는 항공사의 대표(representative)라 할 수 있다. 승무원은 flight attendant란 용어 외에도 cabin crew, stewardess, steward란 용어로 쓰인다. 승무원(乘務員)이란 한자 그대로 비행기를 타고(乘) 기내에서 업무(務), 즉 승객에게 서비스를 제공하는 직원(員)이다(박시사, 2003).

관광산업·항공사 인재조건

Skills for airline players

4 Skills	Occupational Skills
	Customer Skills
	Information Skills
	Foreign Language Skills

(출처: 박시사(2001), 관광소비자행동론, 66쪽)

객실승무원은 기내서비스(cabin service)를 담당하여 승객이 안전하고 쾌적하게 목적지까지 도착할 수 있도록 도와주는 역할 뿐만 아니라 항공사의 전반적인 이미지(image) 형성과 항공서비스의 품질을 결정하는 데 중요한 영향을 미친다. 따라서 인적 서비스 의존도가 높은 항공사에서 객실승무원의 역할은 매우 중요하다(이동희, 2007).

▌그림 11-4 ▌ 승객과 승무원의 상호작용

(출처: http://www.glamourjob.com/ 미소+Smile+媚笑=Beauty)

2) 승무원 업무

항공사 승무원은 운항중(during flight) 고객의 안전(safety)과 '편안함'(comfort)을 책임지고 있다(Rubin, 1992). 다시 말해서 승무원은 항공기에 탑승한 승객의 안전(safety)과 '편안하고 행복함'(wellbeing)을 책임지는 업무를 수행한다. 승무원은 승객이 탑승하는 동안 승객의 '필요사항'(needs)에 응대, 음료수 제공, 면세품 판매 등의 임무를 수행한다. 이때 가장 중심이 되는 부분은 바로 고객서비스(customer service)이다. 따라서 승무원은 항상(at all times) 고객에게 친절·상냥(friendly)해야 하고, 열성적이며(enthusiastic), 예의가 바른(courteous) 행동을 보여야 한다. 승무원 업무의 특성상 스트레스(stressful)가 많고, 고객의 요구가 정도를 지나치는(demanding) 경우도 많다. 하지만 승무원 직업은 다양한 경험을 할 수 있고, 흥미로우며, 그에 상응하는 보상(rewarding)이 있다. 승무원의 업무는 크게 ① 탑승전 업무(preflight duty), ② 기내업무(mid-flight duty), ③ 탑승후업무

(post-flight duty)로 나누어 구분되며, 승무원의 구체적인 업무(activities/tasks)는 다음과 같다.

〈표 11-2〉 승무원의 전형적인 과업

Tasks typically involve(승무원 과업)

- attending a pre-flight briefing, during which crew members are assigned their working positions for the upcoming flight(탑승전 준비)
- carrying out pre-flight duties, including checking the safety equipment, ensuring the aircraft is clean and tidy, ensuring that information in the seat pockets is up to date and that all meals and sufficient supplies are on board(탑승전 제반 의무, 안전 장비, 청결 상태 등 점검)
- welcoming passengers on board and directing them to their seats(승객 환영과 좌석 안내)
- demonstrating safety procedures and ensuring that all hand luggage is securely stored away(안전규칙 시연과 휴대 수화물 점검)
- checking all passenger seat belts are secure prior to take-off(이륙전 안전벨트 점검)
- making announcements on behalf of the pilot and answering passenger questions during the flight(운항중 안내방송)
- serving meals and refreshments to passengers(식사와 음료 제공)
- selling duty-free goods and advising passengers of any allowance restrictions in force at their destination(면세품 판매와 입국 정보 및 규정설명)
- reassuring passengers and ensuring that they follow safety procedures correctly in emergency situations(응급상황 대처능력 알림)
- giving first aid to passengers where necessary(필요시 응급조치)
- ensuring passengers disembark safely at the end of a flight(승객의 안전한 하기 도움)
- completing paperwork, including writing a flight report(필요시 제반서류작성)

(출처: http://www.prospects.ac.uk/cms)

Skytrax는 전 세계 항공사의 승무원 서비스를 평가하였다. 2007년 최고의 서비스를 제공하는 항공사는 Malysia Airlines로 나타났다. Singapore Airlines(2), Thai Airways(3), Cathay Pacific Airways(4), Qatar Airways(5) 순으로 평가되었다. 다음은 Skyrax이 승무원 서비스를 평가한 구체적인 항목은 다음과 같다(www.worldairlineawards.com/Awards_2007).

- 운항 중 도움(assistance during flight)
- 승객 환영 모습 및 태도(welcoming passengers)
- 안전규칙(applying safety procedures)
- 식음료 서비스(F&B service efficiency)
- 긴급호출(answering call bell)
- 의사소통능력(staff language skills)
- 문제해결능력(problem solving ability)
- 승무원간 규율(discipline among staff)
- 승무원의 열정(enthusiasm of staff)
- 서비스의 진지함(sincerity of staff service)
- 승무원 상냥함(friendliness of staff)
- 승무원 예의바름(courtesy of staff service)
- 승무원 간 서비스 일관성(consistency of quality of among staff)
- 전체적 효율성(total service efficiency)
- 전체적인 승무원 접근성(total cabin presence)[3]
- 복장, 머리 및 안내(staff grooming & presentation)

---

3) 여기서 말하는 '접근성(presence)이란 승객이 필요할 때 승무원이 항상 고객 옆에 있어 주거나 부를 때 바로 고객을 찾아주는 행위.

▌그림 11-5▐ 1930년대 초기 승무원 모습

(출처: Boeing사, 1930년 보잉항공에 근무한 승무원 모습 초기의 승무원은 간호사
(registered nurse)이였음)

3) 승무원 자질, 자격 및 조건

승무원은 예절(courtesy)이 있어야 하고 승객의 요구사항(demand)을 친절하게 대처하는 기교(tactic)를 갖추어야 한다. 또한 승무원은 승객에게 안전규칙과 제반 정책을 잘 설명할 수 있는 커뮤니케이션 기술(communication skills)을 습득해야 한다(Hawks, 1995).

국내 승무원 교육·훈련을 하는 모 기관(institution)에서 제시한 승무원의 필요조건은 ① 건강, ② 인내, ③ 정갈, 당당한 모습, ④ 승객의 마음과 불편함을 읽을 수 있는 세심함, ⑤ 세련된 매너, 교양, ⑥ smile(미소), ⑦ 서비스 정신, ⑧ 직업정신, ⑨ 영어 구사능력, ⑩ 비상시 대비할 침착한 대처능력이다(www.onanc.co.kr).

훌륭한 승무원이 되기 위해 필요한 자질(traits)은 ① 자신감(confidence), ② 육체·정신적 강인함(strong), ③ 변화대처 능력(open to change), ④ 다른 사람을 도우려고 하는 마음(enjoy helping people), ⑤ 침착성(calm under pressure)이다(www.collegeboard.com/search). 이동희(2007)는 객실승무원으로서 요구되는 역량(competency)을 크게 6개 군(群)으로 나누어 제시하였다.

〈표 11-3〉 객실승무원으로 필요한 역량

역량군	필요역량	세부설명
기본적 특성 (Basic Traits)	적극성 (Aggressiveness)	• 일이나 인간관계에 대해서 능동적인가 • 업무 수행시 열정을 가지고 하는가
	주도성 (Initiative)	• 요구하는 이상으로 일을 잘 하고자 하는가 • 업무성과를 향상시키는 방향으로 이끌어 가는가
	정확성 (Accuracy)	• 기본적 특성 정확성 업무를 정확히 수행하는가 • 업무수행시 기준과 원칙에 의해 일관성 있게 수행하는가
	섬세함 (Delicacy)	• 작은 것에도 무심하지 않고 섬세하게 파악하는가 • 사소한 것까지도 파악하여 배려해서 행동하는가
	긍정적 사고 (Positive Attitude)	• 사고 매사를 긍정적인 시각으로 보는가 • 힘든 상황에서도 긍정적인 태도로 수용하려 하는가
직업적 특성 (Professional Traits)	고객지향성 (Customer-oriented)	• 고객지향적인 사고로 업무를 수행하는가(봉사와 희생) • 고객의 요구를 충분히 파악하고 서비스를 제공하는가
	책임감 (Responsibility)	• 책임감 자신이 맡은바 임무를 성실히 수행하는가 • 고객 불만족할 때 스스로 해결하려고 하는가
	조직헌신 (Organization Loyalty)	• 주인의식과 사명감으로 조직에 헌신하는가 • 조직의 목표나 방침을 수용하고 적극 실천하는가
	자발성 (Spontaneity)	• 업무수행시 일을 찾아서 솔선수범하는가 • 고객의 요구를 미리 파악하고 능동적으로 대응하는가
자기관리 능력 (Self-Concept)	자신감/자기확신 (Self-confidence)	• 업무수행시 자신감과 긍지를 가지고 일하는가 • 업무추진시 소신 있게 능동적으로 처리하는가
	자기 조절 (Self-control)	• 스트레스 상황하에서도 자신의 감정을 잘 조절하는가 • 자신의 감정을 잘 컨트롤하고 자제하는가
	자기관리 (Self Management)	• 승무원다운 용모와 이미지로 자기관리를 철저히 하는가 • 비행근무에 무리가 없도록 신체적 건강상태를 유지하는가

	자기계발 (Self Development)	• 미래지향적 사고로 능력과 스킬을 계발하고자하는가 • 여러 분야에 지적호기심을 가지고 부단히 학습하는가
대인관계 능력 (Human- relation Ability)	팀워크/협력 (Coordination)	• 업무추진시 팀원들의 의견을 구하고 협력하는가 • 관련부서나 팀원들과 화합해서 일을 잘 수행하는가
	친화력 (Affinity)	• 사람들과 우호적인 관계를 형성하려고 하는가 • 상대방에게 상냥하고 편안하게 배려하는가
	언어커뮤니케이션 (Communication)	• 나의 생각과 사고를 상대방에게 말로서 잘 표현하는가 • 상대와 공감하는 대화가 가능한가
	리더십 (Leadership)	• 승객과 팀원을 잘 리드해 나가는가 • 후배들을 격려하고 잘 지도하는가
상황대처 능력 (Situation Settlement Ability)	통찰력/판단력 (Judgement)	• 상황을 체계적으로 분석하고 행동하는가 • 전체적인 상황을 잘 판단하여 대처해 나가는가
	순발력 (Readiness/Speed)	• 갑작스런 상황이나 사람을 대해서 유연하게 적응하는가 • 위기 상황에서도 문제해결을 잘하는가
	유연성/유통성 (Flexibility)	• 다양한 상황이나 사람에 대해서 유연하게 적응하는가 • 상황에 따라 융통성을 가지고 대처하는가
전문적 지식과 스킬(Profrssional Knowledge & Skills)	전문적 지식 (Knowledge)	• 항공사 전반에 관한 지식을 충분히 가지고 있는가 • 서비스 관련 업무를 충분히 숙지하고 있는가
	외국어능력/국제적 감각 (Global Sense)	• 외국인 승객과의 의사소통이 원활한가 • 타문화에 대한 지식과 국제적인 감각을 가지고 있는가
	세련된 매너와 스킬 (Good Manners)	• 세련된 매너와 스킬로 고객을 대하는가
	정보수집/준비성 (Information Seeking & Preparation)	• 비행 전 관련 정보를 수집하고 준비하는가 • 비행 전 업무지시나 필요사항을 미리 점검하는가

(출처: 이동희(2007), 한국항공경영학회지 제5권(1), 118-119쪽)

4) 승무원 교육과 훈련

항공사 객실승무원은 항공사 서비스의 품질을 좌우하는 조직의 대표적인 인적자원으로서 객실승무원의 자격과 역할의 필요성이 강조되고 있다. 이러한 욕구를 충족시키기 위해 전국적으로 4년제 대학교와 2년제 대학에 관련 학과가 개설·운영되고 있다. 항공사 객실승무원을 양성하기 위한 관련 학과가 개설되면서 지원학생들과 항공사에 많은 관심과 기대감을 주고 있다. 전국 대학(교)에 객실승무원 관련학과 개설이 급증하고 있어, 2006년 기준 전국 23개 학교에 이르고 있다.

〈표 11-4〉 국내 대학(교) 객실승무원 관련학과 현황

구 분	교육기관	학과명	소재지	설립연도
4년제	광주여자대학교	스튜어디스	광주	2003
	동신대학교	스튜어디스	나주	2005
	중부대학교	스튜어디스	금산	2004
	탐라대학교	항공서비스경영	제주	2002
	한서대학교	항공관광	서산	2003
2년제	공주영상정보대학	스튜어디스	공주	1999
	경북외국어테크노대학	항공서비스	경산	1998
	경남정보대학	항공관광	부산	2004
	나주대학	항공운항	나주	1995
	대덕대학	관광항공철도승무	대전	2005
	동주대학	항공운항	부산	1999
	백석문화대학	항공서비스	천안	2003
	부산여자대학	항공운항	부산	2003
	수원과학대학	항공관광	수원	1992
	서라벌대학	항공서비스	경주	2002
	서강정보대학	스튜어디스	광주	2004
	성화대학	스튜어디스	강진	2003
	인하공업전문대학	항공운항	인천	1977
	영진전문대학	여행항공서비스	대구	1999
	우송정보대학	스튜어디스 비서코디	대전	2004
	혜천대학	스튜어디스	대전	2003

(출처: 박소연·박혜윤(2007), 한국항공경영학회지 제5권(1), 129쪽)

<Flight attendant retires after 50 years>
-승무원 50년! 은퇴하는 Patti Smart-

When Patti Smart was hired as an Aloha Airlines stewardess 50 years ago, it was a different job for a different time. She rubbed elbows with Frank Sinatra, performed in-flight fashion shows and danced in smoke-filled aisles aboard cramped DC-3s seating two dozen passengers.

Smart, nicknamed the "Queen of Aloha," retires Friday after more than a halfcentury on the job she started when she was 18 years old. A lot has changed since the old days, when people dressed up in hats and bow ties to fly on propellerpowered planes across the Pacific. "You're supposed to have the same niceness, the same warmth, the same caring. But it's faster now," Smart said. "In the older days, the flights were longer so you had more time to be intimate with passengers and you got to be very good friends with them."

Smart has the third most years in the sky among the 55,000 flight attendants represented by the Association of Flight Attendants. The most senior flight attendant in the nation started her job in 1950. Smart was paid $170 per month for 85 hours of work after she was hired on Jan. 28, 1957.

Today, as the airline's most senior flight attendant(they're not called stewardesses anymore), she makes $43.50 per hour catering to first-class passengers on flights between Orange County, Calif., and Honolulu. Hearing Smart reminisce over times gone by makes her job sound more like fun than work. She laughs when remembering affable celebrities, prankster pilots and a box-like cart that sheltered passengers from the rain as they disembarked. The job has grown on her so much that she's reluctant to leave.

"There will be sparks flying from my feet as they drag me down the runway," she said. One time, she got into a tight spot when her skirt flew out the window.

As she was serving pineapple juice to passengers, she spilled it all over her uniform. She changed into a pair of pants and washed out her skirt in the lavatory.

When she tried to air-dry the skirt by letting it flap in the breeze from the cockpit window, one of the pilots snatched it and let it fly out the window.

(Aloha Airlines flight attendant, Patti Smart)

"I wanted to kill those two," she said. "I wanted to get their two heads together and whack them. They were laughing and laughing." The joke didn't stop there.

Another pilot on the next flight out radioed her plane and teased that he had caught the skirt as it went flying by. Other pilots also heard the radio report of the flight attendant who lost her skirt, and the story quickly traveled around the world.

Retired Aloha Airlines Capt. Ron Sprink recalls that Smart was "a barrel of fun" when she started flying, and she acquired the skill of keeping her passengers orderly soon afterward. "The ones who stay on for a long career, the dedication shows through, and they have to snap their fingers at people every once in a while," Sprink said.

With the advent of lower-cost flights with fewer amenities, air travel has lost some of its charm, Smart said. Passengers are more concerned with getting where they're going than enjoying the ride. Aloha Airlines has been engaged in a threeway airfare war with rivals Hawaiian and upstart go! airlines for more than a year.

"The pie is the same size, but there are more slices," Smart said. "These are trying times. Fuel is going up, and everyone is feeling the pinch." Even after retirement, Smart will continue to participate in a group that meets for monthly prayers for the company's survival. "Aloha was started out of adversity. We became strong out of adversity, and we will survive despite adversity," she said.

"I think we're going to make it."

(출처: By MARK NIESSE, Associated Press Writer Thu Nov 29, 3:23 AM ET)

항공사 객실승무원 관련학과의 교육훈련 목표는 항공기 탑승근무자로서 필요한 국제적 문화 감각과 외국어 구사 능력을 배양하고, 체계적인 이론, 실습 및 현장 교육과 생활교육을 통해서 훌륭한 서비스를 제공할 수 있는 지성과 전문성을 갖춘 봉사적인 객실승무원의 양성에 목표를 두고 있다. 항공사 객실승무원 관련학과의 교육 분야는 ① 직무교육, ② 항공실무, ③ 외국어 교육, ④ 서비스교육으로 주로 구성되어 있다(박소연·박혜윤, 2007). 앞서의 〈표 11-4〉는 국내 대학(교) 객실승무원 관련학과 현황이다.

2-3. 지상근무자(ground operator)

'지상근무자'(地上勤務者)란 승객이 항공기를 예약, 구매하여 공항에서 입국수속을 마친 후 탑승구(gate)에 이르러 기내에 탑승하는 단계까지 관여하는 항공사 종사원을 뜻한다. 지상관리자란 용어는 학계(academy)나 업계(trade)에서 널리 통용되고 있지 않으나, 최근 지상서비스(ground service)를 제공하는 항공사 직원으로 해석되고 있다. 본서에서는 항공권예약 및 판매 담당자가 갖추어야 할 조건을 요약하여 제시하였다(박시사, 2003, 재인용).

〈표 11-5〉 항공권판매 담당자 구비조건

- High Energy Levels(열정과 에너지)
- High Self-confidence(자신감)
- Need for Material Things(경제적 욕구가 강함)
- Hard Working(근면함)
- Requires Little Supervision(통제·감시를 싫어함)
- High Perseverance(인내력)
- Competitive(경쟁심이 강함)
- Good Physical Appearance(체력이 강함)
- Likable(호감이 가는 인상)
- Self-disciplined(자제력)
- Intelligent(명석함)
- Achievement-oriented(성취지향적 성향)
- Good Communication Skills(훌륭한 커뮤니케이션)

2-4. 항공교통관제사

항공교통관제사는 항공교통의 흐름을 조절하고 항공기의 안전한 이륙과 착륙, 그리고 운항을 돕는 업무를 수행한다. 이를 위해 운항중인 기장에게 기상정보를 제공하며 사용할 공항의 활주로, 다른 비행기의 출입, 가시거리 등의 자료를 제공하여 항공기가 안전하게 이륙하고 착륙하도록 유도하고 통제한다. 항공교통관제사가 어떤 일을 하는지에 대해서는 '하늘의 교통순경'이라고 생각하면 쉽게 이해할 수 있다. 구체적으로는 공항의 관제탑에서 레이더망을 보면서 이착륙하는 비행기에 대해 기후조건에 따라 적절한 이착륙을 지시하고, 항로에 들어온 비행기와 통신업무를 수행하는 일이다. 다시 말해서 항공교통의 안전과 질서를 유지하기 위해 항공교통관제기관에서 항공기 운항을 관제하는 일이다.

신체자격에서 청력과 시력이 가장 중요하고(통신과 레이더 판별을 위해), 언어능력, 항공기의 위치, 항로를 파악하는 수리능력이 필요하다. 육체적으로는 가벼운 작업에 속하지만 업무의 성격상 순간판단을 요하는 고도의 정신집중력이 필요하다. 뿐만아니라 항공교통관제사가 되려는 사람이 절대적으로 갖추어야 하는 것은 영어능력이다. 영어는 항공 국제공용어로서 항공관제의 안전도는 관제사의 영어수준과 직결되어 있다는 것이 정설로 되어 있을 정도이다(http://www.guidance.co.kr).

그러면 항공교통관제사가 되기 위해서 어떠한 자격이 필요한가? 항공교통관제사가 되기 위해서는 관제사 자격증이 있어야 한다. 관제사 자격시험에 응시하기 위해서는 만 21세 이상으로 국토교통부 지정 전문교육기관을 수료하거나 9개월 이상의 관제실무 경험, 또는 1년 이상의 항공기 조종사 경력 등이 있으면 된다.

2000년부터는 응시자격이 강화되어 국토교통부장관이 지정한 전문교육기관에서 항공교통관제사에 필요한 교육을 수료한 자로 제한된다. 앞으로는 항공교통관제사가 되기 위해서는 우선 국토교통부에서 지정한 전문교육기관(현재로서는 군 교육기관과 항공대학이 지정될 가능성이 있음)에서 필요한 교육을 수료해야만 한다. 그러므로 관제사 자격을 위한 학력제한은 고등학교 졸업이지만 실제로는 전문교육기관을 수료해야 하므로 관제사 전문교육기관 수료증이 제한학력이라 할 수 있다.

관제사 전문교육기관 수료 후에는 국토교통부에서 주관하는 관제사 자격증명시험에 합격해야 관제사로 일할 수 있는 자격을 갖추게 된다. 일단 자격증을 취득하게 되면 국토교통부의 관제사 채용시험에 응시할 수 있으며, 관제사로 채용이 되면 국토교통부 소속의 공무원 신분으로 관제사 업무를 수행하게 된다. 관제사는 전원이 공무원 신분이므로 취업 후 승진이나 기타 근로조건은 공무원 기준에 준한다. 관제업무 외에 관제사로 근무하기 위한 또 하나의 필수조건은 영어 소통능력이다. 이는 관제업무가 국제적인 조종사들과 영어로 통신하며 수행하기 때문이다.

항공교통관제사의 직무환경은 업무특성과 관련이 있는데, 항공교통관제사는 항공교통의 안전(safety)하고 원활한 소통을 책임지고 있다. 이러한 이유로 긴장과 고도의 집중력이 요구되며, 순간적인 판단이 필요한 경우가 많아 이에 따른 정신적인 스트레스가 많다. 또한 야간근무의 비중이 많고 근무일정이 불규칙적이다. 앞서 설명한 항공교통 관제사의 직업개요, 주요업무, 적성 및 능력, 자격조건 등을 요약하면 다음과 같다(http://web.edunet4u.net/~inja/job043.htm).

┃그림 11-6┃ 관제사들의 일터 관제탑

(출처: news.airportal.go.kr/제주공항 관제탑 야간전경)

직업 개요

○ 무선통신 및 레이다 장비를 이용하여 항공기의 이동, 이착륙을 지휘 및 통하고 운항에 필요한 각종 정보를 제공한다.

주요 업무

○ 항공사의 운항계획을 검토하고 승인한다.
○ 이착륙하는 항공기의 무선호출에 응답하여 사용할 활주로, 풍향, 풍속, 가시거리, 근방에 이동중인 다른 항공기에 관한 자료 등의 지시사항과 제반 정보를 기장에게 알려준다.
○ 공항의 조명과 기타 공항설비를 통제한다.
○ 비상시 조종사 및 지상업무 직원에게 필요한 지시를 한다.
○ 관제구역을 벗어나거나 들어오는 경우 해당 관제소와 협조한다.
○ 항공기의 운항 및 관제에 관련된 자료를 기록 정리한다.

적성 및 능력

○ 항공 관련 법규, 보안시설, 기상, 통신, 관제 등에 대한 전문적 지식을 이해하고 실제 적용할 수 있는 학습능력
○ 관제에 사용되는 용어 및 부호를 이해하고 무선통신장비를 이용하여 능숙하게 의사교환을 할 수 있는 언어능력
○ 항공기 또는 선박의 위치, 항로 등을 파악하기 위한 수학계산을 신속, 정확하게 수행할 수 있는 공간판단력
○ 레이다에 나타난 표시를 정확하게 인지하고 공간상에서 물체의 이동을 마음속으로 형상화할 수 있는 형태지각력
○ 통신내용을 정확하게 들을 수 있는 청력, 통신장비의 능숙한 조작능력

(※ 본서 항공교통관제사에 관한 내용은 인터넷사이트, Blog, 신문기사 등에 나온 Contents를 저자가 요약하여 구성한 것임. 단지 독자에게 정보제공을 목적으로 자료를 '파옴' 것에 지나지 않음. 인터넷에 자료를 올려 주신 여러분께 깊이 감사드립니다.)

| 그림 11-7 | 관제사와 정비사의 조화

(출처: 연합뉴스 2005년 3월 27일/ 정비사와 관제사의 만남, 이색항공커플)

2-5. 항공정비사(2003.11.05 ⓒScience Times/재구성)

1) 항공정비사의 업무

항공정비사의 업무에 대해서 많은 사람은 정비를 고장난 물건을 고치는 수리(repair) 정도의 소극적인 개념으로 생각하고 있다. 그러나 정비란 모든 생산품에 대해 최적의 상태를 유지시킨다는 뜻을 내포한다. 항공기 정비는 수백억원에서 천억원에 달하는 고가의 항공기뿐만 아니라 때에 따라서는 몇백 명의 인명까지 책임을 져야 하는 매우 중요한 일이다. 항공기를 정비하는 일은 매우 체계적이고 분업화돼 있다.

시간이 지남에 따라 항공기 기기들은 기능 저하, 마모 등으로 인하여 본연의 임무를 제대로 수행하지 못하게 되며 항공기에 장착되어 있는 많은 종류의 컴퓨터들 또한 지속적으로 최신의 상태를 유지시키는 것이 필요하다. 항공기는 여러 분야의 첨단기술이 동원되는 기계예술의 극치로 표현될 만큼 제작에 쓰이는 부속품만 해도 수만 개에 이른다. 이런 기기가 고장 나지 않도록 사전에 예방하고 또한 기능의 증진을 위하여 지속적으로 개선하는 포괄적인 업무를 수행하는 사람들을 항공기 정비사라 한다.

항공기는 크게 사람의 심장과 같은 역할을 하는 동력장치(engine)와 골격을 이루는 기골(frame), 손, 발 역할을 하는 조종장치, 두뇌역할을 하는 여러 종류의 컴퓨터와 이들을 연결하는 수많은 신경망 및 관절장치(전기, 전자, 유압, 기계장치)들로 구성되어 있다.

따라서 항공기의 정비업무는 이런 특성과 작업내용의 심도 차이에 따라 항공기 운항 직전의 항공기 상태를 점검하는 라인(line) 정비사와 중장비 및 부분품에 대한 수리, 개조업무를 수행하는 보다 세밀한 능력이 요구되는 공장정비사로 구분된다. 공장정비사는 특기별로 세분화되어 업무에 종사하게 되며 엔진, 전기, 전자, 계기, 기체 등으로 크게 구분되고 특정분야의 자격을 취득하면 해당 업무에 대한 책임과 권한을 갖게 된다. 이런 정비업무를 수행하기 위해서는 전체적인 업무를 계획하고 통제하는 일은 물론 제품에 대한 검사와 항공기, 엔진 및 부분품 제작사로부터 오는 기술 개조사항들을 담당하는 일도 있다.

2) 적성, 자질 및 자격

① 요구되는 적성과 능력

항공기 정비사가 되기 위해서는 기본적인 체력을 갖추어야 한다. 색맹이나 청력에 문제가 없어야 한다. 일부 청소년들이 장기간의 이어폰 사용으로 인한 청력 감퇴를 인지하지 못한 상태에서 취업원서를 제출한 후 신체검사에서 결격사유가 되는 사례가 빈번히 발생하고 있다.

기계류의 분해, 조립, 수리 작업을 즐기는 사람이라면 항공정비기술 분야에서 자신의 능력을 발휘할 수 있다. 항공정비사는 무엇보다도 항공기가 안전하게 항공할 수 있도록 철저한 검사가 필요한 작업이니만큼 세부적인 사항까지 완전하게 살펴볼 수 있어야 하므로 치밀함과 집중력이 요구된다. 성격이 꼼꼼하고 기계조작 능력이 있는 사람에게 유리하다. 더불어 협동심과 성실함이 요구된다. 정비업무의 특성상 다수의 인원이 협동적으로 일해야 하며 맡은 일에 대해서는 철저한 책임감을 가지고 임하여야 한다.

항공정비사는 직접적인 정비를 수행하는 현장정비 외에도 거대한 규모의 정비행정 업무도 있다. 항공기 정비업무는 계획과 통제 및 검사, 분석업무 이외에도 기술검토와 교육훈련을 수행하는 업무로 구분되고 이런 업무를 수행하기 위해서는 부서의 성격에 따라 업무기획 능력이 요구되기도 하고, 외국어에 능통해야 하며, 방대한 자료의 전산 관리에 필요한 전산전문 및 통계, 분석에 능통해야 한다.

② 준비

최근 학생들을 대상으로 하는 항공동우회가 늘어가고 있다. 이곳에서는 항공 이벤트나 정보교환, 전문가들이 교육도 하고 있어 정비사로서의 기본 소양을 익힐 수 있다.

항공대나 기타 유관기관에서는 매년 학생들을 대상으로 경비행기 제작 및 날리기대회를 개최하고 있다. 따라서 관심 있는 학생들은 이런 대회에 참여하여 지식과 경험을 쌓는 것도 바람직하다.

항공정비사가 될 수 있는 길은 현재의 상황을 고려한다면 넓지 않다. 항공정비사는 「항공안전법」에서 요구하는 자격을 취득해야 한다. 항공정비사 자격을 취득하기 위한 학력 제한은 법적으로 명시되어 있지 않지만 3년 이상의 항공기 정비업무 경력을 요구하고 있다. 국토교통부로부터 인가받은 항공정비 교육기관에서 교육을 받으면 자격시험의 일부 과목을 면제받을 수도 있다. 건강한 신체와 외국어 능력이 취업에 유리하게 작용하는 경우가 많으므로 이에 대한 대비도 필요하다.

다른 정비분야에 비해 지속적인 학력을 요구하며, 공업계 고등학교나 직업전문학교, 기능대학, 전문대, 항공대학이나 대학교의 관련 학과 등에서 기계과, 항공정비 관련 학과를 졸업한 사람을 선호한다. 관련 학과로는 항공우주공학과, 항공운항학과, 항공전자공학과, 항공공학과, 항공경영학과, 항공관리학과, 항공기계공학과, 항공통신정보공학과, 항공기계설계학과, 우주항공공학과, 항공측량과, 항공재료공학과, 금속공학과, 기계공학과, 재료공학과, 전자공학과 등이 있다.

자격증을 갖추고 육·해·공군의 기술병으로 혹은 항공하사관으로 입대하면 항공정비사에게 필요한 실무경력을 인정받을 수 있어 항공하사관 경쟁률이 높은 편이다. 현재 항공기 정비 및 검사원으로서 재직하고 있는 자들의 평균학력은 14년으로서, 전문대 수준의 학력을 가지고 있는 것으로 나타났다.

┃그림 11-8 ┃ 항공기 정비사

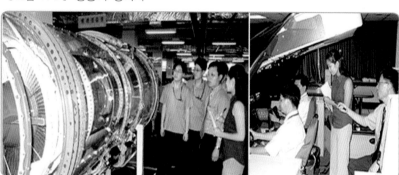

(출처: www.skynews.co.kr/ 항공정비사 교육·훈련을 받고있는 교육생)

3) 항공정비사의 직업전망과 채용기회

① 직업전망

자동차가 대중교통 수단으로 빠르게 발전했던 것처럼 항공기의 대중화도 그리 먼 것만은 아니다. 생활수준이 향상됨에 따라 비행기를 이용하여 여행을 하는 사람이 증가하고 있고 경제성장에 따라 비행기를 통한 화물운송량이 많아지고 있기 때문에 항공산업과 운송에 필요한 항공기정비사의 수요 또한 크게 늘어날 것이다.

국내의 항공기 정비사 수요는 군과 민간항공사가 주도하고 있다. 공군의 차세대 전투기 개발계획이 유능한 인력을 필요로 하고 있고, 민간항공사인 대한항공과 아시아나항공은 항공운송수단의 대중화로 실무능력이 뛰어난 많은 정비사를 필요로 하고 있다.

최근 국제적인 테러나 전염성이 강한 질병으로부터 자국민을 보호하기 위한 정책으로 인해 항공운송 경기가 일시적으로 위축되기는 했으나, 보다 멀리, 빠르게 여행하고자 하는 인간의 욕망에는 변함이 없다.

국내항공업계는 향후 노동계의 주5일 근무제도가 호재로 작용할 것으로 기대되며, 국제 경기가 활성화된다면 빠른 성장을 보일 것이 확실하다. 민간항공운송업은 국제경제의 직접적인 영향을 받고 있으며 경제성장에 따른 운송수요의 증가는 필연적이라 할 수 있다.

국내의 항공기정비사 수요는 군과 민간항공사가 주종을 이루고 있다. 군의 환경적 특성을 제외하면 국내 민간항공사인 대한항공과 아시아나항공은 물론 국내 취항 외국 항공운송업체 등에 취업할 수 있다. 항공분야에서 가장 많은 비중을 차지하는 민간항공사에는 4천여 명이 넘는 항공정비사가 일하고 있다. 이외에도 항공기 제작회사나 방송국, 신문사, 정부기관인 육해공군 근무원, 경찰항공대, 산림청 등 다양한 분야에 취업할 수 있다. 전문가들에 의하면 2천년대까지 우리나라에 3만여 명의 항공정비사들이 필요하며 10년 동안 비행기의 숫자도 2배 이상 늘어날 것이라고 한다. 국내 민간항공사가 가장 많은 수를 채용하고 있으며, 다음으로는 각 군별로 필요한 인원을 뽑고 있다. 항공기 제작업체인 삼성항공에서도 정비사를 채용하고 있다.

② 채용기회

항공정비사는 항공정비, 항공기사. 항공기체정비, 항공기관정비, 전자정비, 장비정비 등의 서로 다른 자격증을 가진 사람들로 세분화되어 있다. 항공정비사가 항공회사에 취업할 경우 처음에는 기술원으로 시작하여 기술사, 선임기술사, 과장, 차장으로 진급할 수 있다. 다른 직종과는 달리 학력보다는 능력과 경력에 의해 취업과 승진의 기회가 주어진다.

항공대학의 항공기계 관련 전공을 마친 후 항공정비사 시험에 응시하고, 비전공자의 경우 3년 동안 경력을 쌓아야 시험을 치를 수 있다. 자격증 중에서도 기체정비기능사의 경우 각 군별로 특기 부여의 범위가 가장 넓다. 공군 정비하사관의 경우 기체 특기자가 전체 정비사의 70% 정도를 차지하고 있다. 항공정비사의 경우 학벌보다는 자격증 취득이 채용에 유리하게 작용하고 임금도 별도로 더 주고 있다. 공군의 여성생도 입학을 시작으로 여성 항공정비사의 진출이 급격히 늘고 있는 추세다.

(※ 상기 '항공정비사' 관련 내용은 2003.11.05 Science Times 기사를 저자가 일부 요약하여 구성하였음. 저자가 연구를 해서 기술한 내용이 아님을 밝힌다.)

독자 서비스: 성공 가능한 항공사 인재상 13 'I'

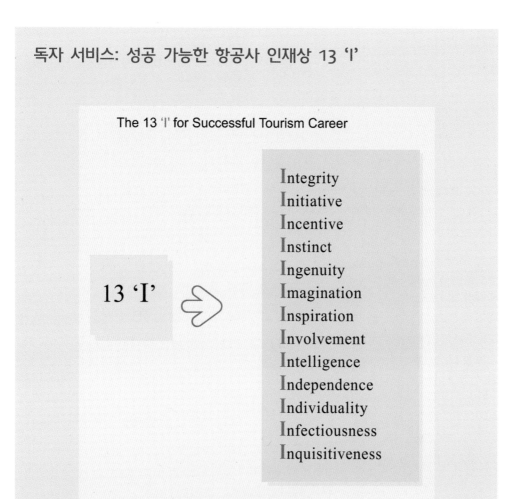

The 13 'I' for Successful Tourism Career

13 'I' →

Integrity
Initiative
Incentive
Instinct
Ingenuity
Imagination
Inspiration
Involvement
Intelligence
Independence
Individuality
Infectiousness
Inquisitiveness

(출처: 박시사(2003), 여행업경영)

참ㅣ고ㅣ문ㅣ헌

John K. Hawks(1995), Career Opportunities in Travel and Tourism: A Comprehensive Guide to the Exciting Careers Open to You in the Travel and Tourism Industry, Hawks Communications, Inc.

Karen Rubin(1992), Flying high in Travel: A Complete Guide to Careers in the Travel Industry, John Wiley & Sons, Inc.

Stephen J. Page(2003), Tourism Management, Butterworth Heinemann.

伊藤 良平(1980), 航空運送槪論, 日本航空協會.

박시사(2003), 항공관광론, 백산출판사.

박시사(2003), 여행업경영, 대왕사.

박시사(2000), 관광소비자행동론, 대왕사.

박소연·박혜윤(2007), 항공사 객실승무원 관련학과 교육훈련 실무전이 연구, 한국항공 경영학회지, 제5권(1), 127-144쪽.

이동희(2007), 항공사 객실승무원의 클래스별 차이역량에 관한 연구, 항공관광경영학회지 제5권(1), 107-125쪽.

제12장 | 공항, 공항기업 그리고 공항서비스 평가

1. 공항

1-1. 공항의 개념

현행 「공항시설법」(제정: 2016.3.29.)은 제2조 제3호에서 "공항"(空港; airport)이라 함은 공항시설을 갖춘 공공용 비행장(飛行場)으로서 국토교통부장관이 그 명칭·위치 및 구역을 지정·고시한 것을 말한다. 여기서 공항시설(空港施設)이란 항공기의 이·착륙 및 여객·화물의 운송을 위한 시설과 그 부대시설 및 지원시설로서 공항구역 안에 있는 시설과 공항구역 밖에 있는 시설이다. 또한 비행장이란 항공기의 이륙·착륙을 위하여 사용되는 육지 또는 수면을 말한다.

공항은 비행기(airplanes), 헬리콥터(helicopters)와 같은 비행체(aircraft)가 이륙(take off)과 착륙(land)을 할 수 있는 시설(facility)이다. 따라서 공항은 최소한 활주로(runway), 터미널(terminal) 그리고 격납고(hangars)[1]를 갖추어야 한다. 그 외에 다양한 시설(facilities)과 인프라(infrastructure)로 이루어졌는데, 구체적으로 운영서비스, 항공교통통제, 승객을 위한 시설, 응급 서비스(emergency services)가 구비되어야 한다(http://en.wikipedia.org).

---

1) A hangar is an enclosed structure designed to hold aircraft in protective storage. Most modern hangars are built of metal, but wood and concrete are other materials commonly used. The word hangar comes from a northern French dialect, and means "cattle pen."
Hangars protect aircraft from weather and ultraviolet light. Hangars may be used as an enclosed repair shop or, in some cases, an assembly area. Additionally, hangars keep secret aircraft hidden from satellites or spyplanes.

┃그림 12-1┃ 미국 Colorado주 Denver 공항

(출처: images.businessweek.com/ 세계 최대 공항면적을 자랑하는 미국 Colorado 주 Denver 공항의 독특한 외관)

1-2. 공항의 역할과 기능

21세기 현시점에 경쟁력 있는 공항은 국가번영(national prosperity)에 필수불가결한 요소이며, 훌륭한 공항이 위치한 지역사회(community)는 공항으로부터 다양한 편익을 얻는다. 공항은 특정 국가의 커뮤니케이션(communications)과 통상(trade)을 촉진시키며, 고용을 창출하고, 경제성장 외에 지방자체단체의 수익을 증대시키는 긍정적인 역할을 수행한다. 반면 환경(environment)측면에서 보면 공항은 소음, 탄산가스배출, 교통체증과 같은 부정적 영향을 미치기도 한다.

또한 공항의 기능(function)을 구체적으로 살펴보면 다음과 같다(박시사, 2003). 첫째, 공항은 항공기를 안전하고 효율적으로 운항시키고 여객(passenger), 화물(freight), 우편(mails) 등의 취급에 필요한 시설을 갖추고 제반 편의를 제공하는 기능을 수행한다. 둘째, 공항은 다른 교통수단과의 교환지점의 기능을 수행한다. 셋째, 지상교통수단(surface transport)과 항공기를 원활하게 연결시키는 기능을 수행한다.

Doganis(1992)는 공항의 주요 활동(activities)을 크게 3가지로 제시하였다.

(1) 필수불가결한 운영서비스와 시설(essential operational services and facilities)

(2) 승객 및 화물처리 서비스(traffic-handling services)

(3) 영리목적 상업활동(commercial services)

공항은 복잡한 시스템(complex system)으로 이루어졌으며, 다양한 활동들이 유기적으로 작용하고 있다. 다음은 공항에서 발생하는 구체적인 활동이다(Page, 2003).

(1) 지상조업(ground handling)

(2) 수하물처리(baggage handling)

(3) 승객터미널운영(passenger terminal operation)

(4) 공항치안 및 보안(airport security)[2]

(5) 화물처리(cargo operations)

(6) 공항기술지원(airport technical services)

(7) 항공교통통제(air traffic control)

(8) 항공기 이착륙 조정(aircraft scheduling/slot allocation)

(9) 항공기 응급상황 서비스(airport emergency services)

(10) 항공기 접근(airport access)

┃ 그림 12-2 ┃ 이스라엘 공항 입국심사대(C.I.Q)

(출처: www.ram.viswanathan.in/ 이스라엘 텔아비브 Ben Gurion공항, 전 세계에서 입국심사가
가장 까다로운 공항으로 알려져 있다)

---

2) 10-fingerprint scans to start at Dulles airport

The Homeland Security Department plans to require foreign visitors to submit to scans of all 10 fingerprints starting Nov. 29 at Dulles International Airport in Virginia. Under the U.S. Visitor and Immigrant Status Indicator Technology program, foreigners visiting the United States on visas currently must have a digital photograph and scans of their two index fingers taken. DHS has built a database of 90 million fingerprints in the four years since the program began.

(출처:www.fcw.com/online/ November 21, 2007)

1-3. 공항의 소유권·운영형태

공항 민영화(privatization)의 주요 장점은 바로 이익 극대화(profit)와 서비스 효율성 증대(efficiency)에 있다. 반면 공항의 공영기업형태 운영(public enterprises)은 주로 직업창출, 국가 정체성과 자긍심 고취, 관광진흥에 초점이 맞추어져 있다. 하지만 공기업 형태는 이익과 효율성을 저해한다. 따라서 공항을 공영기업형태로 운영하는 것은 이미 매력을 잃었다. 그 이유로 통제 불가능한 관료주의(bureaucracy)를 들 수 있다. 최근 효율성을 강조하면서 시장경제를 표방하는 세계화의 진전으로 공항의 민영화가 이루어지고 있다. 공항은 이제 단순히 공익(public interest)을 위해 서비스와 시설을 제공하는 기업이 아니라 이익을 우선시하는 기업이기 때문이다(Abeyratne, 2001).

유럽의 공항지배구조(governance structure)는 크게 정부소유(national ownership)와 지방정부소유(local authority)로 나누어진다. 첫째, 정부소유구조는 전통적으로 국가나 공사(公社, civil aviation administration)가 공항을 운영하는 형태이다. 그리스, 스웨덴, 핀란드, 포르투갈, 스페인이 이 범주에 속한다. 이 형태는 시스템에 의한 공항운영(system-operated airport)이다. 여기서 말하는 시스템이란 국가단위의 시스템을 일컫는다.

▌그림 12-3▐ 인천국제공항과 에어시티

(출처: http://co2r.files.wordpress.com/ 인천국제공항을 주제로 한 드라마, Air City)

둘째, 지방정부 소유형태이다. 이 형태는 지방정부 혹은 독립기업(independent entities)이 공항을 운영관리하는 유형으로 항공사규제완화(deregulation of airline markets)와 지방분권(decentralization)의 영향으로 탄생하였다. 대부분 지방정부(local authority), 지방정부 산하 산업국(chambers commerce and industry), 개인기업(private interests) 혹은 위의 세 가지 유형이 결합된 법인에 의해서 운영되는 형태이다. 민영화에 근간을 두고 있는 독립기업형태는 국가소유형태에 비해 시장지향적(market oriented)이며, 지역사회에 편익(benefits)을 제공하는 프로그램을 개발하고, 적극적인 마케팅과 촉진전략을 수행한다(Halpern & Pagliari, 2007).

1-4. 공항코드(airport code)

전 세계 공항은 고유의 '식별코드'(識別코드: location identifier)가 있다. 이 식별코드는 국제항공운송기구(international air transport association; IATA)에서 부여하기 때문에 IATA 공항코드(IATA airport code)라고 부른다. 업계(trade)에서는 공항코드가 세 글자(tree-letter)로 조합되어 있으므로 'tree-letters code'라 부르기도 한다.

이 공항코드는 전 세계 항공사들이 승객에게 정보제공, 예약 및 발권을 할 때 사용한다. 승객들이 3 letters code을 쉽게 볼 수 있는 경우는 바로 체크인 때 수하물(baggage)에 부착된 '짐표'(baggage tag)이다. 가령 인천국제공항(Incheon International Airport)을 IATA 공항코드로 ICN으로 표기한다. 다음은 대한민국 중요 공항의 코드와 세계 주요 국제공항의 공항코드이다.

공항이 한 개만 있는 도시의 공항코드는 도시코드(city code)일 수 있으나, 공항이 2개 이상인 대도시의 경우 공항마다 상이한 공항코드가 있으므로 반드시 공항코드를 식별(識別)할 필요가 있다. 가령, 영국 런던, 미국 뉴욕, 프랑스 파리 등은 두 개 이상의 공항3)이 존재한다.

---

3) 영국 런던: London Heathrow Airport(LHR), London Luton Airport(LTN), London Gatwick Airport(LGW) 미국 뉴욕: La Guardia Airport(LGA), John F. Kennedy International Airport(JFK) 프랑스 파리: Paris Charles de Gaulle Airport(CDG), Orly Airport(ORY)

〈표 12-1〉 대한민국 공항 공항코드

공 항	공항 영문명	IATA 공항코드
인천국제공항	• Seoul Incheon International Airport	ICN
김포국제공항	• Gimpo International Airport	GMP
제주국제공항	• Jeju International Airport	CJU
김해국제공항	• Gimhae International Airport	PUS
광주국제공항	• Gwangju International Airport	KWJ
청주국제공항	• Cheongju International Airport	CJJ
대구국제공항	• Daegu International Airport	TAE
양양국제공항	• Yangyang International Airport	YNY
평양순안공항	• Sunan International Airport	FNJ

(출처: http://www.prospects.ac.uk/cms)

▌그림 12-4 ▌ 공항은 만남의 장소, 사진 한 장

(출처: http://global-lab.org/mt/북경공항 도착 후 기념사진)

〈표 12-2〉 세계 주요 국제공항 공항코드

지역	국가	도시명	공항 영문명	IATA 공항코드
아시아	중국	북경	Peking Capital Airport	PEK
		상해	Shanghai Int'l/Hongqiao	SHA
		심양	Shenyang Airport	SHE
	일본	도쿄	Haneda Airport	HND
			Narita Airport	NRT
		오사카	Kasai Int'l Airport	KIX
	말레이시아	쿠알라룸프르	KLIA Kuala Lumpur	KUL
	필리핀	마닐라	Ninoy Aquino Int'l	MNL
	싱가포르	싱가포르	Changi Int'l	SIN
	태국	방콕	Bangkok Survarnabhumi	BKK
북미(미국·캐나다)	미국	뉴욕	John F Kennedy Int'l	JFK
		로스앤젤레스	Los Angeles Int'l	LAX
		시카고	O'Hare Int'l	ORD
		호놀룰루	Honolulu Int'l	HNL
		샌프란시스코	San Francisco Int'l	SFO
		라스베이거스	Mccarran Int'l	LAS
	캐나다	밴쿠버	Vancouver Int'l	YYR
		오타와	Ottawa Int'l	YOW
중남미	멕시코	멕시코시티	Juarez Int'l Airport	MEX
	브라질	리우데자네이루	Rio de Janeiro	RIO
	아르헨티나	부에노스아이레스	International Airport	EZE
	페루	리마	Int'l Jorge Chaves	LIM
유럽	영국	런던	London Heathrow	LHR
	프랑스	파리	Charles De Gaulle	CDG
	이태리	로마	Rome Fiumicino	ROM
	독일	프랑크푸르트	Frankfurt Int'l	FRA
	스페인	마드리드	Madrid Barajas	MAD
	네덜란드	암스테르담	Amsterdam Schiphol	AMS
	러시아	모스크바	Sheremtyevo Int'l	SVO
	터키	이스탄불	Instanbul Ataturk	IST

	카타르	도하	Doha International	DOH
	이스라엘	예루살렘	Jerusalem Airport	JRS
	이란	테헤란	Iman Khomeini Int'l	IKA
	바레인	바레인	Bahrain International Airport	BAH
중동·아프리카	아랍에미리트	두바이	Dubai International Airport	DXB
	이집트	카이로	Cairo Int'l	CAI
	케냐	나이로비	Jomo Kenyatta Int'l	NBO
	모로코	카사블랑카	Mohammed V Airport	CMN
	남아프리카	요하네스버그	Johannesburg Int't	JNB
오세아니아·남태평양	호주	시드니	Sydney Airport	SYD
	뉴질랜드	오클랜드	Auckland Airport	AKL
	괌	괌	Guam Int'l Airport	GUM
	피지	나디	Nadi Int'l Airport	NAN

(출처: www.flyaow.com/참고 저자 재구성)

1-5. 공항의 수익원

공항 수익원(revenue source)은 크게 ① 항공관련수익(aeronautical revenue; AR), ② 비항공관련수익(non-aeronautical revenue; NAR)으로 나눈다. 영국의 경우 공항(기업)은 항공관련 요금부과(aeronautical charges)는 주로 항공기 규모(aircraft size), 승객수(passenger numbers)에 준해서 책정된다. NAR는 승객수, 공항을 이용하는 사람들 즉 마중 나온 사람(meeters), 전송 나온 사람(greeters) 그리고 공항 종사자(airport personnel)에 의해 영향받는다(Papatheodoroua & Lei, 2006).

공항의 수익원은 항공관련수익(AR)과 상업활동에서 발생되는 비항공관련수익(NAR)으로 이루어진다. AR은 항공기, 승객 또는 화물운송과 관련하여 직접적으로 발생하는 수익(revenue)이며, 여기에는 항공기 착륙료, 여객이용료(airport tax, 공항이용료), 항공관제료, 항공기 주기 및 격납고 이용료, 항공기의 지상조업(ground operation) 등과 관련된 수익이 포함된다. 비항공관련수익(NAR)은 청사(terminal) 또는 공항지상에서 항공기의 운항과 관련이 없는 상업활동으로부터 창출되는 수익을 일컫는다. 이 수익은 주로 사무실 임대료, 주차료, 쇼핑센터, 컨벤션, 호텔, 은행, 부동산 등으로부터 발생된다(박시사, 2003).

　　Doganis(1992)는 공항의 수익원(revenue sources)을 항공관련수익(aeronautical revenue)과 비항공관련수익(non-aeronautical revenue)으로 구분하여 다음 〈표 12-3〉과 같이 제시하였다(Page, 2003).

〈표 12-3〉 공항의 수익원(revenue sources)

공항의 수익원(revenue sources)		영문표기
항공관련수익 aeronautical revenue	이착륙 수익	landing fee
	항공교통통제 수익	airport air traffic control charges
	항공기 계류 수익	aircraft parking
	승객 공항이용료	passenger charges
	화물처리 수익	freight charges
	지상조업 수익	aircraft handling services
	임대료 수익	rents or lease from airport tenants
	전기요금을 포함한 유틸리티	recharges to tenants for utilities and services provides
비항공관련수익 non-aeronautical revenue	면세점 수익	concession income
	공항공사 직영판매 수익	direct sales in shops operated by the airport authority
	주차수익	revenue from car parking
	부동산 및 호텔개발수익	non-airport related income(from land or hotel development)
	기타 수익	miscellaneous items

(출처: Stephen J.Page, p.139)

　　오늘날 비항공관련 수익(NAR)의 중요성이 강조되고 있으며, NAR은 공항의 재정적 건전성을 강화시킴과 동시에 공항세, 항공기 이·착륙료 등과 같은 항공운송(air traffic)에 요금(charge)을 낮추어 주는 수단이 된다(Abeyratne, 2001).

　　뉴질랜드 공항사례를 살펴보자. 뉴질랜드의 공항들은 항공기 착륙비용과 지상서비스 요금을 줄이는 데 성공했다. 요금을 낮출 수 있었던 요인은 바로 공항내 비항공관련 수익을 증대시켰기 때문이다. 다음 〈표 12-4〉는 뉴질랜드 공항의 비항공관련 수익 의존도를 보여주고 있다(David & Francis, 2006).

〈표 12-4〉 뉴질랜드 공항 수익구조(1999-2004)

Airport	Growth in passengers %	Revenue from commercial sources %		Change in proportion commercial revenue
Year	1999-2003/2004(%)	1999(%)	2003/2004(%)	1999-2003/2004(%)
Auckland	+40	46.7	52.3	+5.6
Christchurch	+28.7	46.2	52.0	+5.8
Dunedin	+39.4	57.3b	58.0	+0.7
Hamilton	+34	71	78c	+7.0
Palmerston North	+32.6	23.2	28.5	+5.3
Queenstown	+35.7	34.3	55.3	+21.0
Wellington	+17	26.4	29.0	+2.6

‖ 그림 12-5 ‖ 공항의 비항공 수익원 면세점

(출처: english.triptokorea.com/ 인천공항 면세점. 여행객 쇼핑 선호품, 화장품)

위의 표에서 보는 바와 같이 뉴질랜드 공항들은 비항공 부분의 수익을 증대시키고 있음을 알 수 있다. 이러한 공항의 수익에서 차지하는 비중이 비항공 부분으로 전이(轉移)되는 경향은 세계 모든 공항에 적용된다. 이제 공항은 경쟁력을 갖추기 위해서 비항공관련 수익(NAR)의 의존도를 높여야 한다.

2. 한국의 공항기업

2-1. 한국공항공사(Korea Airpor Ctorporation; KAC)

한국공항공사(KAC)는 공항을 효율적으로 건설·관리·운영하도록 함으로써 항공수송을 원활하게 하고 국가경제의 발전과 국민복지의 증진에 기여할 목적으로 설립되었다. 한국공항공사가 수행하고 있는 주요 사업은 다음과 같다.

  (1) 공항의 효율적인 건설·관리·운영 및 공항 주변지역 개발사업.

  (2) 항공기·여객·화물 처리시설 및 공항운영상 필요한 시설 등의 신설·증설·개량사업.

  (3) 항공교통과 육상·해상교통의 연계를 위한 터미널 등 복합교통시설의 설치 및 운영사업.

  (4) 공항의 건설·관리·운영과 관련한 정부 등의 위탁사업.

현재(2017) 항공공항공사가 관리·운영하고 있는 공항은 총 14개이다. KAC은 민간 전용공항과 군비행장을 관리·운영하고 있다. 다음 〈표 12-5〉는 한국공항공사가 관리·운영하고 있는 공항은 ① 민간전용, ② 군비행장, ③ 국제공항, ④ 국내공항으로 구분한 것이다.

〈표 12-5〉 한국공항공사 관리·운영 공항(14개)

구 분	국제공항	국내공항	총계
민간전용	김포공항, 제주공항, 무안공항, 양양공항	울산공항, 여수공항	6개
군비행장	김해공항, 대구공항, 청주공항	광주공항, 사천공항, 포항공항, 군산공항, 원주공항	8개

(출처: http://kac.airport.co.kr/2017년 10월)

┃그림 12-6┃ 한국공항공사 로고

(출처: http://kac.airport.co.kr)

2-2. 인천국제공항공사(Incheon International Airport Corporation; IIAC)

인천국제공항공사(Incheon International Airport Corporation; IIAC)는 1999년 1월 26일 법률 제5689호(인천국제공항공사법)에 의거 설립되었다. 인천국제공항공사는 100% 정부가 출자한 정부출자기관4)이다. 설립목적은 인천국제공항의 효율적 건설 및 관리 · 운영을 통해 항공운송 원활화 및 국민경제 발전에 이바지하는 데 있다.

---

4) 인천국제공항공사는 정부가 100% 소유하고 있고 주식 수는 16억 주이며 자본금 8조원에 달한다. 인천국제공항공사는 ① 인천공항에너지, ② 인천국제공항급유시설, ③ 스카이72, ④ 인천시민프로축구구단에 출자하고 있다. 출자회사의 경우 100% 소유가 아닌 일정 지분을 보유하고 있는 형태이다.

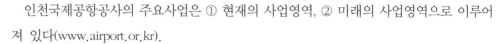

인천국제공항공사의 주요사업은 ① 현재의 사업영역, ② 미래의 사업영역으로 이루어져 있다(www.airport.or.kr).

　① 현재의 사업영역

　　－ 인천국제공항 건설 및 관리·운영

　　－ 주변지역개발, 부대사업 및 기타 국가위탁사업

　　－ 공항건설 및 관리·운영에 관한 연구 조사

　② 미래의 사업영역

　　－ 인천국제공항 건설운영을 기반으로 하는 사업영역

　　－ 주변지역 개발 및 부대사업 관련 인프라 구축사업

　　－ 인천공항 건설 및 운영 노하우를 통한 주변국 공항건설 및 운영지원사업

인천국제공항공사(IIAC)의 사업별 핵심내용은 바로 공항건설(空港建設)과 공항운영(空港運營)이다. 공항건설 분야와 관련하여 인천국제공항공사는 2단계 건설사업을 2002년 착수하여 2008년에 완공하였고, 3단계 건설사업은 2009년에 착수하여 2017년에 완공하였다. 인천국제공항공사가 수행하는 공항운영분야는 여객 및 화물수송 수요처리, 공항시설물의 유지관리, 공항 이용자에 대한 각종 부대서비스 제공 및 그에 따른 영업활동이다.

┃그림 12-7┃ 인천국제공항 Terminal

(출처: www.antonraubenweiss.com/ 동북아시아 허브공항으로 자리 잡은 인천국제공항)

인천국제공항공사는 CI(Corporate Identity)의 심벌마크(symbol mark)는 전체적으로 새, 한국전통의 구름, 태극의 복합 이미지로 21세기 최첨단 미래형 공항으로 인류와 물류, 정보의 중심속에서 세계로 뻗어가는 HUB공항으로서의 인천공항을 표현하고 있다.

인천국제공항공사는 "Global Top 5 Air Hub by 2010"이란 큰 청사진을 두고 "우리는 안전[5]과 전문성을 바탕으로 고객에게 새로운 최고의 만족을 제공하고 역량강화와 창의적 노력을 통해 경쟁력있는 글로벌 공항기업[6]으로 거듭난다"는 기업 비전과 사명(vision & mission)을 가지고 있다.

인천국제공항공사는 구체적인 기업사명(mission)으로 다음과 같이 4개 항목이 있다.

〈표 12-6〉 인천국제공항공사 기업사명

기업사명 mission	최고 수준의 안전 및 보안체계를 바탕으로 최상의 공항운영서비스를 제공함으로써 선도적인 글로벌 공항기업이 된다.
	세계적인 경쟁력을 갖는 물류인프라 및 air-city의 건설을 통해 물류, 비즈니스, 문화, 엔터테인먼트가 통합되는 동북아의 물류/비즈니스 허브로 자리매김한다.
	인적자원의 전문성과 창조적인 기업문화를 바탕으로 고객의 기대를 넘어선 새로운 경험(exciting new experience)을 제공함으로써 고객에 대한 지속적인 가치(sustainable value)를 창출한다.
	동등한 자기계발의 기회를 부여하고 안정적인 근로환경과 공정하고 충분한 보상을 부여함으로써 직원들의 역량과 성과를 극대화한다.

(출처: www.airport.or.kr, 인천국제공항공사)

---

5) 안전: 안전 및 보안은 공항운영의 가장 기본적인 가치로써 고객에게 최상의 서비스를 실현하는 기반으로 이를 항상 최우선의 가치로 추구.
6) 글로벌 공항기업: 국제적인 경쟁력을 갖춘 핵심 전문인력의 육성 및 성과에 기반한 최상의 보상을 통해 고객과 직원 모두를 만족시키는 초우량 글로벌 공항기업으로 도약.
   (출처: www.airport.or.kr, 인천국제공항공사)

3. 공항서비스 평가

3-1. 공항선택

공항선택은 승객(passenger)과 항공사(airlines)에 있어서 복잡한 의사결정과정이다. 일반적으로 승객은 변화할 수 있고(mobile) 항상 매력적인 대안을 찾고 있다. 다시 말해서 다양한 공항 선택권을 갖고 있다는 의미이다.

〈표 12-7〉 공항선택 영향 요소

구분 (승객 · 항공사)	요 소	Factors
승객 · 여객 **(passengers)**	취항목적지	destination of flights
	공항 이미지	image of airport
	항공료	flight fare
	운항빈도	frequency of service
	항공기 이용가능성과 시간대	flight availability and timings
	항공사 이미지와 신뢰성	image and reliability of the airline
	항공사 제휴와 FFP 쇼핑시설, 레스토랑	airline alliance and FFP range and quality of shops, catering
	기타 편의시설	and other commercial facilities
	공항 접근 비용	surface access cost
	접근 용이성과 주차비	ease of access to airport and car parking costs
항공사 **(airlines)**	슬롯	slot availability
	항공노선일치	network compatibility
	공항이용료와 할인가능성	airport fees and availability of discounts
	경쟁력	competition
	마케팅 지원	marketing support
	편의시설	range and quality of facilities
	연결수속 용이성	ease of transfer connections
	항공기 정비시설	maintenance facilities
	환경문제	environmental restrictions

(출처: Albers, Koch & Ruff(2005), p.52. 참고 재구성)

항공사 역시 공항을 선택하여 취항하게 되는데, 승객에게 인기가 있고 매력적인 목적지 노선을 제공하는 공항을 선호한다. 따라서 공항은 승객과 항공사의 욕구를 충족시키기 위해서 제반 노력을 해야 한다(Albers, Koch & Ruff, 2005). 다음은 공항선택에 영향을 주는 요소(factors)이다.

3-2. 공항서비스 만족과 평가

세계적인 항공관련 설문조사 및 연구기관(research)인 SKYTRAX[7]는 '보다 좋은 비행'(Make Flying Better)이란 모토(motto)로 전 세계 항공사와 공항에 대해서 설문조사(World Airport Survey)[8]를 실시하여 매년 '세계 최고 항공사'와 '세계 최고 공항'을 발표한다. SKYTRAX는 2000년부터 전 세계 항공사와 공항을 평가하는 지표로 Star Rating Program을 도입하였다. 평가기준은 공항이 제공하는 제품과 서비스품질(front-line product & service quality)이다.

구체적인 평가항목(categories)은 면세점(duty free shopping), 식당시설(dining), 보안시

---

7) SKYTRAX Research, established in 1989, are specialist Research Advisors to the air transport industry. It is a privately owned UK company based in London.. SKYTRAX operate the unique, global online Airline & Airport guide, which is now one of the world's most popular, independent travel forum and air travel information web sites.

SKYTRAX is known worldwide as a trusted brand that has a unique relationship with its intelligent, discerning users. Quite simply, users trust SKYTRAX, they trust the information we provide and they trust our values. The organisation undertake Product, Service and Passenger research studies for airlines, airline alliances, airports and related air transport product and service suppliers across the globe – offering an unrivalled experience and knowledge of this specialist market.

Competitive and front-Line Quality Performance evaluations comprises core services, with Skytrax having worked for over 210 airlines and 65 airports in recent years. A global leader in air transport research, all Skytrax staff are industry professionals – offering the most diverse and detailed knowledge of this specialist market. "Professional air transport research by air transport professionals" is the ethos that enables the organisation to provide the highest standard and quality of research services.

8) IThe Airport of the Year 2007 Survey Report analyses Survey data, collected from a variety of input sources, including:
   ① Passenger Interviews completed online & via e-mail Questionnaire
   ② Skytrax Business Research Group / Travel Panel Interviews
   ③ Corporate Travel Questionnaire / Interviews
   ④ Telephone Interviews
   ⑤ Selective Passenger Interviews

스템(security processing), 승객 수하물처리(baggage delivery), 공항 청결도(terminal cleanliness), 환승(transit), 화장실 청결도(washrooms), 여가 및 위락편의(leisureamenities), 출입국서비스(immigration service) 그리고 공항 근무자 친절(friendliness of staff)이다. SKYTRAX는 공항 등급(grade)을 ① 5 StarAirport,9) ② 4 StarAirport, ③ 3 StarAirport, ④ 2 StarAirport, ⑤ 1 StarAirport, ⑥ Unclassified 6단계로 나누었다.

〈표 12-8〉 세계 공항서비스 등급(SKYTRAX 평가)

등급	공항명	국가	IATA 공항코드
5 Star Airports	Hong Kong International	중국	HKG
	Seoul Incheon	대한민국	ICN
	Singapore Changi	싱가포르	SIN
4 Star Airports	Amsterdam Schiphol	네덜란드	AMS
	LIA Kuala Lumpur	말레이시아	KUL
	Sydney	호주	SDY
	Zurich	스위스	ZRH
3 Star Airports	Madrid Barajas	스페인	MAD
	Abu Dhabi Int't	아랍에미리트	AUH
	Bahrain Int't	바레인	BAH
	Bangkok Survarnabhumi	태국	BKK
	Doha International	카타르	DOH
	Johannesburg Int't	남아프리카공화국	JNB
	Kuwait Int't	쿠웨이트	KWI
	Dubai International	아랍에미리트	DXB
2 Star Airports	London Heathrow	영국	LHR
	Moscow Sherenmetyvo	러시아	SVO
1 Star Airports	None(미발표)		
Unclassified	None(미발표)		

(출처: http://www.worldairportawards.com/Awards_2007)

9) The ultimate Approval, awarded to Airports achieving the highest Quality standards. A 5 Star ranking recognises highest standards of Product and Service delivery across the many different assessment categories in the Airport environments. 5 Star Status recognizes airports which are at the forefront of product / service innovation.

SKYTRAX에서 발표한 세계 공항 등급(2007년)을 보면 아시아(Asia)지역의 공항이 상위에 위치해 있음을 알 수 있다. 특히 5 Star Airport 3개 모두가 아시아에 위치한 공항이다. 또한 중동(middle east)지역의 공항이 비교적 좋은 등급을 받고 있다. 대표적인 공항으로 Abu Dhabi Int't, Bahrain Int't, Doha International, Dubai International 등을 꼽을 수 있다. 최근 중동 공항들이 두각을 나타내는 이유로 풍부한 '오일달러'(oil dollar)를 바탕으로 공항을 비롯한 인프라(infrastructure)에 투자했기 때문이라 해석된다. 이를 상징적으로 보여주는 사례가 바로 두바이(Dubai)이다. 두바이는 중동산 기름을 거래하는 곳에서 이제는 아시아, 아프리카 그리고 유럽을 잇는 물류와 금융허브도시(hub city)를 넘어 세계 관광과 컨벤션 도시로 거듭나고 있다.

3-3. 공항서비스 항목별·지역별 평가

1) 공항서비스 항목별 평가

SKYTRAX은 항목별(categories)로 공항서비스를 평가하였다. 10가지 항목별로 공항을 평가하여 상위 3개 공항을 발표하였다. 다음 〈표 12-9〉는 10개 항목별 최고 공항(categorywinners)이다.

〈표 12-9〉 공항서비스 항목별 최우수 공항(2007)

평가 항목 Category	공항명 Airport	순위 Ranking	국가 Country
Best Duty Free Shopping	Singapore	1	싱가포르
	Dubai	2	아랍에미리트
	Hong Kong	3	홍콩, 중국
Best Airport Dinning	Hong Kong	1	홍콩, 중국
	Singapore	2	싱가포르
	Kansai	3	일본
Security Processing	Hong Kong	1	홍콩, 중국
	Zurich	2	스위스
	Stockholm	3	스웨덴

Baggage Delivery	Abu Dhabi	1	아랍에미리트
	Helsinki	2	핀란드
	Hong Kong	3	홍콩, 중국
Terminal Cleanliness	Seoul Incheon	1	대한민국
	Kansai	2	일본
	Hong Kong	3	홍콩, 중국
Best Int't Transit Airport	Seoul Incheon	1	대한민국
	Singapore	2	싱가포르
	Amsterdam	3	네덜란드
Cleanest Washrooms	Seoul Incheon	1	대한민국
	Kansai	2	일본
	Tokyo Haneda	3	일본
Leisure Amenities	Singapore	1	싱가포르
	Amsterdam	2	네덜란드
	Hong Kong	3	홍콩, 중국
Immigration Service	Zurich	1	스위스
	Kuala Lumpur	2	말레이시아
	Singapore	3	싱가포르
Friendliness of Staff	Auckland	1	뉴질랜드
	Durban	2	남아프리카
	Hong Kong	3	홍콩, 중국

(출처: http://www.worldairportawards.com/Awards_2007)

2) 공항서비스 지역별 평가

SKYTRAX은 지역(region)별로 세계 공항을 평가하여 'Regional Best Airport'를 선정하였다. 지역은 크게 ① ASIA, ② AUSTRALIA/PACIFIC, ③ MIDDLE EAST, ④ SOUTH AMERICA, ⑤ SOUTHERN EUROPE, ⑥ AFRICA, ⑦ EUROPE, ⑧ NORTH AMERICA, ⑨ CENTRAL/EASTERN EUROPE으로 나누었는데, 각 지역별로 3개의 공항을 선정하였다.

〈표 12-10〉 지역별 최고 공항(2007)

지역 Region	공항명 Airport	순위 Ranking	국가 Country
ASIA	Hong Kong Int'l	1	홍콩, 중국
	Singapore Changi	2	싱가포르
	Seoul Incheon	3	대한민국
AUSTRALIA/PACIFIC	Sydney	1	호주
	Auckland	2	뉴질랜드
	Brisbane	3	호주
MIDDLE EAST	Dubai	1	아랍에미리트
	Bahrain	2	바레인
	Abu Dhabi	3	아랍에미리트
SOUTH AMERICA	Buenos Aires	1	아르헨티나
	Santiago	2	칠레
	Sao Paulo	3	브라질
SOUTHERN EUROPE	Madrid	1	스페인
	Athens	2	그리스
	Istanbul	3	터키
AFRICA	Cape Town	1	남아프리카공화국
	Johannesburg	2	남아프리카공화국
	Durban	3	남아프리카공화국
EUROPE	Munich	1	독일
	Zurich	2	스위스
	Amsterdam	3	네덜란드
NORTH AMERICA	Vancouver	1	캐나다
	Denver	2	미국
	Atlanta	3	미국
CENTRAL/EASTERN EUROPE	Prague	1	체코
	Budapest	2	헝가리
	Mosco Domodedovo	3	러시아

(출처: http://www.worldairportawards.com/Awards_2007)

위의 〈표 12-10〉에서 보는 바와 같이 홍콩, 시드니, 두바이, 부에노스아이레스, 마드리드, 케이프타운, 뮌헨, 벤쿠버, 프라다 공항이 지역별 최고 공항으로 선정되었다. 대한민국의 관문(Gateway)인 Seoul, Inchen 국제공항이 Singapore 공항과 더불어 아시아에서 두 번째로 서비스가 좋은 공항으로 평가되었다.

┃그림 12-8┃ 아시아 허브(Hub)공항, 인천국제공항

(출처: http://jpatokal.iki.fi/photo/travel/Korea 하늘로 비상하는 인천국제공항, KOREAN PRIDE)

참 | 고 | 문 | 헌

Andreas Papatheodoroua & Zheng Lei(2006), Leisure travel in Europe and airline business models: A study of regional airports In Great Britain, Journal of Air Transport Management, Vol.12(1), pp.47-52.

David Lyona &Graham Francis(2006), Managing New Zealand's airports in the face of commercial challenges, Journal of Air Transport Management, Vol.12(5), pp.220-226.

Gardiner, Ison & Humphreys(2005), Factors influencing cargo airlines' choice of airport: An international survey, Journal of Air Transport management, Vol. 11(6), pp.393-399.

Nigel Halpern & Romano Pagliari(2007), Governance structure and the market orientation of airports in Europe's peripheral areas, Journal of Air Transport Management, Vol.13(6), pp.376-382.

Ruwantissa I. R. Abeyratne(2001), Revenue and investment management of privatized airports and air navigation services?a regulatory perspective, Journal of Air Transport Management, Vol.7(4), pp.217-230.

Sascha Albers, Benjamin Koch & Christine Ruff(2005), Strategic alliances between alliances and airport-theoretical assessment and practical evidence, Journal of Air Transport Management, Vol.11(2), pp.49-58.

Stephen J. Page(2003), Tourism Management, Butterworth Heinemann.

박시사(2003), 항공관광론, 백산출판사.

Glossary | 항공 · 항공사 용어

Above ground level 지상고도/AGL

지면 위의 고도 또는 해수면으로부터 측정되는 해면고도와 달리 지표면 위로부터 측정된 고도로 절대고도와 동일한 의미이고 통상적으로 "AGL 00피트"로 표현된다.

Absolute altitude 절대고도

비행중인 항공기로부터 항공기 바로 밑 지표면까지의 거리. 따라서 해면상공비행의 경우 해면에서부터 항공기까지, 산악에서의 경우 산악표면으로부터 항공기까지 수직거리를 뜻한다.

Actual time of arrival 실제 도착시간/ATA

Airbus 에어버스

유럽항공사들의 컨소시엄(consortium)으로 제작된 운송용 항공기 또는 회사명.

Aircrew 승무원

운용자로부터 비행중에 항공기에 탑승하여 부여된 임무를 수행하도록 부여받은 자이다.

Air shuttle 에어셔틀

비교적 근거리로 여객이 많은 노선에서 운항시간표를 짜지 않고 승객이 일정 수에 달하면 여객기를 출발시키고 승객이 많으면 몇 편이고 연속 운항하며, 승객이 적으면 적당한 간격을 두고 수송하는 방법임. 일반적으로 운임도 정기편에 비하여 싸게 설정되어 있다.

Altitude sickness 고공병

고고도 비행시 일시적으로 발생할 수 있는 생리적 병리 현상으로 저산소증, 알칼리 혈증 등을 일으키는 현상.

Apron 계류장

승객, 우편물, 또는 화물을 싣고 내리거나, 급유, 주기 또는 정비하는 항공기를 수용하기 위하여 육상비행장에 설정된 구역.

Backlog cargo 잔여화물

탑재 예정된 항공편으로 화물을 전부 탑재하지 못하고 남은 화물.

Baggage 수하물

항공사와의 계약에 의하여 항공기에 탑재하는 여객이나 승무원 개인 소유의 물품을 말한다.

Baggage handling 수하물처리

출발시 분류된 수하물이 항공기로 이송되거나 도착시 승객이 찾을 수 있도록 이송하는 과정의 수하물처리.

Belly landing 동체 착륙

연료부족으로 활주로에 미치지 못했거나 랜딩기어가 나오지 않았을 때 착륙을 시도하는 비상착륙의 한 형태.

Beyond right 이원권

항공협정에 의해서 인정되는 국제항공운송상의 권리의 일종으로 체결상대 국내 지점으로 부터 다시 제3국 지점에 이르는 운송권을 말한다.

Boarding pass 탑승권

항공권에서 떼어낸 Flight Coupon과 교환하여 여객 1인당 1매씩 교부하여 탑승시 정리용으로 이용한다. 국제선에서는 등급에 따라 색이 구분되게 되어 있다. 필요에 따라서는 편명, 여객성명, 좌석번호, 탑승구번호, 목적지 등을 기입한다. 국내선에서는 항공권 그 자체가 탑승권으로 사용하기도 한다.

Billing & Settlement Plans 국제선여객항공권 판매대금 정산제도/BSP

국제선항공권 판매대리점(여행사)이 판매한 항공권대금을 항공사와 직접 결제하지 않고 정산은행(한국은 외환은행)을 통해 관리하는 제도로 우리나라에는 1990. 4. 2 도입됐다. 다수의 항공사와 다수의 여행사간 거래에서 발생하는 국제선항공권 판매에 관한 제반 업무, 즉 항공권 공급, 매표보고서, 판매대금 정산업무를 간소화하기 위해 항공사와 여행사 사이에 은행을 개입시켜 해당은행(이를 BSP Bank라 한다, 외환은행이 담당)이 관련 업무를 대행케 하는 제도이다. 여행사가 항공권을 확보하기 위해서는 BSP에 담보 개념의 보증금을 걸어놓고 그에 상응하는 백지항공권(이를 IATA 항공권이라 한다)을 공급받아 여행객들에게 판매하고 후불정산하는 개념이다. 한국지역은 IATA 한국지부 사무국에서 운영하고 있다.

Cabin 객실

항공기 동체내부의 승객좌석으로 구성된 객실을 지칭한다.

Cabin attendant 객실승무원

항공법상 객실승무원을 의미하며 항공기에서 비상탈출 시 신속하고 안전한 탈출을 진행하는 임무와 평상시 기내 안전업무를 수행하는 승무원을 말한다.

Cabin crew 객실승무원

여객기에서 객실내 업무를 담당하는 승무원. Stewardess, Steward, Purser 등이 이에 해당한다.

Call sign 무선호출부호

항공기가 항공관제기관등과 통신설정을 행할 때 통신시설을 식별하기 위한 문자·숫자의 조합으로 나타난다. 이는 비행계획서에도 기입되며, 일반적으로 항공기 국적등록기호를 그대로 사용하는 경우와 운항회사명이 편명을 호출부호로 하는 경우 등이 있다.

Cancellation charge 예약취소 수수료

예약된 좌석을 사용하지 아니한 것에 대해서 부가되는 수수료

Captain 기장

항공기 운항에 대한 최종적인 책임을 갖는 조종사. Pilot-in-command라 부르기도 한다.

Cockpit crew 운항승무원

조종실에 탑승할 필요가 있는 승무원. 조종사(기장, 부조종사), 항공기관사 등이 이에 해당한다.

Code sharing 운항편명 공동사용

대 여객서비스 향상을 위한 항공사간 제휴방식의 하나로, 운항편수가 적은 노선을 동시에 취항하는 두 항공사가 서로 같은 항공기 편명을 갖고 좌석을 공유함으로써 매일 운항하는 효과를 주거나, 서로 취항하지 않는 노선을 운항하는 효과를 주어 승객에게 편리한 스케줄을 제공하는 방법이다.

Computer reservation system 전산예약시스템/CRS

컴퓨터를 이용한 좌석을 화물실 공간의 예약판매 및 관리 시스템으로, 컴퓨터 내에 저장되어있는 각 운항편의 예약상황을 각 지점의 단말기로부터 수시로 조회하여 즉각적으로 예약에 필요한 조치를 취할 수 있도록 한다. CRS의 발달로 고객의 예약이나 발권서비스의 지역적인 한계를 넘어서서 다국간 통합마케팅이 가능케 하였다.

Concord 콩코드

1960년대 초 프랑스가 개발하기 시작하여 1970년대 중반부터 본격적인 취항이 시작된 세계 최초의 초음속 제트여객기이다. 콩코드는 38,000파운드의 터보제트 엔진 4기를 장착하고 100여명의 승객을 탑승하고 마하 2.04로 비행할 수 있다. 음속의 두 배가 넘는 속도로 대서양을 3시간 여분 만에 주파하면서 유럽과 미국을 하루 생활권으로 만들었으나, 세계적인 불황으로 영국항공과 에어프랑스는 2003년 4월 10일 콩코드기의 운항 중단을 공식발표하였다.

Condition of carriage 운송약관

항공권 발행에 의해서 승객과 항공사 간에 체결한 계약이며 계약당사자는 승객과 운송항공회사가 된다.

Control tower 관제탑

관제탑은 풍향, 풍속을 고려하여 사용 활주로를 결정하고 비행장의 교통현황에 따라 지상활주를 지시하고, 이어서 관제본부로부터 전달된 관제승인을 항공기에 전달하는 한편, 다른 비행장의 항공교통과의 관계를 고려하여 이륙허가를 한다.

Customs Immigration Quarantine 세관, 출입국 심사, 검역/C.I.Q

출입국시 공항의 해당 부서에서 행하는 검사

Delay 지연

국제선의 경우 예정시간을 60분 초과해 출발/도착한 운항. 국내선은 예정시간을 30분 초과해 출발/도착하는 경우 delay라 말한다.

Destination 목적지, 종착지점

운송계약에 지정하는 최종목적지. 여행의 완료지점. 왕복 또는 일주여행인 경우에는 출발지와 목적지가 동일지점이 된다.

Direct operating cost 직접운항경비

항공회사의 소요 경비 중 항공기 운항에 직접 관련되는 비용으로 다음과 같은 것이 있다; ① 항행부문: 승무원 임금, 연료비, 공항 사용료, ② 정비부문: 엔진 overhaul 및 기타 항공기 정비비용, ③ 항공기 유지부문: 항공기 감가상각비, 보험료, 세금, 임대료 등, ④ 운항관리부문: 정기항공의 운항관리에 필요한 비용, ⑤ 승무원 훈련비 등이다.

Direct route 직행노선

두 지점 사이에 운항되는 가장 짧은 노선

Double booking 이중예약

동일인의 여객이 동일노선의 일회의 여행에 대해서 두 번 이상으로 중복하여 예약하는 것. Duplicate reservation이라고도 함.

Embargo 운송금지

일정기간 어느 항공회사가 어느 경로, 구간에서 여러 가지 품목의 화물운송을 거절하는 것. 예를 들어서, 정치적 사정으로 어떤 국가로 가는 모든 품목의 화물에 embargo가 이루어질 수 있고, 모항공사가 어떤 유형의 상품이 가지는 위험한 특성 때문에 자체적으로 embargo를 설정할 수도 있다.

Embark 적재, 탑재, 승선

Endorsement 배서

항공회사 사이에 항공권의 권리를 양도하기 위한 배서. 탑승용 항공권에는 탑승구간과 그 구간의 운송항공사가 지정되어 있는 탑승구간을 다른 항공회사에 옮기는 것. 이외에 등급 변경 때의 차액지급 등의 보증배서 등을 말할 때도 있다.

Estimated time of enroute 예정소요시간

출발지로부터 일정의 지점, 목적지, 비행장에 도착할 때까지 비행에 소요되는 예정 비행시간.

E-ticket 전자항공권

항공권을 구매하는 경우 기존의 종이항공권(Paper Ticket)을 발급하는 대신 전자항공권 (Electronic Ticket)을 발급하여 여객의 운송 또는 여객 관련 서비스에 대한 판매 방식의 하나로써 해당 항공사의 컴퓨터 시스템(DATA BASE)에 항공권의 모든 세부사항을 저장하여 여행, 변경, 환급, 재발행 등을 전산으로 조회하고 사용자의 요구에 맞게 처리할 수 있는 방법이다. 따라서 고객은 기존 항공권 발급을 위해 방문이나 우편수령의 번거로움 및 항공권 분실없이 간단한 신분 확인만으로 탑승수속이 가능하다.

Excess baggage 초과 수하물

무료 수하물 허용량을 초과한 수하물로서 초과량만큼의 별도 요금을 지급해야 한다.

Federal Aviation Administration 미연방항공국

규정과 교육으로 항공교통 안정을 증진시키는 책임을 갖는 미 연방정부의 교통부 내의 기구. 항공기와 공중근무자는 FAA로부터 인증을 받아야 하고 FAA는 비행기가 비행하는 항로를 관리 유지한다.

Flag carrier 대표 항공사

한 국가를 대표하는 대표 항공사. 국적 항공사라고도 한다.

Forced landing 불시착

항공기 및 엔진의 기능고장 또는 부적절한 비행계획과 운영으로 인하여 계획되지 않은 착륙.

Flight 운항

편명을 변경시키지 않고 하나 또는 몇 개의 구간에서 항공기를 운영하는 것.

Free boarding system 자유탑승방식

좌석지정이나 예약을 하지 않고 탑승 후 여객에게 자유로이 좌석을 사용하게 하는 탑승 방식.

Gate 탑승구

터미널 건물로부터 apron으로 나가는 출입구.

Gateway 관문

항공기가 국내에서 마지막으로 떠나거나 최초로 도착하는 곳, 또는 외국에서 비행기가 최초로 착륙하거나 떠나는 곳을 말한다(예: ICN, PEK, LAX).

Go-around 복행

착륙진입중인 항공기가 관제탑으로부터의 지시나, 기상불량, 진입고도불량 등의 이유로 착륙을 단념하고 재차 상승하여 착륙을 다시 시도하는 것을 말한다.

Go show passenger 대기승객

만석 혹은 요금상의 제한 등으로 예약할 수 없어 어떤 승객이 다른 승객의 탑승 취소로 인해 남는 좌석이 발생할 때 탑승을 대기하는 승객.

Ground-control 지상관제

항공기 또는 비행체를 지상에서 관제하거나 유도하는 것

Ground handling 지상조업

항공기의 지상활주를 포함한 견인용 트랙터, 터그 또는 인력 등으로 지상에서 항공기를 취급하는 제반 절차이다.

Hangar 격납고

항공기를 수용, 격납하기 위한 건물. 항공기를 풍우로부터 보호하고 내부에서 정비작업을 행할 수 있다.

Harness 어깨띠

낙하산 어깨띠에서 유래했다. 장애인 특히 시각장애인이 항공여행 시 맹인견의 조력을 받아 여행하게 되는데, 이때 맹인견(盲人犬)은 반드시 인정된 'harness'를 착용해야 한다.

Hub airport 중추공항, 허브공항

'Hub'란 개념은 항공운송, 육상운송, 해상운송에서 모두 사용되고 있다. 허브는 수레바퀴 또는 프로펠러의 중심부문을 의미하며 활동센터이다. 허브공항이란 특정 항공사가 자사의 노선을 한 곳에 집중시켜 특정 공항을 지배하는 것이다. 중추공항이 성립되기 위해서는 노선수, 운항편수, 환승시설, 가격체계, 지리적 조건, 공항의 시설 및 정비체계가 경쟁공항에 비해서 앞서야 한다.

Immigration control 입국관리, 출입국관리

외국인의 자국영역 내에서 입국 · 상륙 · 재류 · 출국 및 자국민의 출국 · 귀국에 관한 국가의 관리. 국제법은 외국인의 입국 등에 대해서 원칙적으로 각 국가의 자주성에 일임하므로, 국가는 자국의 법령으로 외국인의 입국 · 상륙 · 재류 등에 관한 절차와 조건을 정하고 여기에 위반한 외국인을 강제 퇴거시키든지 하여 이를 관리한다.

Inadmissible person 입국불가 승객

관련 당국에 의해 체약국의 입국이 거부되거나 거부될 소지가 있는 사람(ICAO).

Infant fare 유아운임

국제선에서는 2세 미만이며 좌석을 사용하지 않을 때는 성인운임의 10%, 사용할 때는 50%임. 통상 국내선에서는 3세 미만이면 무료임.

Intermediate point 경유지

항공편의 여정과 관련하여 사용될 때 terminal point를 제외하고 항공기가 운송상이나 기술상의 목적으로 정기적으로 착륙하도록 지정된 중간지점. 이 지점에서 여객은 자사나 타사의 접속편으로 옮겨 타거나 stopover를 할 수 있다.

International airport 국제공항

국제항공수송을 위해 입·출국의 공항으로서 체약국이 지정한 영토내에 위치하여 세관, 출입국관리, 공중보건, 농산물의 검역 및 이와 유사한 일들(C.I.Q)의 발생을 처리하도록 지정된 공항.

International Air Transport Association 국제항공운송협회/IATA

세계 각국의 항공기업이 1945년 4월 쿠바 아바나에서 세계항공회사회의를 개최하여 제2차 대전 후의 항공수송의 비약적인 발전에 따라 예상되는 여러 가지 문제에 대처하고 국제항공수송사업에 종사하는 항공회사 간의 협조강화를 목적으로 설립된 협력단체이다. IATA는 항공운임의 결정, 운송규칙의 제정 등이 주된 임무이며 준공적(準公的) 기관으로서의 성격을 갖고 있다. 본부는 캐나다 몬트리올에 있다.

International Civil Aviation Organization 국제민간항공기구/ICAO

국제민간항공수송의 건전한 발전을 조장할 것을 목적으로 시카고 국제민간항공조약에 의하여 설립이 규정되어, 1949년 국제연합의 하부기관으로 발족되었다. 본부는 캐나다 몬트리올에 있다.

Jet aircraft 제트 항공기

공기를 흡입하여, 그 배기가스의 추력으로 추진되는 항공기.

Jet lag syndrome 여행시차증후군

여행시차증후군이란 일반적으로 10여 시간이 넘는 장거리 항공여행으로 발생한 출발지와 도착지의 시차로 인해 신체리듬이 제대로 적응하지 못하는 현상을 일컫는다. 대낮에도 졸음이 오거나 무기력해지고 밤에 잠을 이루지 못하며 새벽에 일찍 깨어 신체리듬이 깨지는 증상을 보인다. 이로 인해 소하불량, 설사, 공복감 등 소화기 장애증상들이 동반되어 집중력이 떨어지며, 심한 경우 신체장애를 일으키기도 한다.

Jet stream 제트기류

제트 기류는 대류권면 근처 층에서 대기 속으로 굽이쳐 흐르는 폭이 좁은 강한 바람이다.

Joint fare 결합운임

둘 이상의 항공회사가 통일된 운임을 공시하는 것.

Landing fee 착륙료

항공기의 이착륙에 대해 항공사들이 공항당국에 지급하는 수수료.

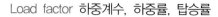
Load factor 하중계수, 하중률, 탑승률

항공기 특히 여객기에서 승객이 탑승할 수 있는 좌석수에 대하여 몇 사람이 타고 있는가를 %로 표시하는 것. 하중계수는 항공회사 수익에 큰 영향을 미친다. 탑승률이라 부르기도 한다.

Loading 적재

화물, 우편물, 수화물 또는 저장품 등의 항공기 탑재

Loading apron 적재 에이프런

항공기 화물을 적재 또는 하역하는 장소

Local time 현지 시각

표준시에 대한 것으로서 경도 15도 마다 1시간 그린위치(Greenwich)의 동쪽에서는 빠르게 하고 서쪽에서는 늦추고 있다.

Low cost carrier 저비용항공, 저가항공(L.C.C)

가격 경쟁력을 높이고 저렴한 비용으로 고객을 유치하기 위해서 인터넷 예약, 기내서비스 대폭 감소, 물이나 음료의 기내판매 등으로 비용을 최대한 절감하여 운항하는 항공사. 이들 저가항공사는 모노클래스로 운용된다. no frill carrier라는 명칭으로 불린다.

Nonscheduled airline 부정기 항공사

비용을 받고 승객과 화물을 수송하는 항공사. 그러나 정기적인 운항계획에 따라 운용되지는 않는다.

Normal fare 정상운임

1년 유효한 운임이며, special fare에 부수되는 일반적인 제한조건이 적용되지 않는다. All year fare라고도 한다. 서비스 조건에 따라 first class 운임, economy class 운임이 구분되어 설정되고 또한 대상에 따라 성인, 어린이 그리고 유아 운임이 제공되어진다.

Normal takeoff 정상 이륙

정상 조건하에서 이륙로 상에 장애물이 없고 정상적인 가속과 활주로 이륙하는 절차.

No-show 미탑승

접속불능(misconnection) 이외의 이유로서 여객이 예약을 취소하지 않은 채로 그 예약편에 탑승하지 않은 것.

On-line 운항 노선

국내 항공사가 정기 운행하고 있는 경우를 운항 노선(on-line), 반대로 정기적으로 운항되고 있지않는 노선을 비운항노선(off-line)이라 한다.

On-time performance 정시운항성

특정 기간 내에 특정 비행편 또는 일단의 비행편에 관해 항공사가 공시한 정시도착시간중 정시도착이나 15분 범위내에 도착하는 항공편의 수와 비율.

Open skies 항공자유화 · 영공자유화

현행 항공협정상에 존재하는 각종 제한을 철폐하여 항공운수업을 수요공급에 기초한 시장기능에 맡기자는 취지에서 이루어짐. 항공자유화는 전 항공노선에 대한 진입개방, 전노선에 대한 항공사 수와 운항편수의 무제한 허용, 운임설정의 자유화 등을 내용으로 하고 있다. 항공자유화를 '영공자유화'라 부르기도 한다.

- 제1의 자유Fly over right

  영공통과의 자유, 즉 타국의 영공을 무착륙으로 횡단 비행할 수 있는 자유.

- 제2의 자유Technical landing right

  기술착륙의 자유, 즉 수송 이외의 급유 또는 정비와 같은 기술적 목적을 위해 상대국에 착륙할 수 있는 자유.

- 제3의 자유Third freedom

  자국의 영내에서 실은 화객(貨客)을 상대국으로 수송할 수 있는 자유.

- 제4의 자유Fourth freedom

  상대국의 영내에서 화객을 신도 자국으로 수송할 수 있는 자유. 이를 bring back right라고 함.

- 제5의 자유Fifth freedom

  상대국과 제3국 간에 화객(貨客)을 수송할 수 있는 자유(beyond right)

Open ticket 무기한 항공권

항공권을 구입하고 차후 여행할 일시를 지정하지 않은 항공권.

Operation control 운항통제

항공기의 안전과 비행의 질서, 효율을 위해서 당국이 실시하는 비행의 시작(initiation), 지속(continuation), 우회(diversion), 종료(termination)에 관한 업무실행.

Operation cost 운항비

항공회사에서 비행기를 운항하기 위하여 필요로 하는 경비의 총액으로서 그 취급방법에 따라 직접운항비와 간접운항비로 나눌 수 있다. 이 경비가 적다는 것이 항공회사로서는 수익이 크다는 것을 의미한다.

Origin airport 시발공항

운항이 처음 시작되는 공항.

Over booking 초과예약

어떤 비행편에 판매 가능한 좌석수보다 많은 관광객의 예약을 접수한 상태.

Passenger 여객, 승객

승무원을 제외하고 운임을 받고 항공기에 탑승한 사람.

Passenger address 승객주소

Passenger coupon 여객 탑승권

국제선 항공권의 최종 Page의 백색기, 관광 종료 후 혹은 교환발생의 경우에도 이것만은 항상 관광객에게 남아 있다. 따라서 관광의 기록으로써 사용되며 여객의 운송계약의 등록 서류로도 된다.

Passenger service charge 공항여객이용료

공항운영 당국이 항공기 탑승객으로부터 징수하는 것으로 그들이 관리하는 공항시설의 사용 또는 이용에 부과하는 요금이다.

Pilot 조종사

각종 항공기의 조종을 담당하는 자로 국토교통부장관으로부터 기능증명을 교부받은 자. 자가용, 사업용, 운송용 조종사 등으로 구별된다.

Passenger name record 승객예약기록/PNR

승객의 예약기록, 승객의 이름, 여정, 예약상태, 연락처 등이 기록되어 있다. Address라 부르기도 한다.

Prepaid ticket advice 선불 항공권 조언

항공요금의 선불제도로 요금지급인이 멀리 떨어져 있는 승객을 위해 요금을 납입하고 실제로 탑승한 승객이 있는 곳에서 발권을 하여 탑승객에게 항공권을 전해 주도록 통지하는

것을 일컫는다. 타 도시에 거주하고 있는 승객을 위하여 제3자가 항공운임을 사전에 지급하고 타도시에 있는 승객에게 항공권을 발권하도록 하는 제도.

Primary runway 주 활주로

다른 활주로보다 우선적으로 사용되는 활주로.

Private aviation 자가용항공

개인적인 용무로 비행기를 소유하거나 전세자가 행하는 비행, 또는 그러한 방면에 쓰이는 비행기. 상업적이나 군사적인 비행과 구별됨.

Published fare 공시운임

Pushback 푸시백

터그나 트랙터와 같은 지상 장비로 계류 지역 또는 게이트로부터 항공기를 후진시키는 지상운용.

Reconfirmation 예약재확인

승객이 여행도중 어느 지점에서 체류하는 경우 늦어도 항공기 출발 72시간 전에 예약을 재확인하는 규칙.

Reissue 재발급

이미 발행된 항공권에 여행일정 변경, 항공편 결항, 좌석 등급변경과 같은 변경 사유가 발생시 항공권을 재발급하는 것으로 항공사 사정으로 인한 경우 차액을 징수 혹은 지급한다.

Replacement ticket 대체항공권

항공권을 분실한 여객에게는 신규로 항공권을 구입하게 하는 것이 원칙이나, 예외로서 무상으로 항공권을 발행하는 일이 있으며 이 무상(無償)으로 발행하는 항공권.

Reverse booking 역순예약

좌석예약은 통상 탑승지로부터 순서에 따라 예약하나, 때로는 최종목적지에서 예약을 행하는 일이 있다. 이를 역순예약이라 한다.

Round trip 왕복여행

Scheduled airline 정기항공사

정규 일정을 가지고 운항하는 항공사.

Scheduled passenger 정기여객

정기 운항편의 항공기 및 헬리콥터로 운송되는 항공여객.

Seat configuration 좌석배치

Senior purse 선임사무장

Short hall 단거리 운항구간

Slot 스롯

항공기 이착륙 허용능력. 시간당 항공기 운항편수 배정 기준이 된다.

Standby 대기

Stewardess 여승무원

여객기에 탑승 근무하여 필요사항의 전달, 항행중의 설명, 기타 승객에게 기내서비스를 담당하는 여성의 총칭. 캐빈 어텐던트(cabin attendant)라는 호칭을 쓰는 회사도 있다. 또한 남성의 경우 스튜어드(steward)라 한다.

Stopover 중간기착

여객이 항공사의 사전의 동의(허가)를 얻어 시발점과 종착지 간의 중간에 위치한 1지점에서 상당기간(국내선: 4시간, 국제선: 24시간 이상) 동안 의도적으로 여행을 중지함을 뜻한다. "break of journey"라고도 한다.

Super sonic transport 초음속항공기

음속 이상의 속도로 비행하는 항공기를 일컫는 말로, 특히 마하 1이상 마하 5이하의 항공기를 말한다.

Taxi 지상 활주

공항의 표면에서 비행기 자체 동력으로 이동하는 것.

Ticket point mileage 발권 구간 거리

승객이 여행하는 구간의 실제거리.

Transit 통과

여객이 타 비행편으로 바꾸어 타지 않은 채 자기를 태운 비행편이 중간지점으로 착륙하였다가 계속 운송을 하는 상태.

Transit passenger 통과여객

최종목적지까지 여행하는 도중에 단지 통과 목적만으로 입국하는 통과여객.

Transit right 통과권

국제항공운송협회의 제1, 제2의 자유를 transit right라 한다.

Transit Without Visa 무사증입국허가 TWOV

항공기를 갈아타기 위하여 단기간 체재하는 경우에는 비자를 요구하지 않은 경우로 통상 외국인에게 72시간 범위내에서 허가해주고 있다.

Turbulence 난기류

와류의 집합체인 불규칙한 난류상태의 기류를 말한다. 대륙성 난기류, 지형성 난기류, 위드쉐어, 청천(晴天) 난기류, 항적(航跡) 난기류 등의 종류가 있다. 와류의 크기가 항공기와 같은 경우에는 항공기가 요동하게 된다.

Unaccompanied minor service 비동반 소아 서비스/UM

대상 고객은 국제선인 경우 만 5세 이상~만 12세 미만이다. 국내선은 만 5세 이상~만 13세 미만이 UM 서비스의 대상이 된다. 위의 승객이 보호자 없이 항공여행을 할 때 항공사에서 이들에게 제공하는 서비스.

Unloading 하기

착륙 후 항공기로부터 화물, 우편물, 수화물 및 저장품 등을 옮기는 것. 단 통과항공편의 화물은 제외.

Upgrade 업그레이드

상위 클레스로 등급을 변화하는 것. 가령, economy class->business class로 좌석이 상향조정되는 것을 말한다.

Utilization 가동률

항공기가 1일(24시간)당 몇 시간 비행하고 있는가를 나타내며, 일일 가동률 9시간이라면 1일중 9시간 비행하고 나머지 15시간은 지상에 있는 것을 의미한다.

Visa 입국사증

외국에 갈 때 상대국의 주재기관으로부터 받은 입국허가. 1회에 한하여 입국 가능한 단수 사증(Single Visa)과 유효기간에는 횟수에 관계없이 입국할 수 있는 복수사증(Multiple Visa)이 있다.

Waiting list 대기자명부

판매가능좌석이 모두 예약되었을 때 예약취소를 기다렸다가 공석 발생시 탑승하기 위해서 기다리는 여행자 명단.

Yield management 수익관리

수익관리란 매 비행편에서 총수입을 극대화하기 위해서 등급별 좌석판매를 관찰 · 분석 · 통제하는 행위를 말한다. 수익관리의 주요 목적은 등급별 좌석수 조절을 효과적으로 하여 고운임 지급의사가 있는 여객이 저운임 항공권을 구매하는 것을 막거나, 저운임 이용자의 다량구매로 고운임 항공권판매가 불가능해지는 사태를 막아 수입을 극대화하는 데 있다.

(위의 항공 용어(glossary)는 주로 한국항공진흥협회에서 제공하는 항공용어사전을 참고하여 작성하였다. 다른 기관 혹은 전문서적은 동일 용어에 대해서 약간 다르게 표현하거나 해석하는 경우도 있습니다. 참고하시기 바랍니다. 한국항공진흥협회에 고마움을 전합니다).

저자약력

박시사

〈학력 · 경력〉
한양대학교 관광학과 졸업
한양대학교 대학원 석사(관광학)
한양대학교 대학원 박사(관광학)
우송대학교 관광학부 겸임교수 역임
광주대학교 경상복지대학 관광학과 교수 역임
국일여행사 모두투어 해외여행사업부
중국전문랜드 유니온랜드차이나Union Land China 대표 역임
관광통역안내원 영어가이드English Speaking Guide
국가고시 관광통역안내사 문제출제위원(2001~2007)
관광종사원 자격시험 면접위원
제주항공Jeju Air 설립 자문위원
한국관광학회, 한국관광레저학회 평생회원
한국관광학회, 한국관광레저학회 이사 역임
한국항공경영학회 이사 및 편집위원 역임
한국관광연구학회, 제주관광학회 등 이사
한국관광레저학회 학술심포지엄 위원장 역임(2005~2007)
경희대학교 호텔관광대학 교류교수visiting professor 역임(2007~2008)
BK21(Brain Korea 21) 단장
현) 제주대학교 경상대학 관광경영학과 교수

〈논문〉
항공산업의 환경변화와 마케팅 전략
전 세계 항공사간 전략적 제휴에 관한 연구
제주항공의 저가항공사 포지셔닝전략에 관한 연구 등 논문 다수

〈저서〉
해외여행과 관광문화(1998, 백산출판사)
투어에스코트원론(1999, 백산출판사)
관광소비자행동론(2001, 대왕사)
여행업경영(2003, 대왕사)
항공관광론(2003, 백산출판사)
여행업 경영론(2009, 대왕사) 등 다수

저자와의
합의하에
인지첩부
생략

항공사경영론

2008년 3월 15일 초 판 1쇄 발행
2013년 9월 15일 초 판 3쇄 발행
2018년 7월 30일 제2판 1쇄 발행
2021년 8월 20일 제2판 3쇄 발행

지은이 박시사
펴낸이 진욱상
펴낸곳 백산출판사
교 정 조진호
본문디자인 오행복
표지디자인 오정은

등 록 1974년 1월 9일 제406-1974-000001호
주 소 경기도 파주시 회동길 370(백산빌딩 3층)
전 화 02-914-1621(代)
팩 스 031-955-9911
이메일 edit@ibaeksan.kr
홈페이지 www.ibaeksan.kr

ISBN 979-11-5763-595-5 93320
값 30,000원